恽代英

教育薪火书系·第一辑

红色教育家
恽代英的教育思想

甘少杰　秦俊巧◎著

山西出版传媒集团
山西人民出版社

图书在版编目（CIP）数据

红色教育家恽代英的教育思想/甘少杰，秦俊巧著.—太原：山西人民出版社，2018.6
（教育薪火书系/张斌贤主编）
ISBN 978-7-203-10165-9

Ⅰ.①红… Ⅱ.①甘… ②秦… Ⅲ.①恽代英（1895-1931）-教育思想-研究 Ⅳ.①G40-092.6

中国版本图书馆CIP数据核字（2017）第270274号

红色教育家恽代英的教育思想

著　　者：甘少杰　秦俊巧
责任编辑：张小芳
复　　审：贾　娟
终　　审：员荣亮
装帧设计：李尚斌　张国仁

出 版 者：**山西出版传媒集团·山西人民出版社**
地　　址：太原市建设南路21号
邮　　编：030012
发行营销：0351-4922220　4955996　4956039　4922127（传真）
天猫官网：http://sxrmcbs.tmall.com　电话：0351-4922159
E - mail：sxskcb@163.com　发行部
sxskcb@126.com　总编室
网　　址：www.sxskcb.com

经 销 者：**山西出版传媒集团·山西人民出版社**
承 印 厂：山西出版传媒集团·山西人民印刷有限责任公司

开　　本：787mm×1092mm　1/16
印　　张：14
字　　数：250千字
印　　数：1—3000册
版　　次：2018年6月　第1版
印　　次：2018年6月　第1次印刷
书　　号：ISBN 978-7-203-10165-9
定　　价：62.00元

教育薪火　传承不息(总序)

钟秉林

在人类的历史长河中,教育一直伴随人类的文明进程在不断发展进步,那些弥足珍贵的教育著作、教育思想、教育人物和事迹,无时无刻不在拨动着教育工作者的心弦。我们永远无法忘记那些给我们留下宝贵思想财富的教育家,他们的思想、言论和实践,依然是激励我们教育工作者前进的动力。时至今日,教育的发展与变革更成为世界各国应对日趋激烈的国际竞争的重要战略。在科教兴国战略的指导下,党和国家对教育工作给予了高度的重视,深刻认识到教育家对教育事业的重要性。《国家中长期教育改革和发展规划纲要(2010—2020年)》就明确提出:"创造有利条件,鼓励教师和校长在实践中大胆探索,创新教育模式和教育方法,形成教学特色和办学风格,造就一批教育家,倡导教育家办学。"

要想成长为教育家或者在教育实践中能够起到扛鼎作用并非易事,需要我们教育工作者吸收过往教育家留下来的丰富教育营养,清晰地认识什么是真正的教育家,教育家应该具备什么样的素质和条件,做到融会贯通,大胆实践,自成一家。与此同时,在教育改革的大背景下,普通教师同样迫切需要能够在教书育人过程中得到启迪和突破的催化剂,教育家的思想和实践是经过检验的真理,是教学启迪催化剂的最佳选择。

然而,在浩瀚的书海中,以教育家为主线、囊括中外、跨越古今、自成体系的书系并没有面世。山西的《新课程》杂志社和《现代职业教育》杂志社,在教育的广袤园地上深耕多年,熟知一线教师的需求,希望为普通教师策划一套教育理论普及读物，以使广大中小学教师能够“近距离”地接触中外历代教育家的教育思想、实践经验和办学理念，促进教育理论水平的提高，从而更好地开展教育教学实践。书系的策划人与张斌贤教授为理事长的中国教育学会教育史分会的夙愿不谋而合，合作编写一套大规模的、以教育家为主线的书系的想法随之形成。

策划团队把书系命名为“教育薪火”，是希望教育家的教育思想能够薪火相传，不断推动人类文明的发展。“教育薪火”书系拟分为三辑出版，按照中国古代、中国近现代、外国古代和外国近现代分类。第一辑共选择了一百余位中外教育家，一位教育家一本书，规模宏大，应该说能够在中国教育出版史上留下浓墨重彩的一笔。所选教育家都是经过书系编委会认真研究、充分论证而定的，他们在教育史上有较大的影响，能够启迪或者感染教育工作者，推进教育和教学的发展。当然，其中有的教育家更为名声在外的不是在教育上，但是他们在教育上的贡献毫不逊色于其他方面的贡献，比如我们熟知的一些革命家；另外，还包括了一些具有地方特色的教育家以及还没有被人们真正认识的教育家。

必须提及的是，中国教育学会教育史分会非常荣幸地邀请到我国著名的教育学者顾明远教授、叶澜教授、史宁中教授、宋乃庆教授、田正平教授、裴娣娜教授和朱小蔓教授等担任书系的顾问，成立了由40位教育学界具有重要影响的学者组成的编委会，为书系的质量保驾护航。

还需提及的是，《新课程》杂志社和《现代职业教育》杂志社为物色学有专长的作者付出了巨大的辛劳。书系的作者地域和院校分布广泛，既有北京师范大学、华东师范大学、东北师范大学、华中师范大学、陕西师范大学、南京师范大学、首都师范大学等师范院校的学者，也包括武汉大学、四川大学、南京大学、南开大学、天津大学、河北大学、河南大学等综合大学的教师。作者以教育史专业的中青年教师为主力军，他们朝气蓬勃、时代感强，研究范围涉猎较广，能大胆地探索和怀疑，一些新的教育研究成果不断涌现，为书系注入了难得的新鲜气息；他们与一线中青年教师同处一个频道，其思维模式很容易被接受。

客观而言，现在每年出版的教育类图书很多很多。一类为实践性强和操作性强的教学类图书，教师拿来就可以在课堂上使用；另一类为理论性强和学术性强的图书，印数少，流通范围小，普通教师往往望而却步。然而，教育理论只有指导教育实践才有存在的价值。在我看来，书系最具特色的价值就是秉承了教育理论通俗化这一理念，在教育理论研究者和普通教师之间架起了一道桥梁。书系以教育家为主线，坚持学术性与普及性并重，用通俗化的语言，或阐述教育家的教育思想精华，或叙写教育家的精彩教育事迹和教育实践，力图"润物细无声"，让教师喜欢读，在读中提高素养，深刻理解教育家，形成自己的理论，推进"教育家办学"。

当然，书系在真实性上也颇下功夫。以史料为依据，实事求是叙述，客观全面评价，不有意拔高教育家的贡献，注重教育家闪光点的挖掘和传播，是教育家历史画卷现代版的呈现。书系成规模、系统化，学术性和可读性强，具有较强的收藏价值，非常适合各中小学图书室和大学图书馆选择配置。

中国教育学会教育史分会为教育事业做了一件好事，张斌贤理事长请我作序，我觉得理应支持，欣然应允。

希望广大教育工作者能够认真阅读这套图书，为自己的教育职业生涯发展打下坚实基础，为成长为新时期的教育家而不懈努力。

丁酉年正月于北京

（作者系中国教育学会会长、北京师范大学原校长）

引　言

恽代英(1895—1931)是千千万万人敬仰的青年导师、无产阶级革命家。1921年加入中国共产党。1923年当选为中国社会主义青年团中央执委会候补委员，创办和主编《中国青年》。1925年1月，当选为中国社会主义青年团中央执委会委员，继任团中央宣传部主任、学生部主任。1927年1月到武汉，主持中央军事政治学校工作，任政治总教官。1927年7月参与组织和发动南昌起义。1928年底到上海任中共中央宣传部秘书长、组织部秘书长等职，曾主编中央机关刊物《红旗》。恽代英是敌人切齿痛恨的共产党人。早在黄埔军校时期，恽代英便被蒋介石认为是"黄埔四凶"之一，并把他作为重点搜捕对象。1930年5月6日，恽代英在上海被国民党当局逮捕。在狱中，恽代英面对敌人的威逼利诱，捍卫理想，坚贞不屈，写下了"浪迹江湖忆旧游，故人生死各千秋。已摈忧患寻常事，留得豪情作楚囚"的豪迈诗篇。1931年被杀害于南京，时年36岁。虽然恽代英36年的生命很短促，但却散发出销熔金石的热力，迸射出绚丽多彩的光焰。1950年，周恩来为纪念恽代英殉难19周年题词，对他的一生作了高度的概括：中国青年热爱的领袖——恽代英同志牺牲已经19年了，他的无产阶级意识、工作热情、坚强意志、朴素作风、牺牲精神、群众化的品质、感人的说服力，应永远成为中国青年的楷模。

恽代英不仅是中国共产党早期的革命家、理论家、中国青年运动的杰出领袖，同时也是杰出的青年教育家、教育理论家。在他短暂的一生中，教育实践成为他生命中不可分割的一部分。1918年7月，年仅23岁的恽代英在武昌中华大学附中任教，继而到位于安徽宣城的安徽省立第四师范学校、四川泸州的川南师范学校担任教务主任，之后又在成都高等师范学校、西南公学执教。1922年在从事革命活动的同时，于上海大学任教。1926年国共合作时期，担任黄埔军校政治主任教官、中央军校武汉分校政治主任教官。恽代英一直全身心地投入教育青年学生的工作中，他的周围始终围绕着许多学生，从武昌到安徽、从泸州到成都，带领学生一路周游、一路讲学，萧楚女评价说："代英很像墨子，摩顶放踵而利天下。像代英这样的人，我在古往今来的圣贤中没有听说过，只有墨子倒有点像，代英就是现在的墨子。"

恽代英关于教育的论著颇丰，他以马克思主义教育家睿智的眼光，融合西方教育的精髓，提出了很多具有独创性的教育理念和教育实践。他的著作主要可以分为七类：第一类是关于家庭教育和幼儿教育的论述，如《家庭教育论》《〈儿童游戏时间之教育〉按语》《〈儿童读书年龄之研究〉按语》《驳杨春效君"非儿童公育"》《再驳杨春效君"非儿童公育"》《大家为"儿童公育"努力》《儿童公育在教育上的价值》《理想的儿童俱乐部》等；第二类是对学校教育的阐述，如《思考力之修养法》《改良私塾刍议》《不用书教育法之研究》《学校课外之事业》《中学部之未来观》《中学改制论》《编辑中学教科书的先决问题》等；第三类是关于公民教育问题的，如《民治的教育》《甘肃平民教育问题》《革命运动中的教育问题》等；第四类是关于职业教育的阐述，如《学问与职业一贯论》《小学校职业教育实施法》《中学职业与文化运动》《职业教育之目的》；第五类是关于师范教育的意见，如《教师的地位》《敬告高等师范教职员》等；第六类是关于体育教育的倡导，如《学校体育之研究》《运动之训育方法》《与黄胜白先生论中学体育》《最良之五分钟体操》《普通体育之改良》《儿童游戏时间之教育》等；第七类是关于教育与社会关系的论述，如《统一的教育行政》《教育改造与社会改造》《学生与民权运动》等。这些教育遗著不仅内容丰富，而且全面系统，形成了恽代英完整的、科学的、缜密的教育思想体系。

恽代英是我国幼儿教育最早倡导者之一，也是最早将心理学运用于教育之中的实践者之一。他睿智、豁达，怀着满腔的爱国热忱，孜孜不倦地探索前进，为后人提供了弥足珍贵的教育史料。他对教育事业的探索正如他在《向上》一文中写的那样——"山虽高，没有爬不上的；路虽远，没有走不到的。"在追求真理的路上，恽代英没有停歇，他深刻剖析旧中国教育的现状和问题，提出了从家庭教育开始，涵盖幼儿教育、中学教育、公民教育、职业教育、师范教育的完整、系统的教育思想。他的教育思想在我国近现代教育史上具有重要的价值和影响，是当之无愧的无产阶级教育理论家和实践者。

本书分别从家庭教育、中学教育、公民教育、职业教育、师范教育、体育教育等几个方面解析了恽代英对不同时期的儿童和青年进行教育的方法和经验，并结合当前的教育实际回答了当代家长和教育者诸多困惑的教育问题，希望本书的写作能够为我国今天的教育提供一些借鉴价值。

全书由甘少杰、秦俊巧统稿，王丽娟、张雪华、吴少怀、李智、王冠等人参与了撰写和校对工作。在本书编纂过程中，编写组成员进行了刻苦钻研，广泛搜集资料，阅读了恽代英同志的全部理论著述，试图准确把握其教育思想的精髓。但是，我们理论水平有限，书中不免存在诸多缺点和不足之处，恳请各位前辈师长、教育界同行以及广大读者提出宝贵意见。

甘少杰

目　录

第一章

“人生教育之大部分”

——家庭教育篇

恽代英出生于名门世家，其父曾任两湖总督张之洞的幕僚，擅丹青山水；其母为仕宦之家掌上明珠，旧学根底颇深。恽代英幼年受到了良好的教育，他既为自己出身名门世家而荣耀，也以此作为激发自己奋发图强的动力。他曾在日记中写道："余自幼以世家故受人敬爱，亦因缅怀祖德，用以自发其志气，不敢自暴弃。今见此语，心怦怦动。"[①]恽代英的成长得益于家庭教育，因此他对家庭教育特别重视。1916 年，尚在求学期间的恽代英就在《妇女时报》上发表《家庭教育论》一文，初步阐述他的家庭教育主张。《家庭教育论》具有极高的学术价值，在当时影响很大，集中论述了家庭教育在教育中的地位、作用，以及家庭教育的内容等。就家庭教育的地位而言，恽代英认为，"如幼年受良善之家庭教育，长大与社会接触，亦易有强固之把握，不为恶习染所熏溺"，所以，"家庭教育实占人生教育之大部分，其于学校，既为之树根底，又为之匡谬补缺"。恽代英将家庭教育视为人生教育之大部分，是学校教育的根基，为学校教育匡谬补缺。

①恽仲坤:《恽代英的八世祖不是恽南田》，载《恽代英诞辰 100 周年纪念会暨学术论文会议论文集》，武汉:华中师范大学出版社，1996 年版，第 346—347 页。

第一节　及早施教

墨子言:“人性如素丝,染于苍则苍,染于黄则黄。故染不可不慎也。”幼儿期是儿童熏陶染化的开始,人的许多基本能力在这个年龄阶段形成,如语言表达、基本动作、性格特点以及某些生活习惯等,因此这个时期的教育尤为重要。恽代英虽然出身名门望族,但幼时的他目之所及的除了卷卷古籍经典外,还有一幕幕触目惊心的船坚炮利的列强入侵,民族屈辱的历史给幼年的恽代英留下了难以忘记的印记。少年智则国智,少年富则国富,少年强则国强。国家的富强依赖于整个国民素质的提高,强烈的民族责任感促使恽代英极其重视儿童教育,他多次提醒中国父母一定要重视家庭教育。他认为,家庭教育在幼儿成长中的意义非同一般,与学校和社会相比,家庭环境相对单纯、封闭,较少受社会恶习所熏溺,是最佳的教育场所。的确,家庭教育对人一生的发展起着奠基作用,既是学校教育的基础,也是学校教育的延伸和重要补充。家庭教育具有学校教育、社会教育所不具备的特殊性,家长是子女最好的老师,家长的爱是教育子女的重要条件。在我国,“父严母慈”早已有之。恽代英认为,由父亲负责教育,由母亲负责保育,男性刚,女性柔,二者结合起来,严慈相济,相得益彰,这样的教育无疑会取得良好的效果。家庭教育所具有的独特优势使得家庭教育成为教育体系中重要的组成部分。现代众多教育家、心理学家指出,家庭是制造人类性格特征的加工厂,家庭对儿童健康成长至关重要。从时间上来看,家庭教育开始最早,持续时间最长;从空间上看,家庭教育作用范围最大,内容最广。家庭的氛围、家庭在社会中的重要地位、家庭成员之间的和谐度、家长的素质等方面都会影响儿童的终身发展。重视家庭教育已经成为当前社会的普遍共识,恽代英在当时特殊的时代背景下提出重视家庭教育,把家庭教育视为“人生教育之大部分”是非常难能可贵的。

家庭教育何时开始最佳？恽代英认为，“儿童一坠地便使得受合适的教育”，这样才能“用力少而成功大”，“人生之须教育，自坠地以后，乃至受胎之后即已然”①。他认为，即使其他教育事业发达以后可以由教师代替，但唯独胎教是“舍家庭无可论”。中国古代历来有重视胎教的传统，古代意义上的胎教不仅指教育方法，也不单着眼于幼儿的身体健康，而是更多地体现着华夏文明的政教传统，以培育士君子的高贵人格为导向。著名的家庭教育家颜之推在《颜氏家训》中提出，子女的教育必须从胎教入手，“怀子三月，出居别宫，目不斜视，耳不妄听，音声滋味，以礼节之”。古人认为，胎儿在母体中能够感受到母亲的言行礼节，孕妇守礼，能给胎儿良好的影响。现代医学研究认为，胎儿有奇异的潜在能力，从第5周开始即有较复杂的生理反射机能，10周时已形成感觉、触觉功能，胎儿在17周左右开始对声音有反应，30周时有听觉、味觉、嗅觉和视觉功能，能听到妈妈的心跳和外界的声音，这时妈妈的一举一动都能影响到胎儿，是对胎儿进行教育的重要时刻。美国著名医学专家托马斯的研究结果表明，胎儿在6个月时，大脑细胞的数目已接近成人，各种感觉器官趋于完善，对母体内外的刺激能做出一定的反应。这些研究都为胎教的实施提供了有力的科学依据，同时现代科学研究显示，胎教可以影响儿童的性格与素质。经过胎教的儿童身体健康，成长迅速，意志力坚强，具有较强的适应能力和创造能力。

现在的教育是从所谓的“学龄”开始的，但这样的教育仅仅是教育的一种，并非教育的全部。恽代英将胎教、孩提之教与学龄后的教育视为平等并行的教育，是人生所必不可少的。在学龄前所受的教育是教师不能越俎代庖的，必须由家庭来承担，及早的家庭教育可以避免长大之后与社会接触中沾染恶习。他说：“人类的本能，多在幼稚时候逐渐发达。在这个时候，若无恰当的指导，易因彼此仿效，发达于错误的方面。……幼稚时候的教育，乃关于人的圆满发达最要的事。儿童在他初出娘胎的时候无所谓性善性恶。能善导他的本能，使他本能发达于个人及社会有益的方面，那便成为善；不善导他的本能，那便成为恶。……所以谈改良人类、改良社会，没有什么比幼稚教育更要紧。”正是基于此，教育要及早进行，而不是从法律上的学龄为起点。恽代英从人的本能出发，提出教育要及早进行，从婴儿时期即开始教育。美国心理学家布鲁姆在对千名儿童跟踪调查后

①孙培青、金林祥：《百家教育学典论》(上)，南昌：江西教育出版社，1989年版，第239页。

指出，一个人的智力发展如果把他本人17岁达到的水平算作100%，那么4岁时就达到了50%，4—8岁又增加了30%，8—17岁又获得了20%。布鲁姆的研究成果被认为是20多年来最有意义的教育研究。他的“5岁以前是智力发展的最快时期”和“学龄前即7岁前获得的智力占80%”已成为国际公认的论断。对任何一个家庭而言，如果想让自己的孩子有超常的智力，早期教育是必不可少的。日本教育家井深正曾说：“人生学习潜力最大的不是在大学，也不是在中小学，而是在幼儿期。”如果在幼儿期没有进行很好的早期教育，那么即使将大量精力花费在小学、中学乃至大学，也是没有太大成绩的。一个没受过早期教育的孩子在学习上必然会落后于受过早期教育的孩子很多，因为这样孩子的一部分脑细胞由于没有经过早期教育使用而急剧老化。之所以当前发达国家将幼儿教育纳入学制系统，大量开办幼儿园，培养幼儿教师，就在于要为孩子创造更多更好的接受早期教育的机会。由此可见，恽代英提出从婴儿时期要开始教育是具有科学依据的。

及早施教也就是我们今天常说的早期教育，是指幼儿在未入学校读书以前，促使幼儿知识、智力、体质、品德诸方面尽早得到和谐发展的教育活动。重视早期教育，及早施教一直是我国传统教育思想中重要的教学原则之一。孔子就曾提出“性相近，习相远”的观点，强调人的差别是教育和学习的结果。颜之推也指出：“人生幼小，固须早教。”近代著名教育家陶行知就早期教育进行了专门论述：“幼儿犹如幼苗，培育得宜，方能发芽滋长；否则幼年受了损伤，即不夭折，也难成才。”人自出生后具有潜在的发展能力，只要不失时机地在幼儿智能发展的最佳期给予适当的教育，幼儿的潜在智能就会得到迅速发展。及早施教不仅是我国传统教育思想中重要的教学原则，同时也是当前实施全面发展教育链条当中的一个重要环节。

今天，早期教育的重要意义已经得到教育者以及家长的普遍认同，也成为当前教育的热门话题，受到广泛的关注与重视。幼儿善于模仿，可塑性强，及早实施良好的教育可以使儿童受益终身，如错过了最佳的施教时期，则会使以后的教育困难重重。有些家长可能会担心教育实施过早，会影响大脑发育。科学研究表明，早期教育不仅不会损害大脑，反之，还会促进大脑的发育。早在胎儿期间，人脑的基本结构就已经形成；儿童出生后，1岁以内脑的神经结构和机能方面的发展速度最快，脑重增加近900克，3岁时增加近1000克，7岁时近1280克，接近成人的水平，7 岁以后增加就非常缓慢了。儿童早期是大脑发育的关键时期，如得不到丰富适当的环境刺激和科学教育，就会阻碍大脑的发育。德国早期教育家韦德以自己的儿子为实验对象，通过早期教育使智力平平的孩子成为神童。他的儿子卡尔·韦德，13 岁就被授予哲学博士，16 岁又获法学博士。老韦德有这么一段著名的论述："如果我们把一个人所拥有的智力潜能用数字来表示，并定量为 100，那么，放弃早期教育后，到了 5 岁，其智力潜能只剩下80%了。这时进行早期教育虽说不算太晚，但已经相当吃力了。如仍听之任之，到了 10 岁，智力潜能便只剩下 60%了，其趋势大致是每 5 年减20。"这就是著名的韦德智能递减律。韦德认为，早期教育的目的就是要把这种递减缩小到最低程度乃至杜绝。他指出："早期教育与其说是教给孩子许多东西，倒不如说是不让孩子失去许多东西更恰当一些。"从韦德智能递减律可以推论，如果一个儿童在出生后得不到良好的、丰富的教育环境刺激，那么他到了20 岁时，智力潜能就只有 20%。由于种种原因，这剩余的 20%也不会得到充分的发挥，那么可能最后剩余的就是人们常说的成年后，人脑的潜能只利用到 10%左右。可见，早期教育是适应人的生理发展规律的重要教育阶段。

早期教育的科学性毋庸置疑，但如何制订科学的实施方案才是早期教育的关键。教育如果失当，就会不适应儿童身心发展规律，从而错过最佳的教育时机，如果错过了儿童发展的关键期，那么所产生的后果是不可逆转的。科学的早期教育应该以全面发展、多方培养、因材施教作为指导方针，以婴幼儿的兴趣活动为基本的教育原则。这样的早期教育不但有利于儿童的智力发展，而且可以进一步促进他们身体健康发展。及早施教的重要性决定了家庭教育的重要性，对家庭教育提出了严格的要求。家庭教育应该由谁来承担？无疑父母是家庭教育最好的施教人员。什么样的父母才能成为合格的家庭教育者呢？恽代英认为，对儿童进行教育，"以以身作则为最要而最易有效"。我们知道，模仿是儿童的天性，父母的一言一行都为儿童树立了行为规范，"苟有良之父母，即自然效其善良之行为……有不良之父母，亦即自然效其不善良之行为"。为了给儿童树立良好的榜样，家长必须提高自身修养，"养成无数好德性"，以此称为"儿童之良善模范"。父母是孩子出生后的第一任导师，也可能成为终生的导师。著名教育家陈鹤琴先生说："家庭教育，对父母来说首先是自我教育。"父母的自身修养会潜移默化地对孩子产生影响，这些影响也许是长久而且持续一生的。

幼儿从来到世界的那一刻起,感知世界、认识世界都是在父母的引导下实现的,父母的言谈举止、家庭的氛围都会持续不断地影响儿童的情感、道德、行为和性格。父母的人格特点还会辐射到家庭生活的方方面面，从而使家庭教育染上独特的色彩,进而影响儿童人格的形成。国家教委“八五”期间重点课题“中小学心理健康教育实验”课题组在东北地区 18 所中学和 58 所小学,采用 SCL—90 症状自评量表对随机选取的万余名学生进行了心理检测。结果表明,约有32%的中小学生存在心理异常现象。对这部分学生进一步调查发现，他们不但有厌学情绪,而且存在以自我为中心、依赖性强、独立自主能力差、合群性差等人格特征。上海市精神卫生中心同世界卫生组织和美国夏威夷大学合作,于1987 年对上海市中小学生的心理进行了调查,27%的学生心理异常。[①]在进一步研究过程中发现,这些心理问题都不同程度上可以从家庭中找到根源。很多家长忽视对子女的教育,对家庭教育存在误区。据相关调查数据显示,能够真正认识到自己对子女教育负有责任,并能较好地担当起这一责任的家庭只占 15%;85%的家长认为,家长的责任主要在于使儿女衣食无忧,真正教育的责任在教师、在学校。特别是在农村,随着打工人员增加,出现了大量的留守儿童,儿童的监护权很多转移到了祖辈或亲朋。这些年迈的祖父辈或其他代理监护人文化水平不高，既没有教育的精力,也缺乏教育的能力,家庭教育基本处于缺失状态。

家庭是社会的细胞,家庭教育是启蒙教育与终身教育的基础,关系到整个国家教育事业的发展，正如恽代英百年前提醒的那样，中国父母一定不能忽视儿童的早期教育。1920 年 10 月,印度加尔各答地区发现了两个长得像人的怪物。一到晚上，就可以看到这两个用四肢走路的“像人的怪物”尾随在三只大狼后面。后来人们打死了大狼,在狼窝里终于发现了这两个“怪物”,原来是两个裸体的女孩,其中大的七八岁,小的约两岁。美国传教士辛格夫妇将这两个小女孩带回,还给她们取了名字,大的叫卡玛拉,小的叫阿玛拉。尽管这两个孩子的形象是人,但她们既不会说话也不会站着走路,每到夜里两眼露出狼一样的凶光,经常在半夜两三点钟发出像狼一样的号叫。她们不吃饭只吃生肉，生活习性都和狼相差无几。辛格夫妇把卡玛拉和阿玛拉送到条件极好的米德拉波孤儿院,由教师和教养员来教化她们，试图让她们尽早进入人类的生活。小女孩阿玛拉第

①赵红英:《论家庭对青少年人格健康发展的影响》,载《教育探索》2005 年第 5 期,第 88 页。

二年就死了，大女孩卡玛拉当时只懂得一般 6 个月婴儿所懂得的事，花了很大气力都不能使她很快地适应人类的生活方式，两年后才会直立，6 年后才艰难地学会独立行走，但快跑时还得四肢并用。卡玛拉直到死也未能真正学会讲话：4 年内只学会 6 个词，听懂几句简单的话，7 年才学会 45 个词并勉强地学几句话。在最后的 3 年中，卡玛拉终于学会在晚上睡觉，她也怕黑暗了。很不幸，就在她开始朝人的生活习性迈进时，她死去了。辛格估计，卡玛拉死时已 16 岁左右，但她的智力只相当于三四岁的孩子。还有一个发生在中国的真实故事，1935 年日本侵华战争期间，为了躲避日军大屠杀，中国东北的一个男孩逃到深山中，并从此在深山中开始了几十年与世隔绝的生活，中华人民共和国成立后他才被发现。很多人担心长期闭塞的生活环境会导致其智力低下，但仅仅经过几个月的训练，男孩已经与常人无异。这两个小故事充分说明了早期教育的重要性。儿童时期是幼儿生理、心理发展最为迅速的时期，一旦错过了早期教育，即使花费再多的人力、物力，也将无法挽回教育的悲剧。

家庭教育是每个家长的责任和义务，从儿童呱呱坠地就应该开始实施科学、健康的教育，使每个儿童的潜能得到充分发挥。无疑，对于当前家庭教育存在的教育时机、教育承担者、教育环境等问题，恽代英给了我们最好的答案。作为家庭教育承担者的父母，也要不断加强自身修养，自觉学习，不断给家庭教育注入新的内涵与理念，让孩子耳濡目染，从而发挥“润物细无声”的作用。对于自身知识水平有限，难以承担家庭教育的家庭，社会要建立早教机构，实行儿童“公育”，使家庭教育能在良好的施教环境中顺利进行。

第二节　善用家长之爱

苏联作家高尔基说过:“爱自己的孩子，这是连母鸡都会做的事情，但如何教育好他们,却是一门艺术。”在家庭教育中,父母对子女的爱是家庭教育得以顺利实施的前提，同时也是个体生命健康独立成长的需要。但如何善用家长之爱,将爱化作儿童成长的动力却是每个家庭都应该思考的问题。

在恽代英看来,父母对儿女的爱是家庭教育的基础。在发表长篇家庭教育论著《家庭教育论》之前,恽代英就曾翻译过《司通勒夫人之教育学说》《自然之母教》。通过翻译这些书籍,他向国人介绍了国外家庭教育的经验。恽代英认为,普通父母虽然没有完全的智识，但却能够教育儿女，且教育成效十百倍于毫无关系的教师。这是什么原因呢？这是因为家长对子女爱的作用。“唯爱者,其为教始。周详、恳切、知无不言、言无不尽,此唯母氏能之耳。”[①]他纠正了人们对家庭教育不能称其为教育的误解,指出:“彼以为其不能成立者,初未能知如何谓教育故,亦未能知何谓家庭教育也。”[②]很多人认为家庭教育不能成立,是因为将教育仅仅视为读书、传授职业知识、明理等,认为做父母的不能够对这儿方面承担责任,应由教师来担当。恽代英从教育是通过各种方法使儿童身(身体)、心(智育)、性(德育)各方面均得到发展提出家庭教育成立的必要性。“教育之为事范围至广,至佣师所不能尽举。故为补助佣师之教育计,家庭教育有成立之必要。”[③]诚然，许多家庭不能尽教育全部责任，但因此就认为家庭教育无从谈起是错误的。不能因为不胜任就否定家庭教育，也不能以知识的多寡来判断教育是否胜任,这是因噎废食。“唯家庭教育为不可无,而为人父母者,又多不胜任,故必研究家庭教育以启沃之。以其不胜任而遂不研究以求其胜任，此亦可谓因噎废食

①孙培青、金林祥:《百家教育学典论》(上),南昌:江西教育出版社,1989年版,第240页。

②③孙培青、金林祥:《百家教育学典论》(上),南昌:江西教育出版社,1989年版,第239页。

之智亦。”[①]可见，在恽代英看来，对于不能承担家庭教育的家长，要不断学习，“不能者可学而使能，不胜任者可勉强求其胜任”。家长对子女的关爱是任何教师都无法替代的，这才是家庭教育的根本所在。著名的教育家马卡连柯曾指出：“没有父母的爱培养出来的人，往往是有缺陷的人。”缺少父母的关爱，即使有再优秀的教师也会造成孩子性格的缺陷。

如何来爱孩子呢？如何将对子女的爱化作教育的力量呢？我国有“子不教，父之过”“父严母慈”的传统说法，认为父亲的责任在于教，母亲的责任在于育。恽代英认为这种说法是片面的。他说：“教育乃一贯事，应皆为慈祥恺悌之人所执掌。严虽有时可为教育之手段，然此手段非不得已，即无足取之价值。故父之严，直不适于教，又何论育。母之慈，不但适于育，亦具适于教。此所以家庭教育，母之责任较父为重。然父之严，既可以为母教之补助，且父亦非必徒严而已。不过，男性刚易流于严耳。苟发育得宜，亦可使严慈恰合其中，以为莫良之教育家，此所以父母同为家庭之教育人也。”[②]在恽代英看来，在家庭教育中，母亲的教育责任要大于父亲，父亲的严厉应作为母亲慈爱教育的辅助，最理想的家庭教育是父母的严慈相济，共同负担起家庭教育的责任。恽代英之所以提出这样的家庭教育方法是与其自身幼时成长经历分不开的。恽代英出生于典型的父严母慈的家庭，父亲为官在外，母亲陈葆云出生于官宦之家，国学根底颇深，是恽代英的启蒙老师，常常给他讲述中国传统的道德故事，不仅使他受到良好的思想教育，也在他的心中播下了传统道德与爱国主义的种子。

大量的实验研究表明，父母的养育方式会使青少年形成迥异的人格特征。章永生根据父母在家庭中对孩子教育的特点，对我国独生子女类型的家庭进行了探讨，认为不同类型的家庭因其教育方式不同，导致孩子不同的性格表现。“严父慈母”型家庭中成长的子女待人礼貌、热情，有独立性，学习努力、勤奋，有社交能力，有创造精神。“慈父严母”型的家庭易使子女形成温和、顺从、无主动性、缺乏独立性、依赖性强等人格特征，品行上易养成两面讨好、投机取巧和说谎的毛病。“严父严母”型的家庭有严肃的家庭气氛，子女处于被支配的地位，体验不

①孙培青、金林祥：《百家教育学典论》(上)，南昌：江西教育出版社，1989年版，第240页。
②孙培青、金林祥：《百家教育学典论》(上)，南昌：江西教育出版社，1989年版，第242页。

到家庭的温暖。这样的家庭子女在父母面前规规矩矩，父母不在时则胆大无拘束，他们往往缺乏自尊和自信心，易形成不诚实的毛病。“慈父慈母”型的家庭，父母从不打骂孩子，重视孩子的要求，能满足孩子的合理需求，这种家庭的孩子善良、热情、顺从，但是过分的迁就和溺爱又容易使子女形成事事“以自我为中心”的毛病。①由此可见，恽代英所提出的家庭教育方式是正确而科学的。

每位家长都爱自己的孩子，这是毋庸置疑的。但是这种本能的、天然的爱如何来表达，对于素来讲究次序、尊卑的中国社会来说无疑具有极大的冲击力。著名教育家蔡元培说过：“家庭者，人生最初之学校。一生之品行，所谓百变不离其宗也，大抵胚胎于家庭之中。”亲情是家庭教育最大的优势，父母与子女之间天然的情感是世间最特殊的爱，也是家庭教育的天然基础和心理条件，影响着儿童的思想、性格、素质等多方面的发展。家长对孩子充满了爱，但往往这种爱并不能都以正确的方式表达出来，陷入了家庭教育的误区，这些家庭教育的误区大致表现为溺爱、放任、专制、冷淡型四种类型。随着独生子的急剧增多，父母对孩子过度疼爱，事事包办，造成了孩子任性、以自我为中心的性格，这就形成了所谓的溺爱型家庭。有些父母认为教育子女的任务在于学校和社会，自己的责任仅仅在于供给孩子生活所需，对孩子的缺点、错误不闻不问，这就形成了放任型的家庭教育误区，最终造成孩子不懂规矩、缺乏基本约束的性格特点。受我国传统观念影响，很多父母将孩子视为自己的私有品，忽略孩子自身的感受与愿望，只凭父母主观意愿管教子女，这就形成了专制型的家庭教育误区，最终造成孩子缺乏主见、胆小懦弱的性格特征。与以上三种类型相比，更为甚者，因父母离异或工作忙等原因，孩子得不到应有的关心与爱护，感受不到家庭的温暖，使家庭教育陷入缺失的局面，这就是冷淡型的家庭教育误区。在这样的家庭成长起来的孩子容易形成嫉妒心强、性格孤僻、不愿与人合作的性格特征。其实，孩子作为独立的生命个体，对爱有着强烈的渴望，这些渴望体现在被关心、被爱护、被信任、被尊重的需要。这些需要一旦得到满足，必然会激发起孩子积极向上、乐观奋进的情绪。作为父母，既要对孩子倾注无限的爱，同时也要善于运用爱顺利实施家庭教育，使孩子在和谐关爱的环境中健康成长。我们每一位父母都爱自己的孩子，甚至愿意为子女付出一切。但是家长并没有意识到，恰恰是所谓的爱或者说父母

①王耘、叶忠根、林崇德：《小学生心理学》，杭州：浙江教育出版社，2002年版，第320页。

以爱的名义,让孩子受到了心灵的伤害和影响。教子有方才是爱最好的表达,对于家长而言,不仅仅要付出感情,更要掌握科学的教育方法。父母应依据儿童的生长法则,通晓各个年龄段儿童生理、心理发展的需求,给予儿童适当的引导与帮助,使儿童心智、体能都得到有效的发展。

孩子是具有独立人格的人,爱孩子首先就要尊重孩子。现实生活中,很多家长不顾及孩子的自身感受,常常以“为孩子好”为借口,自主规划孩子未来,强制孩子进行超负荷的特长教育,从而剥夺了孩子自我选择、自主规划的权利。究其原因,是家长没有树立正确的儿童观,没有将孩子视为和成人一样的有思想的人,这样的“爱”势必会导致孩子出现缺乏主见、辨别能力欠缺等心态。学者于丹曾经在一次采访中讲了这样一个小故事,她的女儿5个多月时在选择玩具这件事上,表现出了一种强烈的个人取向。孩子周围堆着各种玩具,但是她爱玩的只有一样——空药瓶子,她喜欢“咔啦咔啦”起劲地拧瓶盖。这时,家中的阿姨就从孩子小手里抢过瓶子说:“这个不好玩,你还是玩电动娃娃吧!”可是孩子却把电动娃娃推到一边,继续去抓那个瓶子,痴迷地拧瓶盖。于丹后来就此事专门去咨询儿童心理学专家,终于弄明白那个阶段正是孩子的手指开始学习精细化动作的时候,拧瓶盖这个动作对孩子小肌肉的发育大有益处。这个故事告诉我们,所谓的好、昂贵,那些都是成人评价事物的标准,孩子有自己的评判,也有属于自己的选择。在家庭教育中,父母不是专制者,也不是奴仆,而是子女成长的良师益友。孩子的尊严是与生俱来的,不该粗暴地剥夺它。父母要将孩子当作和我们平等的人来看待,只有尊重子女,子女才会懂得尊重自己、尊重他人。独立是一个人健全人格的重要组成部分,父母只有平等地教育孩子,孩子的心态才会平衡,父母与孩子之间才不会出现距离与隔阂,这样才能建立起温馨、密切的情感关系,从而培养孩子的独立能力。尊重孩子个体独立性并不意味家长可以放任孩子,放任会造成他们自我调节能力低下,意志力薄弱。长期的放任会使其沾染不良习气,离预期的目标愈来愈远。父母要避免过度溺爱、保护、干涉和放任孩子,要营造宽容、民主的家庭氛围,让子女真正感受到父母的理解、关爱,从而形成健康、独立的健全人格。

孩子对家庭有特殊的情感需要,与孩子交流沟通是爱孩子的重要途径。文学家诺埃尔说:“作为一个现代的父母,我很清楚重要的不是你给了孩子们多少物质的东西，而是你倾注在他们身上的关心和爱。关心的态度不仅能帮你省下一笔可观的钱，而且甚至能使你感到一份欣慰，因为你花钱不多并且给予了胜过礼物的关怀。”孩子对父母爱的需要是真实纯洁的，既不能用财富去衡量，也不能用金钱博得。也许有的家长认为孩子还小，没有进行情感沟通的需要，其实不然，两个月大的孩子就有情感取向。法国心理学家约翰·格特曼曾呼吁：“从孩子出生那天起，父母就应当把感情上的交流视为每天必不可少的事情。”因此，家长们千万不要忽视与孩子的交流沟通。良好的交流沟通可以提高孩子的明辨是非能力、语言表达能力以及观察能力，通过交流沟通能达到意想不到的效果。孩子是独立的生命个体，对情感的需求就像庄稼需要阳光一样，缺少它就会营养不良。父母应经常关注孩子的喜怒哀乐，学会倾听和理解孩子。现在家长过度偏重智育，最为关注的是孩子的学习和参加什么样的补习班，每天学了什么、考试多少分等，这些成为父母与孩子交流沟通的主要内容。很少有家长会将孩子生活是否快乐、是否遇到了困惑和烦恼作为关注点。

伟大的科学家爱因斯坦曾经说过：“知识是有限的，但想象力概括世界上的一切，它推动人类文明的演进，也是知识进化的源泉。”以文凭、证书作为成才标准限制了儿童想象力、创造力的培养。为了急于成才，很多家长将人力、财力集中在补课投资中，为了使孩子不输在起跑线上，家长们在周末、晚上辗转于各个补课班间，孩子失去了本该属于他的快乐时光，父母也身心俱疲。对很多父母而言，这些是爱孩子的表现，对众多牺牲了童年欢乐的儿童来讲，这种爱是如此的沉重。从玩耍中探究是儿童的天性，也是儿童思考力、表达力、创造力发展的源泉。学习本应该是学习者通过探究获取自身所感兴趣的知识、经验的一种活动，过多学科知识的学习必然会在某种程度上扼杀学习者学习的兴趣，禁锢他们的思想。没有灌输式教育的压制，儿童才能产生更多有创意和有价值的思想，儿童教育才会充满生机与活力。教育灌输让孩子丧失了探究的渴望，丧失了个人兴趣，从而也丧失了创新的欲望与能力。当大学课堂上学生毫无生气、鸦雀无声时，灌输式教育所导致的恶果展现无遗。父母爱孩子并不是让孩子过早背上课业的重负，拥有本不该属于这个年龄段应有的知识储备，而是顺应儿童的天性，让儿童跟随天性发展。陕西省的农家妇女田桃花获得全国“十佳年轻妈妈”后，讲了自己的亲身经历：“儿子学习不好，我从没夸过他。一天，孩子回家高兴地对我说：‘妈妈，我今天做了一盘蘑菇炒青菜，老师和同学都夸我炒得好吃！’我没好气地说：‘你真行，将来考大学会考你炒青菜？’这样没好气的话我常对孩子说，渐渐的，孩子失去了自信。后来，我认识到自己这样不对，就改变了对孩子的态度。在我改变了对孩子的态度后，我发现孩子也有了改变：他写作业比以前认真了，回家跟我也亲近了……期末考试，他的数学得了70分，这对经常不及格的他来说，是第一次！”从这则故事，我们不难看到，父母一旦将苛责转变成鼓励和欣赏，一旦将以分为本转变成以儿童为本，那么收获的不仅仅是亲情，更是爱创造的奇迹。

爱是一门艺术，作为父母更应注重将这门艺术运用于家庭教育中。这分教育责任需要父母共同来承担，正如恽代英所说的那样，父母严慈相济的关爱才能使孩子健康成长。父爱如山，母爱如水，作为父母，不仅要自身树立良好的榜样，还要为孩子创设温馨和谐的家庭教育环境，让孩子真切感受到父母的关爱。哈佛大学曾做过父爱教育的专门研究，他们认为一个人要发展两方面的能力，其中一个是亲密性，另一个是独立性。无疑，母亲的天然优势是培养孩子的亲密性，而独立性和责任感是父亲培养孩子的天然优势。父亲对子女的爱在于教会孩子正视生活中的困难，不断提高孩子自身的生存能力，增强自信心，真正成为自己的主人。母亲对子女爱的本质在于关心孩子的成长，关心母亲与孩子的分离。成功的母爱不仅允许这种分离，而且应该期望并促使尽早实现这种分离。

第三节 引导本能

家庭教育该教给孩子什么?这一直是困扰广大家长的问题。受美国著名心理学家桑代克的影响,恽代英认为家庭教育在于引导儿童的本能。对于儿童“能善导他的本能,使他本能发达于个人及社会有益的方面,即便成为善。不善导他的本能,以致他本能发达于个人及社会有害的方面,那便成为恶”[①]。人类的本能,多在幼稚的时候逐渐发达。在这个时候,若无适当的指导,易因彼此效仿,发达于错误的方面。著名教育家叶澜指出:“教育是直面人的生命、通过人的生命、为了人的生命质量的提高而进行的社会活动,是以人为本的社会中最体现生命关怀的一种事业。”面对一个个鲜活的生命,如果仅仅关注知识积累,那么就丢弃了教育的根本。儿童作为家庭教育的对象,如果其生命本能的需要被忘却,那必然失去了本真的教育。

恽代英在《家庭教育论》和《儿童公育在教育上的价值》等文章中,列举了人的本能,包括感官知觉的本能、游戏的本能、模仿的本能、猎寻的本能、搜集的本能、制造的本能、竞争的本能、思考的本能、情爱和生殖的本能等。从利导人的本能的教育目的出发,恽代英在1916年发表的《家庭教育论》中指出:“教育者,以各种方法使儿童身(体育)、心(智育)、性(德育)各方面均完全发达,即使儿童之自我得以完全实现之谓。”

一、家庭德育——引导模仿的本能

关于人的本性善恶的问题,一直是中外哲学家、教育家千百年来争论的话题。

①恽代英:《儿童公育在教育上的价值》,载1920年12月20日《中华教育界》。

恽代英认为儿童时期不能分辨善与恶，是模仿本能发展的时期，在思考本能没有发展成熟之前，儿童的行为都是由模仿而发生。如果父母善良，儿童自然会仿效其善良的行为，儿童最初并不懂得是因为善而去做；有不善良的父母，儿童一样会效仿其不善良的行为，他也并不懂得这是不善良的行为而故意去做。因此，家庭德育最重要的是有善良和可资模仿的模范，模范就是教育。

（一）习惯教育

父母是离儿童最近的人，要想让儿童形成良好的品质，父母就要成为道德教育的模范。正如恽代英所说的那样："吾人欲儿童成德，不可不及求诸己。此本教育家之通义，而于实行家庭教育之父母尤为重要。"对儿童品行的培养，不是靠说教，而是在于家长以身作则。为了树立良好的榜样，家长必须"反求诸己"，加强自身的道德品质修养，为儿童树立良善的楷模。恽代英主张家长要加强以下四方面的道德修养。

第一，家长要有良好的品德行为习惯，"秩序之习惯，不可不注意也"。恽代英说："故父母如无秩序之德，则小儿不知从舍之标准，善或不为，恶或为之。推其至极易使小儿观父母之喜怒，以为避趋。此则一切诈伪矫饰所从出，尤为大害。"父母如果做事毫无秩序，举止无恒，那么孩子就会受父母行为影响，没有是非标准，从而养成不良的品德习惯。因此，父母要率先垂范，养成良好的品德习惯。

第二，家长要具有勤俭的美德，"勤俭之习惯，不可不注意也"。恽代英认为，"勤"就是勤劳，"俭"就是不要任意浪费，这些都是人生必备的美德。家长如果奢侈、懒惰，孩子也很难养成勤劳、节俭的美德，在家长的不良影响下，儿童也会变得奢侈、懒惰。正所谓"其身不正，虽令不从"。

第三，家长要具备好善的习惯，"欲使儿童永为善人，必先使之知好善。欲使知好善，必父母先能好善。此所以好善之习惯，亦不可不注意也"。恽代英认为，希望儿童善良，有同情心，家长必须以身作则。家长乐善好施，必然会对儿童产生潜移默化的影响。只是"口说"不行，家长自己要好善，给儿童做出榜样。他说："（假）使父母见善如不及，誉善不容口。鸡鸣而起，孜孜以求，则小儿必自然感其恳切之心，而效法之，唯恐或后。”

第四，家长要具备清洁的习惯，“欲望儿童清洁，则自身清洁之习惯，又不可不注意也”。整洁干净是人最基本的美德，不仅表现在日常穿着上，还体现在生活环境上。恽代英认为，清洁间接影响人的德性，如果父母不知清洁，孩子也必受其影响，既没有清洁的意识，也没有清洁的能力。

恽代英特别指出，以上四方面修养都有“习惯”二字，这也说明这些修养不是一朝一夕形成的。如果根本没有修养，而是“假借”诈伪矫饰来欺骗儿童，不见得能欺骗得了。假如儿童仿效了家长的欺骗行为，那危害就更大了。他认为：“一切教育，皆宜本于‘诚’之一字。”如果家长无“诚”心，欺骗儿童，在儿童心目中失去信任，那就不可能再教育儿童了。人无完人，家长不可能方方面面都做得那么完美，对于那些不良的习气或习惯，家长该如何做呢？恽代英认为，为人父母，对于自身的不良习气或不当德性，不可不检查并加以克服，或者加以预防。例如，有些家长有抽烟、酗酒等恶嗜好，为了儿童不向其效仿，家长要戒掉。对于那些奢侈懒惰、贪鄙狡诈等恶德，即使是偶然发生的，也要尽力去克服和预防发生。家长的举止言谈、认知态度都是儿童教育的榜样，一举一动时刻影响着孩子，为孩子所效仿，引导着孩子的成长，帮助着孩子在无形中形成正确的道德、行为规范。家长喜欢阅读，孩子必然也会多读书；家长清洁干净，家里每天都很整洁，无形中孩子也会受到影响，形成自己打扫房间的好习惯，在公共场所也不会随地乱丢果皮纸屑。

（二）暗示教育

恽代英认为：“小儿之教育为暗示之教育，小儿之学习为模仿之学习。故吾人不可不施以善良之暗示，以供彼之以为善良模仿。”暗示是一种隐性教育，是一个人在不知不觉中接受了他人言语、表情、动作的影响，在兴趣、爱好、情绪、态度或认识倾向性等方面产生了变化。在家庭教育中，这种暗示教育可能更有效，可以获得在其他教育中无法获得的效果。英国爱丁堡大学马丁教授的相关调查显示：在品质、意识和智力方面表现杰出的人，几乎 90%在童年期或少年期受过来自父亲、母亲或祖父母等亲人的积极暗示。积极的心理暗示与常见的说服教育相比，更能带给孩子积极的认识和体验，对儿童的早期教育具有深远的影响。而且暗示者与儿童关系越亲密，这种暗示教育的效果愈好。在家庭教育的过程中，家长与孩子的关系最为亲密，与孩子相处时间最长，家长的一言一行、处事方式、人生态度等等，自觉或不自觉地通过暗示传递给孩子，这种暗示会对孩子产生积极或消极的影响。心理学家阿德勒指出，儿童在 5 岁就已经形成了一生的“生活风格”，而这种生活风格的形成主要来源于家庭和周边的社会环境。可见，作为儿童的模仿者，家长在家庭中应该时刻自我检视、自我约束，为儿童树立良好的榜样。对于家长而言，既要树立榜样，又要及时肯定孩子。当孩子独立完成一件事时，不仅要在眼神上给孩子以赞赏和肯定，还要在肢体上拥抱孩子，与孩子分享成功的愉悦；孩子遇到挫折时，也要给孩子鼓励、安慰的眼神，让孩子在你的深情中感受到勇气和力量。

当然，儿童的学习，不限于仅仅模仿父母的言行，周围的人和事物也是其模仿的对象。恽代英以孔子、孟子为例，孔子小时候喜欢玩俎豆祭祀的游戏，而孟子喜欢玩埋葬、经商的游戏，这些都是受家庭以外的人和事的影响。恽代英认为，家庭以外的人和事，哪些人可以为师为友加以模仿，哪些人不可以往来加以模仿，父母要细心观察，并进行有效的监督。儿童年少无知，容易受到家庭以外的影响，儿童缺乏分辨是非善恶的能力，很容易沾染恶习，从而使家庭教育前功尽弃。因此，家庭教育不但要注意家庭内的陶冶，还要注意家庭外的防范，而且随着年龄的增长，这种防范要关注的更多。此外，恽代英不提倡大家庭，认为小家庭更适合家庭教育。恽代英出生于大家庭，其八世祖是清康熙年间著名画家恽寿平，其四世祖是清代著名散文家、乾隆年间散文流派“阳湖学派”的创始人之一恽敬。恽代英出生在以祖父为家长的大家庭，他从小就对大家庭的矛盾感同身受。1909 年，恽代英父亲到外地任职，母亲要脱离大家庭投奔父亲，在临出发前，由于家庭争端，恽代英母亲大哭。由于受这次家庭矛盾的影响，他的大哥恽代钧受刺激而甚至失常，病情日益加重。这引起了恽代英对传统大家庭的思考，后写下《中国家庭改良议》。在恽代英所处年代，大家庭比较盛行，妯娌、叔伯都生活在一起，而一家人由于亲情关系，孩子极容易模仿，特别是易受到家庭成员中的不良影响。为此，他建议中国的家庭，也要像西方那样，把大家庭分成若干个小家庭，这样对儿童的教育会更好些。

家庭德育不仅要注意父母及周边人员的影响，还应重视家庭环境的作用。这里所指的家庭环境既包括家庭物质环境,也包括家庭氛围。恽代英认为,家庭的物质环境对孩子的品德也有重要的影响。如家庭住房潮湿,人们就容易烦躁;家庭器物凌乱,人们就容易养成紊乱的习惯。合理的家居布置、和谐的色彩等会给孩子良好、积极的视觉感受,会使孩子身心愉悦,行为文明健康。反之则会带来不良、消极的影响。与物质环境相比,家庭氛围对儿童教育的影响更大。如果家庭气氛或亲子关系较为融洽和谐,家庭成员间的相互感受性会大大增强,儿童易于向父母模仿。反之,如果家庭氛围和亲子关系冷淡,儿童就会降低对父母的模仿度。因此,作为家庭的主要经营者,家长应营造和谐、优良的家庭环境。父母应互相尊重、互相体谅、互相包容,让家庭多一些欢声笑语,少一些争吵怄气。

(三)长善救失

实施家庭德育,不可忽视的是儿童的个性。恽代英认为,只有“知其气质之偏,知其特短及特长”,才能进行有针对性的教育,“就其特长而助之发展,则易于成德;就其特短而为之补救,则不致败行”。这也就是我国古代重要的长善救失的教学原则。我国当前家庭教育最大的弊病就在于教育定位问题,家庭教育无视儿童的中心地位,无视儿童的特点和需要,忽视儿童的本性,在教育过程中过多地重视父母期望值的实现,忽视儿童心理引导。这给家庭教育带有很大的盲目性。

个性又可以称为人格,是一个人具有一定倾向性的心理特征的总和。目前,西方心理学界一般采用阿尔波特关于个性的定义,该定义比较全面地概括了个性研究的各个方面:个性作为身心倾向、特性和反应的统一,不是固定不变的,而是不断变化和发展的;个性不单纯是行为和理想,而且是制约着各种活动倾向的动力系统。弗洛伊德认为,儿童的个性在5岁以前就已形成。儿童在5岁以前,主要的活动场所是家庭,无疑家庭是儿童个性形成的根基。弗洛姆说:“家庭是社会的精神媒介,通过使自己适应家庭,儿童获得了后来在社会生活中使他适应其所必须履行的职责的个性。”虽然早期形成的个性不是固定不变的,但早期形成的个性已经形成了一个基本的个性模式,而这种模式将一直影响今后的生活。可见,良好的家庭教育是儿童形成健全个性的基础。

心理学家鲍姆金特曾就家庭教育方式与儿童个性发展做了研究,研究发现,儿童个性形成并不决定于家长的某个维度的行为习惯，而要受到父母整个行为模式的影响。在家庭教育中，富有爱心、民主，而且能因材施教的家长对儿童个性的形成最有利。对于儿童个性的培养，从儿童出生后就应注意培养。每个儿童出生后，都呈现出不同的气质特点，父母应注意引导儿童的个性遵循社会发展的方向。随着儿童活动能力的提高，自主性得到快速的发展，与此同时，儿童产生了消极的行为动作，如拒绝接受命令，有抗拒、哭闹、退缩、沉默等对抗方式。这是因为此时的儿童没有形成良知，完全以自我为中心。对父母而言，要知晓孩子的气质特点，知道孩子的优点在哪儿，缺点在哪儿，对于有优势的地方要帮助其发展，对于有个性缺陷的地方要及时引导补救，防止其沾染恶习。这样才能达到家庭教育事半功倍的效果，促进儿童健全个性的发展。

二、家庭智育——引导感官知觉、学习的本能

教育的任务在于使人的本能发达，也就是使手、脑、身体等的本能得到发展。恽代英指出："三育鼎力，不可畸轻畸重，尤吾人不欲缚小儿之手，以专使其足之发达也。夫三育鼎力，心身相关，此岂非吾人耳所熟闻，心所熟思哉。然吾人所云鼎立，但言智育德育不可遗体育，岂尝思体育德育不可遗智育。吾人所云相关，但言强健之心，不可无强健之身，岂尝思强健之身，亦不可无强健之心。……儿童之教育，亦安可有德育有体育而独无智育乎？"[①]从以上论述中，我们可以看出，恽代英认为家庭教育中，德育、智育、体育不可或缺，三育鼎力，才能使儿童本能得到充分发挥。

（一）感官教育

恽代英指出："小儿犹有最需要之教育，即感官教育也。"对于儿童，家庭智育的重要方面就是在引导儿童感官知觉的本能。从儿童出生后，就要注重感官知觉教育，训练他们各种感觉器官的功能。他以意大利著名的儿童教育家蒙台梭利的教育实验为例，说明感官教育的重要性。蒙台梭利在其创办的"幼儿之家"中注意训练儿童的感官，幼儿园的儿童能在教室中听出微声的差异。这正是由于

①恽代英：《家庭教育论》，载1916年11月《妇女日报》。

对感官教育的重视，才显现出异于未受过训练的儿童的辨别力。恽代英以蒙台梭利的感官教育为例，指出感官教育自婴儿出生就有必要。感官是人赖以生活的器官，感官发达的人更善于生活。人同样有五官，但是却有敏锐、迟钝的差别，这种差别往往是由于幼年时是否注意感官教育造成的。幼年时儿童不知用五官，父母又不去扶持，那么五官的运用就会相对迟钝。因此，作为家长，要重视对儿童的感官教育。

（二）正视读书

家庭教育中的智育，很多人往往理解为读书。恽代英却认为：“书籍，死物，不足以尽天下之活理。欲知天下之活理，唯有取自然之活书，而一一读之。”他指出，如果把智育理解为就是读书，那么对家庭教育的根本是大有妨碍的。固然，认为早年读书对儿童是一种摧残是有道理的，然因此而以为儿童幼时可以放任，让他发育，舍读书外没有智育，也就没有教育的必要，这就不正确了。如以为智育为唯一的教育，读书为唯一的智育，学校为唯一的教育机关，教师为唯一的教育者，那么父母兄长的教育职责呢？这种看法完全否定了家庭教育。他说，书籍本身存在弊病，一是观念有误，二是记述中会有遗漏，三是对书籍内容的理解不统一。其实，读书只是家庭智育的一部分，对于儿童而言，当其智力还达不到读书的水平时，不能过早地要求孩子读书。对于读书的相关教育，可以在儿童幼年时进行识字教育，在幼儿三四岁或者再早的时候即识字，识字的方法要引起儿童的兴趣，结合游戏的方法进行。把字写在木板上，一面画图，一面写字，先教他们认通俗的字，再教文言。

儿童获取知识的方式有很多，在恽代英看来，儿童智育的发展完全可以不通过读书来提高。他指出，对于儿童，可不由读书而得的知识甚多，儿童的智育几乎都不用书籍传授。对于儿童早年的智育，用观察和实验二法，进步更快。因此，对于早期儿童智育的培养，自然科学的学习是最为适宜的。这些早期科学教育，完全可以由儿童自行获得，不是由读书和教育者替代获得的。英国博物学家、教育家赫胥黎说过这样一句话：“科学者非他，不过是一种有系统的常识。”常识不是通过读死书获得的，而是通过日常的观察体验获得的。因此，恽代英认为家庭智育方法应根据不同学科的特点，采取不同的学习方法。他说：“儿童对于自然科学有独特之趣向，若天生而有研究之嗜好与性能者，自然科学又为最易运用归纳法学习之科学，故主张为其早年应受之教育。至于其他记述的科学，如历史、地理，亦可利用诗歌谣谚，为无形之灌注。”“理论的学科，如算学，亦可利用日常实事为初期之培植。”对儿童的教育，更应该提倡以实地观察、实验的方式来实现。儿童可观察和实验的范围是极其广泛的，花鸟鱼虫、山林田野、亭台楼阁、宇宙星空等都可以成为儿童观察的事物。这种学习，符合儿童发展的年龄特征，易引起学习的兴趣。对于日常的生活常识，如声色的辨别，度量衡、钱币的计算，布匹的种类等常识，也可以通过实物进行教育。

（三）自然教育

家庭智育是家长最为关注的家庭教育内容，但我们当前的做法很多地方有失偏颇。家庭智育不仅关系着学前儿童的智育发展，同时也对学生入学后有重要的补助作用。作为家长，不应仅仅关注儿童认字多少，能背诵多少首古诗，更应关注儿童个性趋向，顺其自然地进行教育。恽代英认为：“小儿为自然之骄子，不可以一毫不自然之教育来强之也。”对于儿童的教育，应遵循其自然本性来进行。在恽代英看来，幼儿比不得学校里的学生，应尽可能按照他们自身的自然轨道来引导。如果应发展而不发展，原因不在幼儿，而在于教育者的不得法。恽代英的这一观点正是自然主义教育理论的基本原则。

自然主义教育是西方教育发展史上的重要教育理论，它强调教育应适应自然，合乎自然，重视儿童自我发展、自我教育过程中的主体地位。儿童的身心发展是有其自然规律性的，教育应遵循儿童的身心发展规律，顺应儿童的天性。儿童具有与生俱来的内在生命力，充满无限发展的潜能。家庭智育不是将已有的知识、观念灌输给儿童，而在于引导儿童，激发儿童内在学习的需要与动机。家长应该采取正确、科学的教育方法，使儿童实现自我教育。

三、家庭体育——引导运动的本能

恽代英出生于中日甲午战争失败后，国家的孱弱让少年时代的恽代英感触颇深。恽代英认为：人之所贵，非在不死，在身体强壮，可以担当起生者应负担的重任。少年时代的恽代英非常重视体育，他经常带兄弟们做户外运动，小城的街道上、后乡的农田荒地上留下了他们奔跑、放风筝的身影。体育是恽代英每天的日程安排之一，他的日记里，包括饮食起居的安排，体育锻炼、健康状况，阅读体育方面的书籍等。这样的习惯一直保持着，到武昌之后，他的体育锻炼又增加了体操、拳术、乒乓球、网球。

在恽代英所处的年代,中国关于体育的教育往往只是注意生死问题,认为只要能“活着”,身体健壮与否无关紧要。恽代英指出,如果“奄奄待尽者,亦活死人而已”。一个没有生气活力的人,对社会不能做出贡献,亦不能享受人间的幸福,和死又有什么区别呢?“今日言体育,当以身体强健为唯一之目的。要使身体强健,家庭的体育教育,亦不可不讲究。”家庭教育不能忽视体育教育,尤其幼儿期间,体育占教育的绝大部分,家庭体育的目的就是要养成强健的身体。他针对当时忽略幼儿体育教育的错误观念,提出:“吾中国于小儿初年之教育,似以体育占其全部。然而体育又不足道也。吾国之所为体育,但知在生死上注意,苟能偷生,身体虚弱在所不计,此可谓大惑矣。故今日言体育,当以身体强健为唯一目的。欲使身体强健,则家庭之教育亦不可不讲究也。”①家庭体育是儿童最喜欢的一种教育形式,但事实上,很多家庭并没有将家庭体育当作优先选项,这也正是恽代英强调家庭体育的重要原因。对于家庭体育教育的内容,恽代英认为应在以下几个方面着眼。

首先,要引导幼儿养成有秩序的生活习惯。“小儿之体育教育,第一须使其平时习为秩序的生活。盖秩序的生活,为盖于人甚大,童而习之,少成若天性。”②生活习惯伴随和影响着人的一生,习惯成自然,良好的生活习惯让人一生受益无穷。美国教育家约·凯恩斯曾说过:“习惯形成性格,性格决定命运。”可见,习惯对人的影响是根深蒂固的,良好生活习惯的养成对于身心健康的发展、知识的获得、能力的培养、品德的陶冶、个性的形成都是至关重要的。恽代英认为,从小就要养成幼儿有秩序的生活习惯,这种有秩序的生活就好像人的天性一样,对人的益处甚大。要给儿童规定饮食起居、卫生、作息时间表,督促其实行。幼儿的饮食起居,都应当合乎卫生的原理来制订,时间确定,饮食有节制,这样就会促进各项器官的发育。如果生活起居不定时,饮食无节制,任幼儿之性而不加规定,就是在败坏儿童的健康。当然,这样有秩序的生活习惯要逐渐养成,让儿童自然高兴地接受,否则勉强为之会让幼儿感到痛苦,达不到应有的效果。从恽代

①恽代英:《改良私塾刍议》,载《青年进步》1917年6月,第4册。

②恽代英:《家庭教育论》,载1916年11月《妇女日报》。

英的观点可以看出，从幼儿开始就要循序渐进培养儿童有秩序的生活，让儿童懂得生活起居要有安排，做事要有时间观念。

其次，要引导幼儿养成清洁的习惯。恽代英认为，家庭体育的一个重要方面是教育孩子讲究个人卫生，养成清洁的好习惯。清洁是防止病菌侵害，防止疾病的重要措施。如果幼儿长期生活在潮湿的环境中，衣不洗、发不理、体不浴，那么儿童的健康状况就难以保证。要想使儿童有强健的身体，家长就要引导儿童养成清洁的习惯。在幼儿时，父母要无微不至地护理，等到他们的本能逐渐发达，就要让他们自己保持清洁，发展他们自身保持卫生的能力。

第三，要经常带幼儿进行户外活动。恽代英认为，我国家庭的住房低、小，幼儿更需要户外生活。如经常带孩子旅行露宿、户外睡眠等，这样可以接受阳光沐浴，呼吸新鲜空气，避免疾病发生。恽代英在其《家庭教育论》中讲到，户外生活者，如旅行露居或户外睡眠等，其特长即易于纳受日光，呼吸新鲜空气，而使肺病及其他户内之病，无发生之余力是也。今天，在养育幼儿的过程中，很多家长担心孩子生病，因此很少带幼儿到户外运动，这样的养育方式是错误的；越是缺少户外运动的儿童，抵抗力越低，越易患病。户外活动是孩子亲近大自然的最佳途径，不仅可以锻炼儿童健康的体魄，还能培养儿童乐观的人生态度。以阳光和新鲜空气为伴的户外运动，可以让儿童全体感官参与其中，既满足了孩子喜玩乐动的天性，又增加了与大自然的亲近感。除此之外，户外活动还能满足儿童探究事物的本性，提高儿童创造性和社会化的发展。在户外活动中，孩子是活动的主要参与者，想象力、创造力可以得到发挥，对于他们解决日常生活问题、积累为人处世规范、提高社会化提供了良好的机会。

第四，要引导幼儿积极参加体育运动。恽代英认为，小儿好动，本为常性。许多父母却不知利用他们的好动能够使他们身体发达，剥夺了他们的生气。对于儿童的运动教育，不是要听任儿童，放任自流。家长要指导孩子进行体育活动，既不要过于激烈，也不要偏于一端，不要去做儿童不能胜任的运动，要帮助孩子选择能使全身各肢体部位动能得到发达的体育活动项目。“为父母者，宜慎择合于卫生原理之运动，一须不为激烈非小儿所能胜之运动。一须不为偏至非能使小儿各部之体完全发达之运动。”[①]对于儿童的体育活动，恽代英提倡要合理安排，以幼儿安全为重，选择恰当的运动项目，避免儿童受到伤害。尽管恽代英认为幼儿参与体育活动会有风险，但他还是主张儿童积极参与，并建议父母和儿童一同参与到体育运动中。对于父母害怕儿童参与体育运动会受伤害的想法，他予以驳斥。他指出，世之溺爱者，每好困小儿于家庭之间，不使出家门一步，以为爱其精力，不知既拂小儿之好奇心，又使小儿坐失自然之智育、体育之锻炼。不让儿童参加体育运动，似乎在爱护儿童，实则抹杀了幼儿的天性，错失了对幼儿的发展，导致幼儿好奇心的泯灭。

第五，家长要向儿童传授生理卫生知识，使他们知道之所以要进行体育的目的，从而启发幼儿有完美体育的意识和要求。儿童生性好奇，对自己从哪里来以及身体的机能都充满好奇心。作为父母，可以结合人体模型向儿童进行生理卫生知识教育，利用儿童对自身身体的好奇感实现教育的良好效果。

从以上五个方面我们可以看出，恽代英非常重视家庭体育，从日常饮食起居到户外运动、卫生习惯等都进行了详细的论述，这些观点和具体的做法对我们今天家庭教育仍具有现实的指导意义。家庭体育不仅关系到幼儿生理、心理的健康发展，还具有重要的育人作用，直接影响着幼儿自主性、创造性、个性化的发展。现代家庭，独生子女所占比例越来越高，儿童受到父母长辈更多的关注，但遗憾的是很多家长更愿意进行智力投资，不要让孩子输在起跑线上的旧的教育观念直接支配教育行为，家长更乐衷于以识字、英语、计算等为主要内容的学习，家庭体育并没有得到应有的重视。相关调查显示：有 14%的家长已充分认识到幼儿的健康，包括身体、心理和社会适应的健全状态；76%的家长认识到心理、身体健康同样重要；10%的家长所持的健康观还停留在身体好、不生病这一表面状态。[②]家长忽视家庭体育的教育观念也直接影响了儿童的生理、心理健康，对幼儿创造力的开发和个性的培养形成了限制。对上海市 5 岁左右儿童的调查显示：5 岁以内儿童梦呓、磨牙、夜惊、梦游，5 岁以上儿童遗尿等睡眠障碍的发生率高达 46.97%，而造成这些睡眠障碍的一个重要原因就是学习压力过大。在一些国际儿童夏令营的报道中，中国儿童身体素质低下、缺乏耐挫能力、团队合作意识差

①恽代英：《家庭教育论》，载 1916 年 11 月《妇女日报》。

②陈群、项小红：《关于幼儿健康之家庭的调查与分析》，载《安徽广播电视大学学报》2000 年第 2 期，第 54—57 页。

的消息更是屡见不鲜。因此,作为家长,要改变自身的教育观念,充分认识到家庭体育对儿童发展的重要意义,只有健康的身体、强健的体魄才能塑造全方位、独立自主的生命体,才能更好地培养出促进社会发展的优秀人才。

四、家庭游戏——引导制造、竞争的本能

玩是儿童的天性,当儿童从婴儿期进入幼儿期后,动作、语言的发展使其渴望扩大生活空间,渴望参与到成人的世界中,于是游戏变成幼儿最喜欢的活动。恽代英非常重视游戏,即使在成年后还喜欢与儿童游戏,保持童心。他在日记中写道:"吾好与小儿游,好自己留存小儿状态。在河口时,忆父亲大人言,吾有孩气,吾固不自讳也。"①恽代英认为,游戏是儿童天然的嗜好,但游戏也需要教育,家长要善于通过游戏引导教育儿童。恽代英指出传统的旧家庭几乎完全禁止儿童游戏,而很多新派家庭虽然不禁止儿童游戏,但对儿童游戏毫不干涉,不加指导也不进行监督,这都是错误的。家庭教育"实以游戏为教育唯一之法",如果没有游戏也就没有了教育。所谓顺其自然、不勉强的教育就是使儿童在游戏中得到教育。他说,自赫尔巴特创趣味论,即以趣味为教育的唯一凭借,以后就有创立自动主义、游戏主义的教育,而这些都是以赫尔巴特的教育学说为根据的。创立游戏主义的司通勒夫人有句名言:"使工作为游戏,而使游戏为目的。"如果想让儿童通过游戏得到教育,就要让儿童做有目的的游戏。作为家长,要引导儿童做有意义的游戏,并通过游戏来教育儿童,这样儿童乐于听从父母,教育才能取得最佳效果。

儿童有模仿的天性,喜好模仿工作或自制玩具,恽代英认为,这些家长都不要加以干涉,应鼓励儿童自己制造玩具,家长不要代为制作,也不要购买现成的玩具。这种自制玩具的行为来自儿童制造的本能,家长应注意引导。在制造玩具的过程中,如遇有疑问的地方,除非儿童提出疑问,家长才予以解答,要注意区分"不问而告"和"问而告"。不问而告,儿童做事虽很容易成功,但是会降低做事的兴趣;如果提出问题,说明他们求知心切,解答后不易忘记。恽代英的这种观点与孔子提出的"不愤不启,不悱不发"有异曲同工之妙,都意在提醒教育中要

①恽代英:《恽代英日记》,北京:中共中央党校出版社,1981年版,第7页。

恰当运用启发诱导的教育原则。儿童喜好模仿、制造，这正说明儿童有探究知识的渴望，作为家长，要善于保护儿童的求知欲，鼓励孩子们模仿，并且要创造良好的环境和空间让儿童自由想象、动手实践，这样既能丰富孩子的认知经验，也能让他们在模仿、制造中培养创新能力。儿童对事物模仿越多，就会积累越来越多的生活经验和时间经验，想象和思考的空间就会越来越开阔。

对于游戏中出现的竞争，恽代英认为，竞争是儿童的本能，作为家长，要在游戏中培养孩子以正当手段进行正当竞争的能力。由于竞争常常会发生儿童叫嚣、争斗，甚至破坏物品的现象，因此很多家庭禁止竞争性的游戏，这是错误的做法。既然儿童最终要参与到社会的竞争中，那么早点培养竞争能力对儿童发展是有利的。当然，这种竞争能力的培养不是要让儿童有野心并用掠夺的手段，而是要以正当的手段、正当的竞争能力，如儿童竞技、儿童成绩展览等形式展现，可以由儿童自行评判优劣。同时，对包含会造成诈伪、倾轧、威吓、欺骗等恶德的竞争，应当绝对禁止，以保全道德的尊严，为世界的永久和平立基础。当今的社会竞争越来越激烈，竞争的压力无处不在，让幼儿提早适应竞争，才能在今后的竞争环境中拥有良好的心态。但作为家长，如何引领儿童正当参与竞争呢？著名画家陈丹青说：“中国人总是一代代自己失败了，然后就去逼孩子，孩子长大又失败了再去逼他们的孩子，这就是愚蠢。”陈丹青所说的现象在当下越来越普遍，很多家长为了弥补自己人生的遗憾，让儿童过早地参与到功利性的竞争中。其实，竞争本应该是一件富有刺激的，让人紧张、兴奋的事情，固然胜利值得欢呼，失败让人无奈，但最值得回味的还是竞争的过程，要让孩子懂得竞争的乐趣，在竞争中获得克服困难的勇气，在竞争中学会如何控制自己的情绪，如何去做计划等。

作为父母，要积极加入儿童游戏中，这样既可以密切父母与子女的关系，还会在游戏中发现儿童的性格特征。“与之同甘苦，共行止，其为感动力甚大。”在游戏中，家长的行为举止也可以成为儿童模仿的对象，从而实施潜移默化的教育。对于游戏中出现赌博或骂人等行为，家长要及时加以禁止。恽代英指出，古今家庭往往有一种倾向，当子女牙牙学语时，会不加分辨学些脏话，有些父母不以为然，反而赞扬孩子聪明，甚至婴幼儿打人也被赞扬，长此以往会给儿童错误的暗示。因此，对于一些粗俗的不适宜儿童的游戏，家长要加以制止。对于儿歌，由于其朗朗上口而深受儿童喜爱，但一定要注意儿歌的内容，要区别儿歌的好坏以及会对儿童造成的影响，帮助儿童选择适合的歌谣。

文学巨匠鲁迅说过："游戏是儿童最正当的行为，玩具是儿童的天使。"著名的幼儿教育家陈鹤琴也曾指出："儿童以游戏为生活。……儿童既喜欢游戏，我们就可以利用游戏来支配他的动作，来养成他的习惯。"游戏是幼儿一种有目的的活动，是对儿童教育的最佳形式，对幼儿学习、生活以及个性品质的形成都具有重要的促进作用。游戏中，幼儿要借助身体部位来完成各种游戏动作，能促进身体机能发展。通过游戏，儿童可以获得对外界世界的了解，这是促进儿童智力发展的途径；在游戏中，儿童思维能力得到发展，解决问题能力得以提高。此外，游戏还可以培养儿童良好的个性品质，使幼儿更好地适应社会生活。作为家长，要积极鼓励并参与到儿童的游戏中，为儿童提供更丰富多彩的玩具以及更充分的游戏空间。在游戏中，家长不应将自身的想法与意志强加给幼儿，要让幼儿亲自去尝试和发现，同时善于根据实际情况启发、引导儿童，拓宽儿童想象的空间，进而创造性地完成游戏。

2013 年，真人秀节目《爸爸去哪儿》一经播出，迅速受到人们的普遍关注。五个小萌娃在乡村、在海边、在森林、在动物园，踏着青草，呼吸着新鲜空气，在奶爸的照顾下找食材、做农活、照顾小孩，在生活中学会感恩，在游戏中学会勇敢、担当、合作。生活教会他们做事，游戏中教会他们做人。他们体验自然、融入生活，天真的语言、真实的成长画面打动了观众的心。这档节目让成年人近距离地看到了儿童的世界，也从另外的角度诠释了生活中教育、游戏中教育的奇妙。

恽代英从人发展的本能出发，提出了家庭教育中德育、智育、体育、游戏等几方面的内容以及具体的教育原则和教育方法。恽代英的这些家庭教育观点，与马克思主义关于家庭教育思想的观点基本吻合，从教育学、心理学角度来看，他所倡导的家庭教育内容与方法，是符合现代科学的。在刚刚推翻封建统治的民国初年，恽代英能够提出这样的家庭教育理论是难能可贵的。可以说，恽代英开创了运用马克思主义理论来研究中国家庭教育思想史的先河。无论从教育理论还是在对当前家庭教育的相关实践中，都具有积极的影响和借鉴意义。

家庭教育是学校教育和社会教育的基础,对人一生的影响最为深远,直接或间接地影响着人的价值观与人生观。良好的家庭教育是培养高素质人才的基础,是儿童由自然人向社会人转化的基础。因而,家庭教育不仅是一个家庭内部的活动,也关系到整个社会的发展;不仅是学前教育,也是终身教育的一种形式;不仅涵盖长辈对年青一代的教育,也包含家庭成员之间的相互教育。现代社会中,家庭教育的内容日益多样化,包括家庭生命教育、家庭关系教育、家庭道德教育以及与其相关的父母教育等等。但遗憾的是,在我国当前的家庭教育中,在教育内容上仍然存在诸多误区。中国父母习惯于为子女设计未来,不考虑他们的喜好和性格特点,强迫孩子生活在自己设计好的未来中。正如哲学家费尔巴哈所说的那样:“父母最大的错误就是站在他们自己的立场并介入他们孩子的自然发展。”我国家庭教育的目标大多是把孩子培养成才,能有一份体面的工作。这样功利性的目标使得中国的家长非常重视智力开发,特别关注孩子的学习成绩,将智力视为教育内容的全部,而对孩子的行为习惯、品德教育以及人格培养却重视不足。此外,大多数的家长重视对孩子物质生活的满足,忽略了他们身心方面的健康,即使经济条件不好的家庭,家长也千方百计为子女提供比较优裕的生活条件,对孩子的要求就是读书,所有的事情包括孩子自己能做的事情都是父母包办。这也许就是我们的学生即使掌握了大量的知识也无法适应社会的重要原因。家庭教育内容是多样化的,不局限于智力开发,还应该教会孩子学习生活的技巧,应该运用科学的家庭教育模式,从儿童的自身发展需求——本能出发,让儿童自由、快乐地成长。

第四节　早慧儿教育

早慧儿就是我们常说的天才儿童，几乎所有的家长都希望自己的子女加入早慧儿的队伍。有没有天才儿童？天才儿童是由哪些因素实现的？天才儿童如何发展？这些都是人们长期关注和争论的问题。

恽代英通过对天资、遗传、知识等方面的研究，提出了他的观点："天分盖指遗传的可能性。人固不同，然苟非父母有病或己身有病，大抵皆有中等以上之天分，故天才教育，盖可能事也。又天分者，似指其人能于无意识中自选一合当方法，求一简捷之成功，此等方法大抵有天分人及他人均不能察觉，故均叹为神助。知此则知研究注意有天分人所用方法而效仿之，虽无天分人亦成为有天分矣。"[①]在恽代英看来，人有有天分、无天分的区别。天分与遗传有关，除了父母身体有病或儿童自身身体存在问题，大多数人的天分大致都在中等以上。天分高的人，就是我们所说的天才，这些人的过人之处在于能于无意识中选择适当的方法，求得简捷的成功。当然，对于天才也是可以通过教育而实现的，如果采用合适的教育方法，即使无天分的人也可以训练成为有天分的人。从恽代英的观点可以看出：一方面，天才儿童是存在的，是遗传提供了早慧的可能性；另一方面，如果采用合适的教育方法，天分是可以训练的。

早慧儿的先天观由来已久，受进化论的影响以及早期智力测验的发展，先天观得以强化。然而由于经验主义哲学与行为主义心理学的原因，半个多世纪以来，人们越来越关注早慧儿的后天形成因素。通常情况下，人们习惯于将高智力水平的儿童定义为早慧儿。的确，经过大量研究发现，他们具有高智力、高创造力，具有充沛的精力和较强的想象力。但在其人格特征上，早慧儿也体现出双重的人格特征。他们既具有不同常人的优秀心理品质，也存在很多不良的心理品

①恽代英：《恽代英日记》，北京：中共中央党校出版社，1981年版，第440页。

质。在社交和情感方面，早慧儿具有相关问题的比例达到25%，相当于普通儿童的2倍。我们中国一直流传着方仲永的故事，这个天生才华出众，5岁就能指物作诗的天才少年，因为缺少后天的教育与学习，最终沦落为“泯然众人矣”的结局。我们不能否认天才的存在，但如果缺乏应有的教育与引导，早慧儿也不过是昙花一现。因此，早慧儿的双重特点为家长和教育者提出了新的课题。

如何对早慧儿进行教育呢？恽代英提出了自己的观点。实施天才教育是恽代英的一贯主张，在其《革命运动中的教育问题》一文中，他对天才教育做了集中论述。首先，他认为天分既然具有遗传的可能性，那么教育的作用就是要将这种可能性变成现实。既然人大抵皆有中等以上之天分，那就应该将人的天分开发出来，使天分充分发展。既然天分高的人，在于能够于无意识中自选一合当方法，求一简捷之成功，那么就要研究、注意有天分人所用的方法而推广，使天分不高的人仿效。从教育学角度而言，恽代英的上述观点实则探讨了遗传与教育的关系，遗传是人发展的一种自然条件，为人的后天教育和发展提供了可能性。但是如果仅仅依靠遗传，缺少后天的环境与教育，再高的天分也难以得到发挥，而教育的作用就是将遗传这种先天的可能性化为现实。

其次，恽代英认为天才教育应注重在儿童时代进行自然科学以及某些社会科学知识的教育。他认为儿童对自然科学有特别之趋向，好像天生有研究的嗜好与性能。当然，这种自然科学的教育不是通过教科书、授课的方式获得，而是在无形中学得，正所谓“绝对不用书籍教授，且亦不宜以教授之式行之”。但恽代英也强调，教授儿童并不以养成早慧儿为目的，然而如果能够好好地利用早年的知识教育，“实可以养成早慧儿无疑义”。

此外，恽代英还特别提出环境对天才教育的影响。他认为，早慧本为吾人应有之事，世人之所以不早慧者，皆因社会不良之障碍为之害也。他针对传统的有关早慧不祥，拘泥于早熟不永、大器晚成之说，指出：早慧非必不祥，但观保育得如何。唐代著名诗人李贺，与李白、李商隐并称唐代“三李”，幼年既能辞章，但仅27岁就离世。恽代英认为李贺不得永年，是因为不懂节制所致。同样，唐代的李泌，南岳衡山的一位传奇人物，为儒家、佛家、道家所共同赞颂，幼年早慧，但却历仕玄宗、肃宗、代宗、德宗四朝，后官至宰相。李贺、李泌二人同是早慧，但结果不同,这是由于环境影响以及保育是否得当的结果。

恽代英分别从遗传、教育、环境等三方面阐述了早慧儿培养中应注意的事项,对我们今天家庭教育中天才儿童培养以及儿童早期智力开发具有重要的启示。

教育家卢梭曾说过:"要尊重儿童,不要急于对他做出或好或坏的评判。"作为家长,要善于发现自己孩子与众不同的地方,有针对性地进行培养。以我们所熟知的钢琴家郎朗为例,郎朗出生在音乐世家,其祖父是音乐教师,父亲是专业的二胡演员,郎朗很小就对音乐产生了浓厚的兴趣。在他很小的时候,电视里正在播放电视连续剧《西游记》的主题曲,听完歌曲,郎朗立刻在钢琴上弹了起来。虽然没有学过音乐而且歌曲也只听了一遍,他却几乎把这首歌的大部分旋律都弹了出来。郎朗在音乐方面的这种天赋,被父母及时发现,开始了有针对性的培养。为了培养孩子,郎朗的父亲甚至辞去了工作,一家三口只能依靠母亲一人的工资度日。付出终获回报,郎朗成为世界著名的钢琴家,他是第一位受聘于世界顶级的柏林爱乐乐团和美国五大交响乐团的中国钢琴家,获得了包括德国古典回声大奖、全英古典音乐奖、伯恩斯坦艺术成就大奖、国际门德尔松大奖等在内的多项权威奖项。可以说,如果没有父母的慧眼识珠与及早培养,也许就没有今天伟大的钢琴家。绘画大师毕加索小时候是个学习能力低下的儿童,算数、写字、读书都学不好,甚至连字母也拼得乱七八糟,每天总是在作业本上乱涂乱画,让老师很是苦恼。但庆幸的是他有一位欣赏他、爱护他的父亲,他的父亲是一位美术教师,看到儿子的学习状况,不但没有指责他,反而鼓励他学习画画。成年之后,毕加索坦言,自己小时候大部分时间是用来画画和胡思乱想的。最难得的是,毕加索的母亲居然将他童年的涂鸦悉心保存起来。在这些涂鸦中,研究者发现已经能够看出成型的鸽子和斗牛的形象。其实,所谓天才和蠢材的差别有时候只取决于人们的认识观念。毕加索的父母懂得欣赏和呵护孩子,才成就了这样的世界巨匠。每个孩子都有其独特的地方,而家长就像是伯乐,要善于发现自己孩子的闪光点,也许你的细心会成就孩子美好的未来。

20世纪80年代,美国著名发展心理学家霍华德·加德纳博士提出多元智能理论。他指出,人类的智能主要由语言智能、数学逻辑智能、空间智能、身体运动智能、音乐智能、人际智能、自我认知智能、自然认知智能八项组成。这八项智能在每个人身上都存在，且以不同方式、不同程度组合，由于组合方式和组合程度的不同，每个人的智能呈现出不同的特点，同时也呈现出不同的优势。第一种是语言智能，即能够有效运用口头语言或文字表达自己的思想，灵活掌握语音、语义、语法，具备用言语思维、言语表达和欣赏语言深层内涵的能力结合在一起并运用自如的能力。语言智能突出的人最适合从事政治活动家、作家、记者、律师、主持人、演说家、编辑、教师等职业。第二种是数学逻辑智能，即能够有效地计算、测量、推理、归纳、分类，并进行复杂数学运算的能力，这项智能包括对逻辑的方式和关系，陈述和主张，功能及其他相关的抽象概念的敏感性。数学逻辑智能突出的人适合从事科学家、会计师、工程师、统计学家、电脑软体研发人员等职业。第三种是空间智能，即准确感知视觉空间及周周一切事物，并且能把所感觉到的形象以图画的形式表现出来的能力。这项智能包括对色彩、线条、形状、形式、空间关系很敏感。空间智能突出的人适合从事室内设计师、摄影师、建筑师、画家、飞行员等职业。第四种是身体运动智能，即善于运用整个身体来表达思想和情感，灵巧地运用双手制作或操作物体的能力。这项智能包括特殊的身体技巧，如平衡、协调、敏捷、力量、弹性和速度以及由触觉所引起的能力。具有身体运动智能的人适合从事运动员、演员、舞蹈家、外科医生、宝石匠、机械师等职业。第五种是音乐智能，即具有敏锐的感知音调、旋律、节奏、音色等能力。具有音乐智能的人对节奏、音调、旋律或音色的敏感性强，与生俱来就拥有音乐的天赋，具有较高的表演、创作及思考音乐的能力。他们适合从事歌唱家、作曲家、指挥家、音乐评论家、调琴师等职业。第六种是人际智能，即具有理解别人和与人交往的能力。具有此项智能的人善于察觉他人的情绪、情感，体会他人的感觉感受，辨别不同人际关系的暗示以及对这些暗示做出适当反应的能力。他们适合从事政治家、外交家、领导者、心理咨询师、公关人员、推销等职业。第七种是自我认知智能，即自我认识和善于自知之明并据此做出适当行为的能力。具有这项智能的人能够认识自己的长处和短处，意识到自己的内在爱好、情绪、意向、脾气和自尊，喜欢独立思考的能力。他们适合从事哲学家、政治家、思想家、心理学家等职业。第八种是自然认知智能，即善于观察自然界中的各种事物，对物体进行辩论和分类的能力。具有这项智能的人有着强烈的好奇心和求知欲，有着敏锐的观察能力，能了解各种事物的细微差别。他们适合从事天文学家、生物学家、地质学家、考古学家、环境设计师等职业。

加德纳的多元智能理论强调以多元化的、全面发展的眼光来认知学生，每一个孩子都是潜在的天才。教育者的责任就在于了解和开发儿童的智能，尊重儿童的天赋，帮助他们平衡各种智能。

从当前教育的现状来看，教育的失误之一就是对学生的发展潜能认识不足。幼儿教育家蒙台梭利指出："我们无法造就一个天才，我们只能使每个人充分发挥他的潜力。"其实，如果将每个儿童的潜能充分发挥，那么每个儿童都有可能成为早慧儿童，作为家长的职责就在于采用合适的教育方法促成儿童天赋能力的发挥。日本早期教育家铃木镇一痛心地指出："在孩子身上存在着不可估量的潜在能力，虽是处于他们双亲的'摧残'之下，然而还是发挥出难以相信的能力，只要抛弃错误的教育方法，则无论什么样的孩子，其能力的幼芽都能茁壮地生长起来，所以说孩子的能力的幼芽是被大人掐掉的。"铃木用其亲身实验向大家讲明了这个道理，他对3000多名幼儿进行小提琴训练，其中最小的幼儿还不满3岁，在汇报演出时，幼儿们抱着玩具般的小提琴，兴高采烈地聚集在一起。当人们听到幼儿们的演奏后，纷纷惊诧不已。他们熟练准确地演奏着从巴赫到维瓦尔等大师的世界名曲，至于对本国歌曲的驾驭更是随心所欲。儿童身上蕴藏着不可估量的潜能，只要教育方法得当，每个儿童都会成为人才。根据迁移原理，儿童一旦在一个领域驾驭自由，那么在其他领域也能达到相同的高度。但遗憾的是，很多教育者和家长随波逐流，压抑、埋没儿童的潜能，将生动丰富的自然科学以枯燥无味的现成知识加以灌输，儿童的好奇心、求知欲也随着这些毫无生气的教学内容所泯灭。这无疑是对儿童潜能的抹杀和天性的摧残。

诚然，如恽代英所告诫的那样，在对儿童培养的过程中，一定不能忽视环境的重要作用，环境对个人发展具有重要的制约作用。即使具有天赋的儿童，如果没有良好的教育环境和教育条件，他的天赋也不可能得到良好的发展。许多早期显现出音乐、绘画等特殊才能的儿童，因为出生在贫困山区没有得到适当的音乐环境和绘画环境而错失了成为音乐家和画家的可能。我国伟大的思想家、教育家孟子的母亲为了教育儿子学儒习礼，曾经先后三次搬迁居所。孟子幼年时，居住的地方临近墓地，经常将"为墓间之事"作为玩耍内容。于是，孟母将家搬到街市附近，可是在这里孟子又将学商贩叫卖作为玩耍内容。孟母经过反复思量，又一次举家搬迁，将家安置在学宫边上，孟轲"乃设俎豆揖让进退"。孟母此时才真正满意:“真可以居吾子矣。”环境是一种隐性教育,它制约着人的身心发展方向和发展水平。良好的育人环境不但可以使儿童身体健康成长,而且也可以成为儿童良好心理素质养成的重要依托。儿童正处于心理发育之初,可塑性大,好奇心强,所处的环境对其心理行为的发展影响极大,所谓“近朱者赤,近墨者黑”。家长应努力给少年儿童创造一个良好的生活和学习环境,带给儿童多方面、多层次发展的可能性。

大量研究表明,早慧儿童在人格特征上显示出双重性的特点。早慧儿童不仅具有超出常人的优秀心理品质,如对事物具有浓厚的兴趣,具有敏锐的思维和创造性,但同时也可能存在如性格内向、孤僻、不善于与人沟通等问题,即人际交往困难与情感障碍。其实,早慧儿童并不是天生孤僻内向,他们和其他普通儿童一样,同样渴望与同伴交往,但他们更愿意找到与其相近的儿童交往,并从中获得探究愿望的满足。天才儿童毕竟是少数,缺乏志趣相投的伙伴使得这些早慧儿童更倾向于选择独处,将时间和精力更多地转向自我思考和参与创新性活动中,从而获得内心的满足。对于早慧儿童这样的人格特征,作为家长要尽力为儿童创造良好的人际互动环境,为其选择合适的交流对象,开展其感兴趣的创造性互动,帮助他们丰富社会和情感生活,完善其人格。

第五节　儿童公育

父母是承担家庭教育的最佳教育者，但我们不得不承认，由于学识及自身条件限制，很多父母无法肩负起使子女受到良好教育的责任。恽代英指出："养儿不仅是爱与勤便够了，普通父母虽然爱他的子女，然而因为愚昧不合法的养育，牺牲了无数的儿童。"此外，从儿童生活的家庭环境来看，很多家庭"繁稠拥挤"，缺少儿童自由发展的空间。为此，恽代英提出了儿童公育的设想。

1920 年，恽代英在《中华教育界》上发表了《儿童公育在教育上的价值》一文，他从"人的本能"和"个人与社会的关系"两个方面阐述了儿童公育的实施。他认为，在儿童时期，并不能分辨善与恶，这一时期是模仿本能发展而思考本能尚未成熟时期，他们的行为都是因模仿而发生，并没有考虑到是善还是恶。所以在这个时期，儿童的模仿对象极为重要。"盖儿童模仿本能初次发展，而思考本能尚未成熟之时，其行为几一切皆依模仿性而发生。苟有善良之父母，即自然效其善良之行为。初未尝计善之何以当为。有不善良之父母，亦即自然效其不善良之行为。初不限于模仿父母之言行而已。凡其周围莫不可供其模仿，即莫不可供其学习。"对儿童而言，人的本能多在幼稚时期逐渐发达，在这个时候，如果得到合当的指导，就会引导儿童向善发展。反之，如果缺乏合当的指导，那么就会向恶的方向发展。在《理想之儿童团俱乐部》一文中，恽代英指出："儿童乃国家将来寄托命运之人，即将来国家社会必无可托命之人，如此，吾国之前途又较今日更悲惨无望之，故不可大发大心立大志愿以就此一般儿童乎。"[①]无论从人类的改良还是社会的改造及个人今后的发展，没有什么比幼稚教育更重要。实施儿童公育，有利于教育的普及，使儿童从一出生就受到正规全面的教育。

关于儿童公育的设想，恽代英建议设置专门的早教机构，聘任热心于教育事

①恽代英：《恽代英文集》，北京：人民教育出版社，1984 年版，第 331 页。

业且具有教育能力的教育工作者，来对襁褓中的儿童开始进行教育，“集合许多夫妇所生育的儿童在一处，从很小时让他习于相处之道”①。这样，儿童从出生就开始适应与人相处，在生活中逐渐懂得个人与社会之间的关系。恽代英生动地比喻说：“这些儿童，从生下地便是在社会中生长的，不是在家庭中生长，像一个盆景花卉，长成了才移植于社会里面来一样。这使我们指导公育的儿童，必能相适于社会生活。”②恽代英所主张的专门机构为人本院、育婴院、幼稚园。③人本院即胎教院，妇女怀孕后可进入此院，目的是以正人之本，厚人道之源。胎教院环境幽雅，教育怀孕后的妇女时刻注意形象、走路姿势等。育婴院和人本院大体一致，幼稚园是由国家设置的专门教育3—6岁的幼儿。与我们今天所说的幼儿园功能类似，教学内容涵盖德、智、体、美四个方面，对德育尤其强调，使幼儿能尽早适应社会发展。

儿童公育，古已有之。早在原始社会，由于当时生产力水平低下，环境恶劣，儿童实行公养公育；氏族公社后期，儿童的家庭教育即替代了社会公育。近代以来，为寻求救世良方，儿童公育又被重拾。1897年，康有为在《大同书》中阐述：在废除家庭之际，应由政府把人的生、老、病、死等项都包干下来，使父母对于子女“无鞠养顾复之劬，无教养糜费之事”④。他提出了儿童教育由政府“公养人而公教之”的儿童公育思想。要实现儿童公养，康有为还提出了建立公教机关的设想，即建立人本院、育婴院、慈幼院、蒙学院等。五四爱国运动前后，儿童公育的思想成为当时知识分子谈论的重要话题，当时最具代表性的是沈兼士的《儿童公育》，他认为：“欲解决社会一切问题，非先解决妇人问题不可；欲解决妇人问题，非先解决家族问题不可；欲解决家族问题，非先解决儿童问题不可；欲解决儿童问题之唯一良法曰‘儿童公育’。”⑤在儿童公育思想兴起的同时，非儿童公育思想的代表者也参与了激烈的讨论。这期间，恽代英、杨效春关于儿童公育的辩论最为引人注目。1920年3月1日，杨效春在《学灯》发表了《非儿童公育》一文，集中论述了在中国实行儿童公育没有必要，且害处颇多，就此揭开了恽杨辩论的序幕。杨

①恽代英：《恽代英教育文选》，武汉：湖北教育出版社，1990年版，第164—165页。
②恽代英：《恽代英教育文选》，武汉：湖北教育出版社，1990年版，第165页。
③恽代英：《恽代英文集》，北京：人民教育出版社，1984年版，第369页。
④康有为：《大同书》，郑州：中州古籍出版社，1998年版，第10页。
⑤沈兼士：《儿童公育》，载《新青年》1954年第567期。

效春认为,中国工商业不发达,妇女除了做家事,没有工作岗位,如果实行儿童公育,妇女将无事可做。因此,在中国实行儿童公育没有必要。杨效春还列举了实行儿童公育的诸多害处,认为实行儿童公育就是在破坏家庭,造成社会散漫。此文发出后,恽代英便发表了《驳杨效春〈非儿童公育〉》一文,对杨效春的观点进行了反驳。他认为社会并不是依靠家庭而存在,而是依靠社会本能而发生、而存在。他认为“儿童公育只是全局改造的一部分,或者可以说是全局改造的第一步”。建立公育机关并不是否认家庭,而是家庭中缺少合适教育者而实行的,儿童公育机关里有专门从事教育的工作人员,实行儿童公育可以免妇女之累,提高妇女工作效率。他说:“我信儿童公育,是恃人类的彻底解放,是恃人类对于社会的自觉,不恃人类为学谱的奴隶……以我的意见,我们应该先有共同生活,由共同生活实现公育,有公育以求共同生活内面的完成,以对外的发展。”1930 年 6 月 11 日,恽代英又发表《再驳杨效春君〈非儿童公育〉》,指出了实行儿童公育的意义。实行儿童公育为人类正当生活的一部分:(一)为便于使一切儿童,得合当些的训育。(二)为便于女子经济独立,这样女子才可以作牛马机械以外,找一个人生意义。(三)为便于自由离婚,这样可防止无幸福的结婚生活,且打破女子颈上的枷锁,免致长为无条件屈服于男子之下的人。(四)为使人类普遍地感受幸福。儿童公育的意义不仅仅是妇女的解放,也不仅仅是儿童自身前途的发展,而在于改造社会,造福全人类。“儿童公育显然有比家庭教育优长之点,便是靠儿童教育才能求真正的社会化。”

对于儿童公育实施的教育方法,恽代英认为,课本、黑板不该出现在儿童教育中,需要依据儿童的心理特点进行教育。他建议在每区设立儿童俱乐部,在每星期的固定时间,将儿童召集起来,进行展览、游艺、运动、演说等活动,这样有助于儿童的心性发展。在《理想之儿童俱乐部》一文中,恽代英指出,将城、镇划分为若干区,在每区设一处儿童俱乐部,专门用于儿童自由阅读、自由游戏。俱乐部主要包含三种功能:一是图书室,用于儿童阅读书籍;二是游戏室,准备多种游戏用具,用于儿童游戏场所;三是运动场,准备球类等运动用品,用于儿童体育运动的场所。俱乐部有专门人员进行指导和监督,使儿童活泼好动的天性得以彰显,达到儿童顺其自然、符合规律的成长。这种建立儿童俱乐部的方式无疑可以解决一般家庭“儿童教育的公育”问题。

恽代英的儿童公育思想意在让儿童从小就接受正规、适宜的教育，从小生活在社会中，在社会中学会成长，为将来成为“健全的公民”打下基础。在恽代英所处的年代，儿童公育是难以实现的，但在他以及蔡元培等人的倡导下，中国幼儿教育得到迅速发展，南京鼓楼幼稚园、南京燕子矶幼儿园、厦门集美幼稚园、北京香山慈幼院婴儿教保园等在儿童公育思潮下纷纷建立起来。儿童公育在国外发展较早，著名的德国儿童教育家福禄贝尔开设了世界上第一家幼儿园，被誉为“幼儿教育之父”。之后，幼儿教育迅速传入欧美。进入 20 世纪，世界性的竞争加剧，幼儿教育得到普遍重视，很多国家将幼儿教育设置在学制系统之内。在一些国家，幼儿教育全部免费，与父母的收入、地位无关，还有一些国家则通过采用国家财政支持普及幼儿教育，尽管父母要缴纳一定费用，但其支付的部分一般不多于总费用的 30%。建立幼儿园，实行儿童公育，不仅使儿童个人、家庭可以从中受益，从长远看，国家是幼儿教育的最大受益者。实施幼儿教育可以提高国家公民素质，进而提高整个民族的道德文化素质。反映在经济上，可以提高生产能力和国民经济能力；反映在社会发展上，可以提高妇女地位，增加妇女从业机会，降低社会救助费用。

20 世纪 60 年代，有一项著名的关于早期教育成本与效益的研究，该研究对来自低收入家庭的 123 名的幼儿进行了近 40 年的追踪调查，研究设置了试验组和控制组，实验组幼儿接受了一至两年的早期教育方案。通过跟踪调查显示，接受过早期教育的实验组儿童学业成就高，就业几率大，经济收入高，家庭关系和睦，吸毒率低。2000 年，诺贝尔经济学奖获得者詹姆斯·J·赫克曼教授也同样指出，幼儿教育是个高收益率的投资，在其他条件相同的情况下，幼儿时期对一个人投资 1 美金，将比在幼儿期之后投入同样的金额收益更大。因此，儿童越早进行教育投资，在未来所收回的收益越大，这也意味着将资本投入幼儿会使社会公共资金得到更有效的利用。因此，1999 年联合国经济与发展组织报告中指出：“幼儿教育是向终身学习的第一笔投资，是一项意义远大的政策援助。”这也正是美国、英国等经济发达国家选择国家财政支持幼儿教育的根本原因。在幼儿教育的理念上，当前世界很多发达国家重视幼儿教育社会化的培养，这与恽代英所提的儿童公育的理念是一致的。

第二章

“兼顾就业与升学”

——中学教育篇

恽代英是中国共产党的早期活动家，青年们的楷模，同时也是杰出的教育家，一生与教育紧密相连。在其教育实践中，中学教育是恽代英极为关注的。他曾在日记中写道："想一生做中学事业。"在武昌，安徽宣城，四川泸州、成都等地长达5年之久的教育活动中，他积累了丰富的教学实践与教学管理经验。在不断学习西方教育的先进理念的同时，也针对当时中学教育存在的问题进行了深入的思考，并提出了许多独到的见解和大胆的设想，这些观点和理念不仅对当时的中国教育产生了一定的影响，对我国今天基础教育的改革也具有极为重要的现实意义。

第一节 兼顾就业与升学的培养目标

我国的中学教育是清末民初创立的。当时,国民经济环境和政治环境混乱,科举制度刚刚废除,外国教会教育对中国影响面较广。受科举遗毒以及外国教会教育的影响,中学教育内容存在很多弊端,很多学生毕业后实践能力低下,无法融入社会,得不到社会的认可。恽代英在《敬告高等师范教职员工及学生》一文中,对中学教育的状况做了具体描述:“现在一般青年的中学生,可怜极了:他们的本能斫丧了,他们的光阴消耗了,所受教育,若不是不合理的,便是不需要的,再不然便是无效果的。他们虽说受了教育,然而这种教育,不是不能使他们为有知识的人,便是不能使他们为有能力的人。他们不知道人生与世界究竟应该怎么样,即令知道了,他们亦不能而且亦不敢照着应该怎么样的工作。”[①]这样的教育不但无助于学生个人发展,也对社会发展没有益处。

培养什么样的人,是教育的根本所在。20 世纪前 20 年的中学教育,普遍将“养成学者”作为中学教育的目的,认为中学是大学的预备级,升学是衡量中学教育的重要指标。恽代英认为,这样的中学教育培养目标是错误的。他在《编辑中学教科书的先决条件》中分析道:“升学升级,又为的什么呢?高深的研究,又为的什么呢?现在的教育,只有有学者禀赋的人,能最得益。因为他才可以用学者的脑筋去领会他。其余的人,既以其无关于日常生活,不易引起研究的兴味,便会觉得这些抽象的教材,是玄秘,是枯寂。既自信不能领会,亦复不肯耐耐烦烦去领会他。这是所以现在中学,每班三四十人中,总只成就得三五个人的缘故,而且这三五个人,便成就了,亦只是为读书而读书,为求学而求学。结果只能成为 Love wisdom for its own sake(为智慧而爱智慧)的哲学家。”[②]中学教育一旦以升学作为培养目标,那么其结果必然导致教学片面追求“高深广博”,而这样

①恽代英:《敬告高等师范教职员及学生》,载《少年世界》1920 年 4 月 1 日。

②恽代英:《编辑中学教科书的先决条件》,载《中华教育界》1920 年第 3 期。

的教育在恽代英看来是毫无希望的。还有人认为，中学教育是教给一般青年鼯鼠五技的常识教育机关，也有人认为中学是培养奴隶他人也为他人奴隶的军国民教育机关，这些都是不正确的。在恽代英看来，中学教育是独立的系统教育，既要兼顾升学，还要在中学期间培养学生的生活能力，从而实现"使升学、就业两均便利"。恽代英关于中学教育应兼顾就业与升学的理念是值得我们深思和借鉴的，在当时的时代背景下，他能在中学教育基础上提出这样的极富远见的观点实在难能可贵。就业与升学一直是中学教育的改革者力图寻求的平衡点，任何一种仅将目标定位于升学或就业无疑都是极其片面的。尽管在我们国家直到今天为止，中学教育依然沿着就业与升学两条轨道进行，但兼顾升学、就业的呼声一直不绝于耳。恽代英所提出的这种理念与我们通常意义上所说的国外综合中学的办学理念类似。与恽代英同时期的美国学者科南特在《今日美国中学》中指出，综合中学就是要按社区内所有青年受教育的需要而开设课程的中学。综合中学有三个目标：一是为未来公民提供普通教育；二是为那些想在学校毕业后就业的学生开设良好的选修课程；三是为毕业后上学院或大学的学生开设令人满意的文理课程。综合中学在第二次世界大战后才广泛传播到英、法、德、瑞士等国家，成为这些国家的一项教育制度。可以看出，与恽代英所倡导的一样，综合中学在培养目标上兼顾"升学"和"就业"两重任务。

兼顾"升学"和"就业"是恽代英关于中学教育的重要任务，那么究竟要培养什么样的中学毕业生呢？1919 年 1 月，在武昌中华大学附中工作的恽代英根据当时学校的状况提出了中学教育应该关注养成国民常识、生活技能、公民资格和升学能力。"规定教育之全部的目的如下：（一）国民常识之养成：国学常识，科学常识，世界常识。（二）生活技能之养成：手工制造，化学制造，国文改良，小学教育研究。（三）公民资格之养成：公民知识，公民道德，协同生活之训练，社会服务之提倡。（四）升学能力之养成：英文程度提高，各个平均注重，每上课时口问、月考，提倡预习，提倡自由研究，择校之辅助。"[①]之后，1920 年 9 月，恽代英关于中学教育的目标更加明确，他提出："中学教育，是养成一般中等国民应有的品格、知识、能力的教育。"也就是说，"以养成美满的中等国民为目的"。他也具体分析了中等教育的内涵："人是生于宇宙间的，那便宇宙间有关人生的，不可不知道。

①恽代英：《恽代英日记》，北京：中共中央党校出版社，1981 年版，第 461 页。

人是生于人群间的，那便怎样能使群己进步而愉快的，不可不修养。人是生于衣食住问题之中的，那便怎样能有求生善生能力的，不可不训练。至于其余不急要的学问，无益日用的常识，我们都不应消耗精力在这中间。”①

恽代英提出的培养美满的中等国民，指的是在品格、知识能力的程度，并非是指国民地位。随着工作经验的丰富，特别是成长为马克思主义者、社会主义青年团的领导人后，恽代英对中学教育的目标更加清晰。1923 年 12 月，恽代英担任中国社会主义青年团中央局成员，并负责上海和江浙地区学生工作，他发表了《八股》一文，明确提出了“中等教育应该是养成健全的公民的教育”②。摒弃了先前较为模糊的养成美满的中等国民的提法，公民教育思想是恽代英教育思想的核心内容，在中学教育中，恽代英将其视为培养人才的核心目标。他所提出的“养成健全的公民的教育”绝不仅仅体现在开设公民课，讲授公民的权利义务，而是将公民教育涵盖在中等教育的方方面面，成为构建整个中学教育体系的核心思想。

当前，在世界范围内普通教育与职业教育一体化趋势下，恽代英的教育理念以及国外综合中学的经验值得我们学习和借鉴。中学办学应该倡导为所有学生服务，课程设置根据学生不同特点和需要进行，中学应通过普通教育与职业教育相互选课实现普通教育与职业教育的相互渗透。我国现行的中等教育阶段实行普通中学与职业学校并行的双轨制，这样严格划分的运行机制阻隔了普通教育与职业教育之间相互交流和沟通的渠道，学生一旦做了选择，最终的目标也只能在升学与就业之间做一选择。这样的运行机制不仅对学生的个人发展造成了不便，也限制了社会对人才选拔的范围。目前，国家提出了要在有条件的普通高中适当增加职业教育内容，这不仅是社会经济政治发展对教育提出的新的需要，也是高中教育改革发展新模式的探索。随着科技的飞速发展，生产系统中脑力劳动比重日益增大，先进的生产技术要求劳动者必须提高文化素质和技术素质。高等教育大众化的迅速发展在给中等教育带来冲击的同时，也给中等教育发展带来了机遇。高校毕业生严峻的就业现实迫使我们必须理性地思考升学与就业之间的得与失，兼顾就业与升学的中等教育模式应该逐渐在我们国家实践和运行。

①恽代英：《编辑中学教科书的先决条件》，载《中华教育界》1920 年第 3 期。

②恽代英：《恽代英文集》，北京：人民教育出版社，1984 年版，第 391 页。

第二节 贴近社会、贴近生活的教育内容

五四爱国运动前后是中国教育的转型期，长期的教育实践使恽代英认识到中国的“教育界简直是千疮百孔，教育制度有许多谬误，教科书有许多劣点”[①]。为此，他先后在《教育概论》《改良私塾刍议》等文章中提出了改造教育内容与改造教材的想法。

一、什么样的知识最有用

该教给学生什么样的知识？这一直是教育界最为关心的话题，与其直接相关的课程改革也一直是教育改革的核心内容。早在求学期间，恽代英就对学校内容脱离社会、脱离实际感到不满。1918 年，他在《青年进步》上发表《学问与职业一贯论》一文，指出：“欲学问之切实之进步，当认清教育以实用为最大目的，故学问求其有利于职业，而凡关于职业之知识，尤以常时令其实地应用为妙。”在具体的执教过程中，他更是深感教育内容的空疏无用。针对当时的社会情况，他指出：“废止了八股的教育，却很普遍地很坚决地提倡洋八股的教育，这却更是一件怪事了。……专就中等教育说，现在全国的中学生，每天要花很多时间去学习英文、几何、三角，不知造成了几千几万半通不通的英文、数学学者。这种人若是升学不是学习数、理、工科，他们的英文、数学终究是要忘记干净，但他们从前为学习英文、数学所冤枉糟蹋的时间精力，没有一个大教育家觉得可惜的。”[②]

在恽代英看来，中学生应该学习做公民的学问，而不是仅仅学习数学、英文

①恽代英：《恽代英日记》，北京：中共中央党校出版社，1981 年版，第 690 页。

②恽代英：《恽代英文集》，北京：人民教育出版社，1984 年版，第 390 页。

用来应付升学考试，他主张教育内容要贴近社会、贴近生活，改变学校仅以国文、英文、算术为主科，而将手工、图画、体操作为选修课的做法，要求将这些科目都作为主科，并加强职业训练，从而达到使教育与社会、与生活相贴近的目的。国内中等教育，不注重国文、历史、地理等社会知识，而让学生在应付数学、英文上筋疲力尽。中小学的自然科学由于缺少仪器设备、实验器材，仅仅教授学生一些简单枯燥的原理，使学生对自然科学毫无兴趣。尽管专科的毕业生很多，但学生更愿意去做官，去设备不全的学校里任职，结果在校学习的知识没有得到应用。基于此，恽代英认为，不能将学校的办学目标单纯地定位在升学，而应该在兼顾升学的同时，让学生的各方面素质得到充分发展。就小学教育而言，恽代英在《青年进步》上发表了《改良私塾刍议》一文，提出了改革小学教育，提倡诚信朴实之风，他指出：“须注意应对进退之节及诚信朴实之风；即教珠算以便实用；习信札文；操八段锦；暇时导以种菜、艺花。”①他提倡儿童公育，实行七年小学义务教育，对学生应该传授全面的知识。就中学教育而言，他提出“中学教育，是养成一般中等国民应有的品格、知识、能力的教育”②，“中学乃养成一般国民必须的最低限度的独立生活和技能的学校”③。中学的教学内容应该是兼顾升学与就业，不能将中学办成仅为升学做准备而脱离社会需要的学校。针对当时中国的实际情况，恽代英在《学术与中国》《读〈国家主义的教育〉》《革命运动中的教育问题》等论著中，反复强调要重视社会科学的教育。他说：“我们的社会，要破坏，需要社会科学；要建设，仍需要社会科学。”④他并不反对人们学科学技术，但是单靠技术科学来救国是不切实际的。越是学科学技术的人，越是希望能研究社会科学，以使国家进步富强。对于社会科学教育的内容，恽代英强调法政教育、经济知识教育、历史教育。除了社会科学教育，恽代英还非常重视文学教育，用以“激发国民精神，使他们从事于民族独立与民主革命的运动”。

我们常说，知识就是力量，但如果学生所摄取的知识是无用知识，那么知识也不会产生力量。知识是否有用，在于能否使人因求知而善于解决生活问题，因此，只有贴近生活的教育内容才会有价值和意义。当前，应试教育的指挥棒使很

①恽代英：《恽代英日记》，北京：中共中央党校出版社，1981年版，第493页。

②恽代英：《编辑中学教科书的先决条件》，载《中华教育界》1920年第3期。

③恽代英：《中学英文教授刍议》，载《中华教育界》1920年第3期。

④恽代英：《恽代英文集》（上卷），北京：人民教育出版社，1984年版，第388页。

多“无用知识”以“基础知识”的名义占据中学课堂,人们忽略了知识教育和知识学习的根本使命,而以为知识本身就是教育或学习的目的。只有知识成为解决日常生活问题的策略时,知识才显示出它的力量。

二、选择什么样的教材

恽代英对当时学生使用的教材非常不满。他说:“关于中学教科书的改造一件,盘旋于我脑筋内两年多了。”“我于现在教科书的弱点,却反复经了几多次的研究。”他认为,这些教材有的沿袭了封建时代蒙馆的内容,有的是日本、西欧19世纪教材的翻印,内容陈旧,严重束缚了学生的学习发展。1920年,他在《编辑中学教科书的先决问题》一文中,提出编撰教科书的要求。

第一,“现有教科书是为教授的,非为自学的”。恽代英认为,现在编写的教材是针对教师授课编写的, 这样的教材是形成注入式教学的直接原因, 学生只能依赖教师讲授来学习,不适合自学。教材应遵循方便学生自学的原则,力求做到文字浅俗,叙述详明,同时要剔除旧教科书中多余无味的东西,也要辅附参考书目和思考题。这样,学生对教材的重点、难点能一目了然。教学既包括教师的教,也包含学生的学;教师的重要职责就是教会学生如何自学。这样编写的教材让教师“只站在辅导的地位,其余一切让学生自己去做”,避免了教师在课堂上“气竭声嘶地闹把戏”,却不能引起学生的学习兴趣。

第二,“现有的教科书是用演绎法的,非用归纳法的”。这类方法不是通过事例来证明原理,会造成学生接受困难,打消学生学习的热情。“总是无头无脑地叙出来一个归纳后的结论,然后渐渐地加些演绎”,这样是不适合学生心理特征的。恽代英认为“教育要顺着学生生长的原理”,儿童期具有较大的形象性,所编教材就要力图做到“图文并茂”,青少年“富有求知欲,然而多半不能有耐久的心性”,最忌讳的就是抽象的理论。因此,在教材编排上要根据学生的心理特点,充分调动他们学习的积极性,教材要难易适度,循序渐进。他认为中学教材不能用演绎法编写,这类方法不是通过事例来证明原理,会造成学生接受困难,打消学生学习的热情。他提倡采用归纳法，通过引用事例，让学生对原理、概念形成明确的概念，引发他们学习的兴趣，使他们养成探究、创新的能力。

第三，“现在教科书是彼此独立的，不是相互联络的”。中国传统的科举制度缺乏学科之间的联系，现在的新式学校掀起“洋八股教育”。但无论是旧八股还是洋八股，各科之间都是孤立的，甚至数理化之间的联系也很少。“无论何学科，都可以说是大学讲义的缩型。这实在是极无道理的事。然而这便是从前教会教育、古典教育以养学者为唯一职志的遗毒。”恽代英认为，“教育并不是要为社会预备些具体而微的专科学者，亦并不是为社会预备些具有杂货摊常识的装饰人物”，因此要重视各学科之间的联系。他指出，现在的一般教师只关注自己所教授的学科，对其他学科不予注意，导致各学科不能联系，彼此不能互相应用。这样的教育对学生是无益的，学生所学到的知识互相独立，无法实现融会贯通。因此，在编写教科书的过程中，应该仔细考究，认真研究各学科的教授目的，使各科教材能彼此相关。

第四，“现在的教科书是合学理的，非合实用的”。教材的编写脱离社会、脱离生活，以教师为中心，而不是以学生为中心。恽代英认为，教科书的编写应紧密联系实际，学生通过学习，可以学以致用。教材脱离实际生活，就会造成理论化和抽象化，脱离学生的认知水平，无法激发学生学习的热情。当前，新课程改革倡导“三贴近”原则，即贴近生活、贴近学生、贴近实际，只有真正做到教材具有实用性，教学才能实现全效发展，才能保护学生学习和探究的兴趣。

恽代英关于教材编写的论述符合现代教育改革的理念，对当今的教育具有重要的启示意义。现代教育认为，教材的编写要兼顾学科体系、学生发展和社会发展三大要素，即强调学科体系的完整性、全面性和系统性，根据学生的身心发展特点、知识掌握程度以及接受能力进行编排，同时教材还要紧跟时代的步伐，与社会生活紧密联系。教材只有与学生的生活、现代社会和科技发展紧密联系才有生命力，只有顺应学生的发展天性，关注学生的学习兴趣和经验，才能调动学生学习的主动性和积极性，使学生终身受益。

三、开设什么样的课程

课程是指学校所开设的学科总和及其进程与安排，有广义和狭义之分，广义的课程是指学校为实现培养目标而选择的教育内容及其进程的总和，它包括学校教师所教授的各门学科和有目的、有计划的教育活动。狭义的课程是指某一门学科。课程不仅包括学校所教各门学科，也包括有目的、有组织的社会实践活动和课外活动。课程设置是学校教学的核心，是学校培养目标在培养方案中的集中表现。1920年，恽代英在《编辑中学教科书的先决问题》一文中，从培养“中等国民应有的品格、知识、能力的教育”[①]出发，结合自己的教学实践，提出了中学教育的课程设置。

思想、品格方面，设修身与社会学：修身意在唤起学生奋发向上的精神，教授学生立身、求学、合群、处事的必要常识，以使之实践为目的。社会学以学生明白社会形成之理和群己之关系为目的。

国文：以练习能想、能说、能看、能写为目的，教师要指导学生阅报、演说、写日记。

外国文：以练习能说话、能写信、能供较高年级用原本教科书及参考书报为目的。

数学：一年级以教学算数代数、日用急切需要的知识为目的，二年级以教学物理、化学等必要的常识为目的。底数、几何、三角，参综教授，打破各自独立的系统。

卫生学：以传授生理学、心理学中有关中学生急切需要的卫生常识为目的。

生物学：以传授生物的发生、适应、分布、应用等常识为目的，以使学生知道生物与人的关系，增加卫生学的效益。

历史：本国史，是学生从具体的史实中，能得到关于社会学的重要知识，以应

①恽代英：《编辑中学教科书的先决条件》，载《中华教育界》1920年第3期。

付群众生活为目的。外国史,教授不可不知的外国历史常识,并以得到社会学参政的资料为目的。

地学:以教授自然地理、人文地理、地质学,关于人生必要的常识为目的。

物理、化学:以教授切近日用生活的理化常识为目的。

音乐:以陶冶性情为目的。

图画:以能辅助生物学、手工、数、理,乃至其他工业学科为目的。

手工:以实地教以生利的工作为目的。

体操:以强健身体、矫正姿势为目的。此外,中学的后期还要开设心理学、修辞学、工业大意、农业大意以及职业指导。

恽代英的中学课程设置方案不仅反映出力求“培养健全的公民”的培养目的,还集中反映出他关于教育的基本原则和基本思想。

首先,恽代英非常重视学生的品格、思想教育,强调对学生进行爱国主义教育、人生观教育。受当时社会大环境影响,学生中个人主义盛行,很多学生满足于平庸懒惰。为此,恽代英指出,道德的进化和退化与善人和恶人有密切的联系。“以天下为善之人多,而为恶之人少,则道德进化之处多,退化之处少;使天下为恶之人多,为善之人少,则道德退化之处多,进化之处少。”个人的道德水平关系到整个国家的国民素质,也关系到国家的兴亡衰盛。在日常的教学实践中,他言传身教,经常通过训话、自修会、修身课对学生进行新道德的教育。恽代英认为,国家兴亡衰盛不是个人的事情,而是与所有中国人息息相关。因此,要加强国民的道德修养,使每个人都具有“国家意识”“社会意识”“公民意识”。道德品质教育最为重要,品德不好,即使有学识,对社会也没有益处,反而学识会成为作恶的工具。恽代英一直将改变国家苦难命运,争取民族独立自强作为他始终奋斗的目标。他把自己对祖国的热爱之情倾注在学生身上,努力培养他们的爱国情操和人生的远大理想。在教学实践过程中，他主张将读书与人生的远大理想相结合。他要求学生树立爱国主义理想和人生目标，为改变国家落后状况，改造社会去读书，反对那些饱食终日、胸无大志的人生态度。因此，在教学中，他强调要在传授知识的同时，有计划有目的地对学生进行爱国主义教育和人生观教育。在学习理论课的同时，恽代英还鼓励学生积极参加爱国运动，指导学生创立社团和创办杂志，以宣传新思想。他经常在学生中举办讨论会，认真倾听学生的发言，耐心解答学生提出的各种问题。自修会、修身课、与学生谈心都成为他对学生进行爱国主义教育和人生观教育的途径。

其次，恽代英认为教育要遵循学生的身心发展规律，促进学生的健全发展。受美国心理学家桑代克的影响，恽代英认为教育在于"利导人类可教育的本能，以引导陶冶其他之本能"。学校教育应从学生出发，遵循学生的身心发展规律，这样才能促使其各方面得到锻炼和提高。学生在不同时期的认知水平不同，思维水平、判断事物水平、接受知识水平都具有不同年龄段的特征，因此，无论是教材选择还是教学内容安排以及教学方式都要顺应学生的天性，只有这样，学生才能乐于学习，体会到学习的乐趣。

第三，教育要坚持理论联系实际的原则。恽代英反对学生死读书、读死书，他要求学生在扩充知识的同时与实践相结合，驳斥了读书万能的谬论，指出传统的封建教育培养出的学生只知书本，不懂应用，这样的培养是毫无价值的。他主张教育者要引导学生广泛学习知识，具有丰富的国学、科学、世界等普通文化科学知识，同时还要引导学生掌握基本生产的知识技能，使学生学习到能为社会服务的现代科学知识。在他的教育实践中，他始终贯彻教育要和社会相结合，为民众服务的原则，通过开展演讲会、讨论会、宣传等形式，将学生在课堂所学与现实相结合。他指出，学习必须结合实践，如学习历史必须结合社会现实，以史为鉴，史为今用，学习物理、化学要注重实验，只有这样才能将所学知识与实际融会贯通。

从恽代英关于中等教育的课程设置中我们可以看出，其所列的课程都是紧紧围绕培养目标设置的，各科目间既相互联系又紧密衔接。教学内容力求贴近社会、贴近生活，为学生升学和就业做准备。现代教育认为，合理的课程设置包括设置合理的课程结构和课程内容，合理的课程结构意味着课程开设合理，课程开设的先后顺序合理，各课程之间衔接有序，通过课程学习，学生可以获得某一专业所具备的知识与能力。合理的课程内容指课程内容安排符合知识论的规律,课程的内容能够涵盖学科的主要知识,主要的方法论及时代发展的要求。虽然恽代英对于课程设置的想法还具有一定的探索性,但其合理的课程结构以及兼顾“升学”和“就业”的教育目的具有前瞻性。

四、如何设定学制

学制是学校教育制度的简称,规定着学校的性质、任务、入学条件、修业年限以及它们之间的关系。针对培养健全公民的培养目标,恽代英先后三次提出了改造学制的方案。

1919年4月,恽代英提出了中学四年的学制方案。第一年教授训话、国文、英文、算术、生物学、本国史、音乐、图画、手工、演说、早操、课间体操,以及规定的课外阅读、园艺、学校服务、旅行,提倡自由结社等。第二年教授训话、国文、英文、数学、卫生学(以生理心理为基础)、地理、本国史、音乐、图画、手工,演说等。第三年以后分甲、乙两组,共同课程为数学、西洋史、物理、化学、训话、乐歌。此外,甲组主修文科,开设国文、英文、心理学、演说等课程。乙组主修实科,开设化学制造、手工、工业大意、农业大意等课程。第四年文科组开设训话、国文、英文、法制经济等课程。1920年,恽代英又进行了补充,他在《编辑中学教科书的先决问题》一文中,阐述了四年学制的基本思想:“中学的四年修业期间,前两年可用以打普通的常识同能力的根基,第三年分为甲乙两组:甲组为志愿文科生活的学生,打文科的常识同能力的根基。乙组为志愿实科(即理科)生活的学生,打实科的常识同能力的根基。第四年甲、乙两组复分为若干组。为学生职业上的知识同能力,切实修养的时间。”[①]在课程上,除早操、课间操外,增加了体操课,并将训话课改为修身,在第三学年增加了社会学的课程。从以上两个方案我们可以看出,四年的培养过程涉及的课程非常广泛,涉猎的知识内容丰富多样,同时根据学生的年龄特点循序渐进地增加课程难度,在广泛培养学生兴趣的基础上因材施教,在兼顾学生升学的同时,为学生就业打下基础。

---

①恽代英:《编辑中学教科书的先决条件》,载《中华教育界》1920年第3期。

1923年，经过反复的思考，恽代英又提出了“三级制六年”的学制方案。他在《致舒新城》中指出：“我以为现在的中学教程许多半截货的英文数学学生，极无道理，浪费时间，戕贼人才，又使中学生常识缺乏，不知人事。真欲办‘中国化’的教育，宜决然改弦更张。”[①]在这封信中，他提出了三层次的学制设想，学制分三级，共六年。第一层次，初级中学三年。以养成普通人生足够的知识技能为主。教有关人生的自然常识——天文、地质、生理卫生、博物、理化——但绝不涉及专门化的技术知识。理化中需要几何三角，于教理化中附带教之。教有关人生的社会常识——历史、地理、社会学、政治、经济——宜较现制多加时间，看作主要的功课。教必需的日用技术——国文、算术、初步代数——太偏于理论或文艺的，都要认为不急之务。第二层次，高级中学二年。以培养中等、下等职业技术人才为主，分科按地方情形需要，教该科需要之各项科目，如机械，则教高等数学、物理，农业则教地质化学及其他一切专门学科。第三层次，补习一年，可进可不进，亦可只选一种课。此一年可在初级毕业后，亦可在高级毕业后。半日学习英文——每日不断——年长比年幼时观念丰富故易学，继续比不继续学习因不致忘记故易有效；一学便学到可用，多应用更有味而不致虚耗光阴。半日学习几何、三角及其他升学应补之课。恽代英认为，这样的学制划分比盛行的分四五年学习期会有成效，因为，不升学的人不会因不必要之课而害其成就。[②]

恽代英关于学制改造的思想，充分体现了其在中学教育中所倡导的教育理念，即教育要适应学生的身心发展特点，课程设置要紧密联系社会，既要为学生升学打下良好根基，也要兼顾学生的职业需求。学制是教育制度化的重要标志，反映了国家各级各类教育内部的结构及相互关系，也是国家教育权与公民受教育权之间关系的体现。中学教育是一个人接受教育的关键时期，是人生观、世界观形成的重要阶段，恽代英关于中学学制的思考体现了其对中学教育的关注，具有创新性和前瞻性。20世纪60年代初，舒新城在《回忆恽代英同志》一文中很坦率地说，对于恽代英改革学制的思想，在当时很多人是不能接受的。今天，我们重温恽代英关于学制的论述，仍然会为其层次分明、远见卓识的设想所钦佩。初中三年重点在于夯实学生的基础知识、基本技能，课程设置丰富多样，涉及自然常识、社会常识、日用技术。广泛的知识涉猎不仅使学生扩大了知识面，也使其对

①张羽等主编：《恽代英：来鸿去燕录》，北京：北京出版社，1981年版，第141页。

②张羽等主编：《恽代英：来鸿去燕录》，北京：北京出版社，1981年版，第141—142页。

社会的各项职业有了初步的认识。高中两年根据地方需要开设各项科目,教授学科,学生毕业以后即可参与基础技术工作,有升学愿望的学生可参与补习一年,为继续深造做准备。三级制的学制设想,层层递进,满足了学生不同层次的需求,适应了社会的发展,为培养合格公民奠定了坚实的基础。

五、考试如何进行

考试是检验学生学业水平的重要手段,在学校教育中占有重要的地位。但是考试真的能够真实地反映学生的学习状况吗?所有的科目都能用考试来检验吗?在恽代英看来,我们通常所进行的考试并不能真正检验学生的水平,他反对通常进行的不合理的考试。他指出,考试存在种种弊端:“(一)考试每使贤者抱屈,而不肖者侥幸。盖一日之长,本不能以观常日成绩也。(二)聪颖者借考前数日之预备,即能百试百中,然数日即忘。(三)愚拙者有充分预备亦能记诵,但稍久即忘。(四)聪颖者因好胜之故,每于预备此时用力过甚,以致戕身。(五)愚拙者不甘退败,竭力求前,以致伤身尤不鲜见。(六)启学生不肖者侥幸之心,隳贤者之志,夹带等弊自然发生,究诘不穷。”①由此而认为:“故考试不足取。若今日考试,任人偷看夹带尤不足取也。”②

恽代英从考试对学生身体的影响、取得的成效以及考试舞弊等方面陈述了考试的诸多弊端,他认为这样的考试不符合学生的身心发展。同时,各科目的授课目的不同,但都通过千篇一律的考试这种方式来对待是不恰当的。因此,他提出了改革考试的方法。他认为:“凡事欲其不忘,以常常应用为最良之法。四书为私塾熟读百遍之书,然苟不应用,亦不久即忘过半。然则,以熟读求熟记,计亦拙矣。”他主张用两种方法来代替:“(一)使之常川应用所学于事实上。(二)使之为参带发明性之论说,不禁看书。”③这样改革后,与考试相比,学生会收益百倍。其实,恽代英并不是反对考试,而是反对用死知识考学生的方式,他认为考试最重

①恽代英:《恽代英日记》,北京:中共中央党校出版社,1981年版,第108—109页。
②恽代英:《恽代英日记》,北京:中共中央党校出版社,1981年版,第109页。
③恽代英:《恽代英日记》,北京:中共中央党校出版社,1981年版,第115页。

要的目的在于帮助学生复习,学会应用。对教师而言,考试意味着“测验教师教法之善否,以便决定改进的方法”[①]。

考试在中国已有几千年的历史，无论是古代的科举考试还是今天的标准化测验,都在特定历史时期发挥了重要的作用。但也不能否认正是这些大规模的、频繁的单一化考试催生了社会、学校的“唯分数论”。考试分数成为评价教师教学质量、学生学业水平的唯一标准。考试是教育评价的一种方式,但发展到今天,却由于极端化的追求而走到了教育评价的反面。近年来，频繁出现中小学生由于不堪考试压力而出现惨剧。一幕幕的惨剧印证了在当前教育活动中过于看重考试分数以及评价方式单一正在无情地伤害学生的身心。

20世纪70年代，美国哥伦比亚大学教育学院的一位教师指出:“从采用标准化考试时起，包含优美文学作品的课本就开始从美国的课堂上消失了，对于优美文学作品的欣赏让位于对阅读技巧的强调。”教育家苏·布里法肯认为:“这种考试诱导教师把全部课程狭隘化了,过于强调应付考试技巧。”美国许多教育界人士呼吁改革考试制度，选用多种形式的测验代替。在西方国家试图摒弃标准化考试的同时,这种考试形式在我国被大规模采用,在一些决定一个人前途、命运的关键时刻,考试成为唯一依据。每年一次的高考,出现了千军万马争过“独木桥”状况。分数高的兴高采烈,分数低的垂头丧气,接受着来自社会、家庭的种种压力。在这样的局面下,考试无疑成了教育的指挥棒,指到哪里,学生就奋斗到哪里,学校教师、学生成了考试的“奴隶”。为了迎合总体的价值取向,越来越多的学校不惜牺牲有助于学生发展的体育、美育等教学活动，而只将教学与学习限制在狭小的范围之内,一切与考试无关的课程、活动都被忽视。不仅如此,即使升学考试科目的学习也是偏重知识的理解记忆以及单纯的运用,而忽视认知能力、情感态度、价值观念的综合培养。

回顾恽代英关于考试制度的改革,我们不难看出他的远见卓识。片面强调知识的价值而忽视学生的主体价值，必将导致学生的畸形发展。单纯以分数作为

①恽代英:《考试问题》,载《中国青年》1925年第80期。

评价依据,不顾及作为学习成果的现实所达到的能力、学习的全面考核,终究会导致对学生的评价限制在测定记忆、理解有关知识为中心的极其狭隘的领域。恽代英关于考试制度的改革恰恰反映了教育评价应该多元化，重视学生实用能力培养的重要性。

教育要着眼于学生的未来，每一位教育工作者都应该用发展的眼光看待学生,“分数只是分数”,绝不能对学生的过去和现在下精确的定论。教育评价方式的改革需要整个教育体制的改变，更需要每位教育者身体力行。学生是发展的人,具有巨大的发展潜力,坚持以人为本的教育理念,用发展的眼光看待学生,让学生认识到自己的价值，发展个体的智慧潜能，使每个学生都能达到自己最佳的发展水平。

第三节　自学辅导式的教育教学方法

教育教学方法是教授方法与学习方法的统一，包含教师的教和学生的学双方面的内容，影响着教育实践的发展。恽代英非常重视教育教学方法的改进，他在从教的过程中，一直致力于探索教育方法的改革与实施。1919 年 3 月，他提出教育者要“有新教育之理念，知旧教育法之谬误”①。1920 年 9 月，他明确指出教育者“学教育学，便是要知道古今中外经过许多试验许多研究的最良的教育方法”②。从养成健全公民的目标出发，恽代英认为培养学生的自学能力是教育的核心。因此，他提倡自学辅导式的教育教学方法。

恽代英所说的“旧教育法”即传统的注入式教育教学方法，也是他在从教之初采用的教育法。在其从教的半年时间内，一直按照传统的注入式教学方法讲授，但学生的反应让他对这种教育方法开始了反思。1920 年 9 月，他在日记中写道：“曾经用旧法子教授了半年多的时候，我费尽了心机，卖尽了力气，从各方面考察，结果殊不能满意。我曾用种种方法来图补救。然而无论你讲解如何详明，譬喻如何巧切，讲得有味时，学生只当笑话听，不能因而引起他深邃的考虑；讲得寡味时，学生都昏沉沉的要瞌睡了。这样下去，只能教学生成一个无意识承受知识的器皿，脑筋中不能有一点创造能力。”“虽美其名曰为注入式教育，然而注则有之，入则未也。我看只好说是教书匠吃饭的伎俩，不配说什么教育观。”在教授过程中，恽代英总结出传统教学法的八种弊端：“（一）上课时教师太劳，学生太逸。（二）学生因无事可做，反而脑筋退化，活动力减少。（三）教材既不能于一时间传习太多，教师只好做许多不必要的解释参考功夫，糟蹋有用光阴。（四）学生因依赖教师，功课反是模糊笼统。（五）既有书本，不用口说，本为重复功夫；而因学生既无自己求学的心，精神亦不聚集，所以上课时间无异虚掷，学生并易假

①恽代英：《恽代英日记》，北京：中共中央党校出版社，1981 年版，第 509 页。
②恽代英：《恽代英文集》（上卷），北京：人民教育出版社，1984 年版，第 200 页。

痳。(六)即以一教师同时讲授功课于全班学生,自然无法注意个性;优等生劣等生程度,亦无法调剂。(七)学生要求能了解功课,必须下课后自己用一番自习功夫,因此上课以外做功课的时间太多,没时间做其他课外的事。(八)学生太重看了教师。自己不能养成好学研究思考的习惯,所以离了学校,离了教师,便求不成学问。”[①]可见,从恽代英总结注入式教学方法的弊端来看,他对抑制个性的教育教学方法是极其反对的。“幼年不良之教育,每使脑筋失其自由运动之能力,至成完全机械的。故注入的机械教育,实戕贼灵性的教育也。”[②]这种偏重教师的活动,忽视学生的教学方法,造成了“教师太劳、学生太逸,学生成了无意识的承受知识的器皿”,这样培养出来的学生必然缺少创新能力与创造精神。

为了改变这种教师辛劳、学生被动的学习状况,恽代英在其教学实践中开始了自学辅导式教育教学方法改革的尝试。“复习的考问最好是须有引起思想的力量,但是不可太难,那便是优等生有所用心,劣等生亦赶得上他用心求进步的可能度。至于讲解的时光,移以备自学的问询,虽似麻烦一点,于学生益处大多了。……讲解的注入,无论你口齿如何清楚,趣味如何浓富,然而五六十个人,五六十分钟一下亦不打野,简直是做不到的事,依我考察出来注入的传授,许多用心的学生一样不能承受,所以,一定要改革。”[③]恽代英以其教授的班级(九班)作为试验班,开始探索自学辅导教学方法的新路径。他在日记中记载了试验的具体方法,在教授该班英文过程中,他先指导预备自学之路径;令学生在课堂中按规定教材自学;学生提问;针对学生不解处讲解,然后练习。如学生对形容词子句(adj.clause)有颇多不解,对此分析讲解。然后,练习形容词子句,再知名词子句(n.clause),这样读书自不难。上新课与温习旧课结合好,这样可以省时有效。如其在日记中记载:“九班英文上新课,兼分期温以前旧课,颇分配得法。”在具体英语教学上,恽代英认为“要用英美原本教授”,教师首先应该教学生读音标,在遇到的每一个生单词上必注上音符,力求发音方法准确,反复练习,反复考问,以加深印象;在阅读发音过程中,进度不宜太快,应在水平不断提高的基础上循序渐进,逐次提高。讲授的每课都分为生字、续篇、问题、参考、作文五部分。

---

①②恽代英:《恽代英日记》,北京:中共中央党校出版社,1981年版,第476页。

③恽代英:《恽代英日记》,北京:中共中央党校出版社,1981年版,第650页。

生字尽量用英文进行解释，续篇的资料“以选于历史、科学、时事，乃至名人故事的为主，鬼怪无谓的教材不阑入”。每续篇“只限于二三节，绝不宜长”，宜于学生“熟读背诵”。问题栏中问题分两种性质：“一为对于续篇中所叙意义的考问，以查出学生是否解释续篇能完全正确；一为对于续篇中文法的考问，以唤起学生对于旧有的文法知识的温习，新得的文法知识的注意。”参考栏内“以用浅显的文字叙述关于续篇所叙事实的参考资料为主”。作文栏“特别注意句法的构造剖解，与用语的变换颠倒”①。他特别强调英语的听说能力和口译能力，指出经常性的“口头问答”“速听速记”是会话的基础。英语教学中口头问答法往往不适用于一些成绩差的学生，因此可以在教学中以采用分析法为主，不仅可以避免学生记错单词，产生中式英语的问题，而且也会对将来自己读书学习有很大的补充作用。为了提高学生的英语口语能力，恽代英还组织学生演文明戏，这样既活跃了课堂气氛，也增加了学生学习英语的兴趣。恽代英在英语教学中重视学生学习能力的培养，重视英语的实用价值与应用价值，这样的观点对我们今天的英语教学改革具有重要的启示作用。当前，我国高考英语改革成为人们热议的话题。英语是一门交流工具，强调实践性，但长期以来高考成为英语教学的指挥棒，“哑巴英语”成为全国学生学习英语的普遍状况，英语实用化、工具化的特点已经在我国消失殆尽。我国要启动的高考英语改革实际上就是要改变这样的教学现状，重视英语的实用价值，让学生真正体会到英语带来的精彩与魅力。

除了讲授英文课，恽代英还担任国文的教学。他认为语文教学的目的在于“以求些优美的文学知识”，语文教学应和历史教学一样，要结合国际形势。他非常重视写作，认为作文是提高语文水平的主要手段。对于开始学习作文的人，首先要做到语句流畅，其办法为：“第一，多做。每日作日记，并宜稍记长，甚佳。第二，多用心。讹误之句之字，皆宜慎查再用，用后如觉不妥，宜问人，或注意看书时之比较。第三，不甚明白之典故及辞藻，最好少用。虚字亦以少用为宜。第四，多看课外书报，使脑中多造句模范之观念苟用此法，清畅不难求也。”②当文章语句流畅后，再进一步要求文章的深度。除此之外，还要多选取平时最喜爱的文章反复阅读，从而养成有条理的思维。具体做法为：“（一）多读。选最爱之文读之，

①恽代英：《中学英文教授刍议》，载《中华教育界》1920年第10卷第1期。

②恽代英：《恽代英日记》，北京：中共中央党校出版社，1981年版，第518—519页。

因此常为彼天性可近也。(二)渐养有条理的思想。如平常之分项或列表,皆有益也。”[①]恽代英还十分重视学生的口头表达能力,他经常召开各种演讲会,在实践中锻炼学生。演讲题目由会议主持者事先拟定,在教师的指导下,让学生做充分的准备,然后轮流演讲。演说时间最少一分钟,最多不超过十五分钟,敷衍塞责者要受罚。这样做有诸多好处:“(一)不取长篇演说,则不善说者,无望而裹足之病。(二)时间限定,则冗辞删而语更精彩。(三)题目预拟,免觅题之难。(四)指导思考方法,亦免无从说起。(五)为有系统之研究,免演说千篇一律,言者听者两皆生厌。(六)强迫上台,禁止敷衍,可以促迫其活动。(七)每人说话时少,则每次可多人,而轮流发言之机会多。(八)可渐养有条理之脑筋,为文学、科学之助。(九)可渐养其活动之习惯。(十)可渐养其在公共场所发言之习惯。”[②]

此外,恽代英还非常重视课堂提问。上课之前先让学生预习,然后开始讲授,课堂上自始至终贯穿提问,引导学生围绕中心问题思考,在理解领悟的基础上融会贯通,并从课堂全局出发,使成绩好的学生有所用心,同时又使学习差的学生也赶得上,充分调动学生的学习积极性。其中,他特别主张、鼓励学生在课堂上提问。早在1915年,他就应邀在武昌共进会进行了一次题为《愚蠢的提问》的演讲。他针对有的学生担心自己提出的问题“愚蠢”被人笑话,深刻指出:“愚蠢的提问其实正是整个世界发展的源泉,也就是说,是世界上所有精妙绝伦的发明的第一步。它有助于推动世界进步,提高国家文明水平和促进人类智慧的发展。”[③]对于这样自学辅导的结果,恽代英在日记中这样记述:“九班试用自学辅导法,成绩颇佳。此以九班进步缓而切实,根本甚好,故自学一无难处。略有数人似不甚专心,然若不用自学发,不用心人必不止此。在课室中令其自学,较课室外预习省时力,而较合教育原理。且多个人质问,有个别教育之益。”[④]与试验班相参照的七班没有试验自学辅导法,成绩不佳。对于这种学生自学、教师辅导的方法,恽代英总结出四点好处:“第一,可以增加学生注意力。第二,引起其疑问之习惯。第三,养成无师自习之习惯。第四,便于个别指导。”[⑤]经过亲身的教学实验,恽代英认为自学辅导法在中学阶段是可行而且有效的,尤其对高年级的学生体现更为

①恽代英:《恽代英日记》,北京:中共中央党校出版社,1981年版,第518—519页。

②恽代英:《恽代英日记》,北京:中共中央党校出版社,1981年版,第502—503页。

③恽代英:《愚蠢的提问》,载《学生杂志》第2卷第2号。

④恽代英:《恽代英日记》,北京:中共中央党校出版社,1981年版,第529页。

⑤恽代英:《恽代英日记》,北京:中共中央党校出版社,1981年版,第531页。

明显。他在《自学辅导主义实验谈》中指出,中学教育之不生效力:(一)不用自学法。(二)无应用之地。自学辅导法在中等教育中的真正价值在于“若不能用自学辅导的方法,总收不了什么成效;除了自学辅导,没有完全有效的教授方法。”

恽代英采用自学辅导法,意在培养学生的思考力、创造力,为此他总结了八点在自学中培养思考力的方法:

(一)以修养思考力为目的而读书,则所读之书必择其为富有思想之著述,而读书之方法,亦唯以了解其思想之究竟为要。不重文辞、训诂,留意文辞者,可成为文学家。拘执于训诂者,可成为经济学家。

(二)多蓄他人之思想以为之材料,无论所读何书,常以研究之态度而读之,在了解其思想之究竟后,必再加以研究,问其思想正确与否,何如为正确,或何如为不正确。以此研究之态度而读书,此乃吾人以修养思考力而读书之唯一方法,虽圣经贤传乃至复瓿盖瓮之作,皆以此唯一方法而读之。

(三)广搜古今异书而读之,潜察其理之究竟,正确与否是也。然果正确也,吾人当真知其何以为正确;果不正确也,吾人亦当真知其何以不正确。不然,徒随跟世人脚跟,以为毁誉,此为奴隶性根强盛之人。

(四)吾人研究,不但须问吾人所读之书,其作者之思想正确与否,即吾人自己所有之思想正确与否,亦在当问之列。吾人皆不当自信过深,而当常取怀疑而批评之形式以临之,借以探试其究竟正确与否是也。

(五)凡于知识中发现可疑之点,或矛盾之点,或不明之点者,必潜心研究,不可轻轻放过。

(六)吾人之思想,依据真理而行,故谓之理想,如不依据于真理,是妄想也,是无益之想也。古代思想家,多有好为荒诞无稽之想者,六朝人之清谈,此等思想尤多,因未尝闻所谓科学,苦于无可寻觅为思想依据之真理。今日之世,明明有真理可为思想之依据,而不以之为依据,此欲求思想进步,是南其辕而北其辙。

(七)与人辩论,亦修养思考力之一法。辩论者,使他人对于我之思想,取攻击状态,而我则取保守状态;或我对于他人之思想,取攻击状态,而彼则取保守状态。辩论之本旨,为在谋求修养思考力,故绝不可以期于必胜为宗旨。

(八)记录之法,亦可于吾人思考力之修养有裨益。凡古今人所立奇特学说,而吾自以恰当者录存之。又吾自身偶然发明之新思想,无论其为片段的零碎的理论,亦录存之。①

显而易见,恽代英的这种思想,在当前我国教育由应试教育向素质教育转轨过程中具有明显的指导意义。虽然当前的教育与旧教育的办学方向和育人目的的根据不同,但现在学校为应试而不顾及学生的学习自主性和创造性的做法不仅不利于人才的培养,还会对整个教育事业造成危害。

2011 年,“翻转课堂(反转课堂)”在美国兴起,这种新兴的教育教学模式很快吸引了多方的关注并迅速被应用到教学实践中。“翻转课堂(反转课堂)”颠覆了传统的课堂教学模式,由教师创建视频,学生在家中和课外观看视频,在课堂上师生就视频内容进行交流与沟通。这样的教学模式有效地发挥了学生自主学习的能动性,提高了教学效率和教学效果。从这种新型教育教学模式来看,其教育理念与恽代英所提倡的自学辅导法有很多相似之处,都是将学生视为学习的主人、课堂的主体,让学生掌控学习的节奏。教育是为学生而存在的,学生才是教育的出发点。教育者的作用在于引导,并采用适当的教育内容,创设必要的教育环境,促进学生的身心发展,发挥学生的潜能。

教育教学方法既包括教师教学和育人的方法,也包含学生学习的方法。在教育过程中,教师作为成年人,往往将自己放在主体地位,而把学生放在客体地位,学生接受教育似乎不是在满足自己的需要,而是在实现教育者的期望。诚然,很多学校做了诸多努力,如通过成立兴趣小组或举办各种文体活动来扩大学生的知识面,提高学生的素质。尽管取得了一些成效,但如果不改变主体课堂的教学方式、教学方法,最终,素质教育的目标也很难实现。素质教育观是把教育活动指向人的全面素质,使人的整体素质、整体品质得到提升。素质教育倡导学生创新能力的培养,重视学生自主能力的培养和开发。著名教育家叶圣陶曾经说过:

①恽代英:《思考力之修养法》,载《光华学报》1917 年第 2 期。

“教是为了不教。”其实,人一生获得的知识和技能,很多不是通过教师的教授获得的,大部分知识和技能是通过自学得来的。在当前知识更新速度飞快的时代,自学能力对每个人的发展都至关重要。联合国教科文组织在《学会生存》中指出:“未来的文盲,不是不识字的人,而是不会学习的人。”如果把知识比作金子,那么自学能力就是点金术,知识经济时代需要的就是驾驭知识和信息的人。

第一位提出人类起源的学者赫胥黎就是通过自学成为世界知名的科学家。赫胥黎生于英国伦敦西部的伊林,8 岁时开始上学读书。由于家境贫寒,赫胥黎只读了两年书就辍学了。但是他爱好学习,每天坚持自学,在他自己制订的教育课程表上,只留下了一个项目——阅读。赫胥黎读书非常刻苦,每天天不亮就起床读书。因为家里穷,没钱买书桌,赫胥黎就点起一支蜡烛,将毛毯披在肩上,然后坐在床上读书。赫胥黎学习兴趣相当广泛,对什么都感兴趣。开始时想学土木工程,又想搞桥梁建筑,后来又转到了医学方面,跟父亲的一个朋友专门学医。由于他聪明好学,很快就掌握了一些医学知识。但是当他想进外科学院进修深造时,因为年龄小,未能如愿。赫胥黎求知欲非常旺盛,学习上永不满足,他在工作之余,又自学了法、德、意、拉丁和希腊等语言,成为一个自学成才的伟大学者。在达尔文发表《物种起源》一书后,他竭力支持和宣传进化学说。为了保卫达尔文的学说,赫胥黎在以后的 30 年间,改变了自己的学术研究方向,转而研究脊椎动物化石。在伦敦南部肯辛顿博物馆的达尔文雕像旁,赫胥黎的大理石像无愧地屹立着。

中国著名数学家华罗庚也是自学成才。华罗庚出生在江苏省的一个小县城——金坛。他小时候,家中清贫,父亲在小镇上开了个小杂货铺,代人收购蚕丝,一家人过着半饥不饱的生活。华罗庚上初中时,对数学产生了浓厚的兴趣,他的老师王维克很器重这个聪明机灵的少年,常常单独辅导他,给他出一些难题做,这使少年华罗庚得益匪浅。华罗庚在金坛中学念完初中后,因家里无力再供他上学,只得辍学到父亲的小杂货店里帮助料理店务。可这位酷爱数学的年轻人,人虽然守在柜台前,心里经常琢磨的还是数学。王维克老师借给他几本数学教材:一本大代数,一本解析几何,一本微积分。华罗庚便跟着这几位不会说话的“老师”步入了高等数学的大门。华罗庚 18 岁那年,在王维克老师的帮助下,到金坛中学当了一名会计兼管学校事务工作。他曾回忆当时艰难的生活:“除了学校里繁重的事务外,早晚还要帮助料理小店的事务。每天晚上大约 8 点钟才能回家。清理好小店的账目之后,才能钻研数学,常常到深夜。”不久,金坛县流行伤寒,华罗庚不幸染病,卧床半年。后来病慢慢好了,可是左脚却弯曲变形,落了个跛足的终身残疾。华罗庚在贫病之中刻苦自学,不但读了许多书,而且还勤于独立思考,敢于向权威挑战。19岁那年,他发觉一位大学教授的论文写错了。便把自己的看法写成一篇文章,题目叫《苏家驹之代数的五次方程式解不能成立之理由》,于次年发表在上海的《科学》杂志上。随后,华罗庚又连续发表了几篇数学论文,署名“金坛人”。这个在数学论坛上崭露头角的“金坛人”,引起了清华大学数学系主任熊庆来教授的注意。当他打听到这个数学奇才原来是个只读过初中的小青年时深为震惊,便写信邀华罗庚来当时北平的清华大学数学系当管理员。到清华大学后,华罗庚的进步更快了。他自学了英语、德语。24岁时,已能用英文写作数学论文。25岁时,他的论文已引起国外数学界的注意。28岁时,他当上了西南联大教授。后来,他又被熊庆来教授推荐到英国剑桥大学深造。华罗庚在走过坎坷的自学之路后,成为世界著名的数学大师。国外数学界这样评价他:“华罗庚教授的研究著作范围之广,足可使他堪称世界上名列前茅的数学家之一。”

自学能力是由多种心理机能参与的一种综合性能力,它包括观察、记忆、思维等方面的活动。中学是学生自学能力迅速增长的关键时期,教师和学校应该重视对学生自学能力的培养和开发。长期以来,我国的教育方式一直以“注入式”“填鸭式”教育为主要形式,教师在教学中将现成的知识结论生硬地灌输给学生,阻碍了学生独立学习能力的发展。培养学生的创造性和开拓性是现代教育的发展任务,学生只有自我探究才能发展创造性思维。创造性思维是学生实现自我创造力的前提条件,它主要表现为思维活动的发散性和思维活动的独立性。创造性思维能力的培养和发展,对学生各个方面的发展,特别是对其个性的发展意义重大。实践表明,每个学生身上都潜伏着自己的创造力,我们对学生创造性思维能力的培养,正是对这种创造力的开发。教师的很多方面对学生,特别是对中学生潜移默化地起着表率作用。在教学过程中,教师的方法、思路常是学生仿效和跟踪的对象,对学生的影响尤为明显。就教学方法而言,教学应该是教无定法但教学有法,应该根据不同的教学对象、不同的教学内容而采用不同的教学方法,如教师讲授、学生讨论、实践探索、参观学习、听科普报告等。教师要做学生学习的引导者、辅导者,而不是灌输者,以学生为中心,强调学生自主学习的同时使学生具备终生学习的能力。把课堂还给学生,教师扮演好辅导者的角色,学生才能最大限度地发挥能动性、自主性和创造性,由课堂被动者变为主动者,主动获取知识,成为名副其实的乐知者。

第四节 自主自治的学校管理

对于学校管理,恽代英提倡自主自治的管理方式,这也是其民主管理思想的重要体现。他在《民治的教育》一文中提倡师生自主自治,他说:“主人翁就是民众,所以要大家明白自己的地位,知道自己的责任。”①为了使学生在学校期间就“明白自己的地位,知道自己的责任”,恽代英指出:“所以现在的学校组织,应该像一个共和国家有立法、司法、行政等机关,使学生在这小国家里练习各种团体生活养成各种办事能力,将来到社会上,才能够尽主人翁的责任,不然,怎样能像主人翁的身份呢?”②尽管恽代英将学校办成“小国家”的设想过于理想化,但我们也可以从中看出其试图在学校形成民主管理氛围的思想理念。恽代英所提倡的民主管理并不意味着松散管理,而是在严格管理的同时实行主动管理。

一、倡导“学校公有”

恽代英所处的时代,受军阀官僚的影响与牵制,教育界腐败现象严重。他指出:“现在的教育界简直是百孔千疮,教育制度有许多谬误。”面对教育废弛,恽代英深感责任的重大。“这各方面废弛的状况,同学功课有甚么进益,品行有甚么感化,他父兄的付托,我们不愧么?他父兄的期望,我们不惭怍么?”为此,恽代英认为“靠政府办教育是没有希望的”,“非先有教育理想一致而又肯向上负责的同志团体,不能望新教育的建设成功”。因为对于现在的教育,我们虽然能将它批得体无完肤,“但若使我们真个有全权处理一个学校,每每因人才缺乏,同志稀少,终究自己办理的成绩亦赶不上始愿的什一”。凡事预则立,建设新教育,必须“预备理想一致而向上负责的同志要紧”③。1922年,恽代英在《中华教育界》上发表《学校持久公有运动》一文,倡导学校公有。文中指出:“要防止校长或少数

①恽代英:《恽代英文集》(上卷),北京:人民教育出版社,1984年版,第575页。
②恽代英:《恽代英文集》(上卷),北京:人民教育出版社,1984年版,第578页。
③恽代英:《拟发起新教育建设社的意见书》,载《中华教育界》1921年第11期。

教职员利用特权,以排斥异己,引用私人,改变学校用人行政的根本计划,必须学校公有;要防止外力倾轧,排斥学生同情的教职员,及不良教职员靠外力或求校长欢心滥竽充数,必须学校公有;要学校用钱及用人,能使大家贡献最好的意见,必须学校公有。”他提出了12条学校公有的大纲,核心是成立校务会议,作为学校的最高权力机构。校务会议由全体教职人员(事务员以下不在内)以及学生代表组成,负责学校各项计划的执行、人事管理和经费的开支。校务会议的各项决议要求全校人员必须严格遵守,有违反决议的命令无效。

恽代英在担任中华大学中学部教务主任期间,积极奉行用民主思想处理学校中的事务,主张民主决议,反对专断。当有教师与其讨论学校事务时,他指出:“明天将这些事情全部付诸公议,以过半数为公意,可否同数付之学校选择。吾意如有他项临时动议,亦可付之公决。吾对于课务本有他项意义,不欲他人言吾怙势妄为,决计完全为被动的,而不为自动的。并以后宜认清代表范围,勿轻对于事务有所可否。”[①]在其日记中有这样的记载:在制定学校议会法时,“每班举会员三人,体育部、学报社及其他校中允许之团体,各出会员一人,由校长委任会员三人(此项人员以教职员充之),毕业学生校友会出会员三人,分会各出会员一人,各班会员担任中,以得票最多者为代表,该班之事以之代表之。此会每星期六开常会一次,由互选之会长编议事日程。各会员得提出议案,表决公布之”[②]。恽代英认为,教职工与学生都是学校的组成部分,因此处理学校事务需要每个人的参与,只有采取民主的方式决定学校的事务,并通过公议、学校议会法的制定等,学校才能形成良好的民主氛围。

恽代英在担任川南师范学校校长期间,力排众议,开始了大规模的改革。在人事制度上,学校严格实行聘用制,教师的聘用和延聘必须征求学生的意愿,由学生对教职员以无记名投票的方式决定教师是否被聘用。学生若不愿意聘请或续聘的,可以说明理由,校长即召开教职员会议,如果有三分之二教职员反对者,就不得聘请或续聘。这样既保证了学生可以“择师”,同时也保证了教师自身的利益。在恽代英的带领下,川南师范学校充满了前所未有的民主氛围,萧楚女、

①恽代英:《恽代英日记》,北京:中共中央党校出版社,1981年版,第612页。
②恽代英:《恽代英日记》,北京:中共中央党校出版社,1981年版,第79页。

李求实、刘愿庵等著名革命志士先后到该校任教。在财务管理上,校务会议推举组织经济委员会,轮流查核经费开支,学校款项出入都要有发票收据,实行"经济公开"民主监督。由校务会议组织成立的经济委员会,严格管理财政,以监督查核用款。如学校在要求用款时,若违反学校校务会议决定的相关款项,事务主任有权拒绝支付,否则,滥用的款项应由事务主任赔偿。

虽然这些改革措施触犯了一些守旧势力的切身利益,但在恽代英和全体师生的共同努力下,这些改革得到了社会的认可。《中华教育界》曾评价:"川南联合师范学校,一年来力谋改革,最近该校校务主任恽代英君,主张财政公开,用人须得学生同意,颇能力矫历来校长中饱校款与任用私人之弊。"

二、实施"学生自治"

学校教育的目的在于培养学生独立、健全的人格,启发学生的智慧,使学生明辨真理。让学生学会生活、学会自己管理自己才是学校教育管理的终极目的。著名教育家陶行知就曾积极主张学生自治,他说:"学生自治是由学生结起团体来,大家学习自己管理自己的手续。"在他看来,学生自治不是自由行动,而是共同治理;不是打消规则,而是大家立法守法;不是放任,不是和学校宣布独立,而是练习自治的道理。恽代英积极倡导学生自治,在宣城第四师范学校工作期间,他组织建立了学生自治会。他的基本观点是:"教育是要顺着学生生长的原理,使他们在心理方面、社会方面得到和当的发展;教师是为社会,为学生来做那种教育事业的;教育当用试验的态度,求方法的刷新。"[①]他从教育要顺应学生生理、心理发展的角度提出了学生自治的重要性,对于教育管理人员,他认为教职人员的责任在于充分扶植帮助学生,注重学生的人格感化,而不是强迫型的训练。在《致杨效春》的信中,他对学生自治做了阐释。

(一)教职员要行新试验新主张,要得学生同意,延误时日或致不能实行。以我的见解,学生对教师,爱便易信,信便易从,果然爱了,信了,将见指

---

①恽代英:《恽代英文集》(上卷),北京:人民教育出版社,1984年版,第301页。

挥如意。这中间还得极力求为他们避免轻信盲从之弊才好。若不爱而使信，不信而使从，这果是你所谓练习公民资格，养成学生自尊心和独立精神的道理么？（二）学生滥用权利，使教职员要拍马屁，教课绝对不能严紧。至于什么事情自治会决议了，任何人不得反对，成了学生奴视教员。这倒是一篇理由。但是教职员就不成器到甘于拍学生马屁，甘于受学生奴视，这种人便不学生自治，又是甚么了不起的人师呢。我于学生自治有句格言，以为“凡事应由学生严格监督教职员，教职员严格监督学生”……（三）学生得了权利，不能或不肯使用，结果到（倒）反乱了学校……但是我以为正唯学生不能或不肯使用权利，故要用学生自治使他有练习养成的机会。故学生自治是学校的一种教育，学生既得了自治权，终究人不能或不肯使用他，这仍不是不良的教育么？中国人对于公众的事，不勤不勇；而学生又浅薄软弱。他们的自治成绩不良，乃至有些越出轨道，本何足怪异？教职员不想为养成民治的国民不可不悉心斟酌的辅掖指导……反立于旁观发无责任的讥评，这简直就是教育界的蟊贼，误人子弟，如何只顾责那些自我未发达的青年呢？①

从这封信中，我们可以看出，恽代英积极倡导学生自治，希望每名学生都有发挥聪明才智的机会，培养学生自己管理自己的能力。对于教职人员也提出了要求，既要严格监督学生，也要给学生自治的机会，充分相信他们，给予他们权利，让他们展示才能。在具体实施过程中，恽代英本着“凡事应由学生严格监督教职员，教职员严格监督学生”的指导思想，指导学生自己管理自己。学生自治会定有公约，其中一条约定是：凡是未经学校准假，在校外宿一夜者斥令退学。一名担任学生会某部长职务的学生，因看望同乡，一夜未归。第二天请假，学校未准假。学生会就召集同学开会，处理这件事，大家沉默。恽代英指导学生如何对待公约：“公约是大家制定的，为了维持学校纪律，做好学生自治会工作，大家都应该遵守公约。”②他指出该同学身为学生会干部，更应该遵守公约，现在违反了公约的规定，就应该按规定处罚。这位学生离校后，经恽代英介绍到芜湖某中学就读。经过这件事后，学生更加珍视自治的机会，也更加遵守校规校纪。

恽代英在中华大学附中任校长期间，在学校教育管理上采取的严而活的管

①②恽代英：《恽代英文集》（上卷），北京：人民教育出版社，1984年版，第302—303页。

理方式,受到社会的赞誉,许多家长愿意将子女送到该校读书。但他认为学校严格管理不是教育的目的而是教育的手段,主张学生“自动自治,乃其目的也”。他反对消极被动禁锢学生思想的管理方式,强调学校管理要严而不苛。为此,他主张废除学监制度,代之以学生自治会。他指出:学生自治,便是群治。稂莠的结果和禾苗的结果是常同时产生的,稂莠更易产生。此在教育者一方诱导消化之,一方要善与处之。恽代英的自主自治的教育管理得到了师生的一致认同, 学校呈现出前所未有的民主氛围。《新四川通讯》曾对川南师范学院的改革做了这样的介绍:“该校教师,大多是富有新思想之教育家。教育制度采用新学制,适合新教育原理,教材采用适应新思潮之课程,校内组织采取委员制,委员会由学生和教职员共同组织,凡事均由委员会决定。凡有束缚学生之思想、身体的一切不良管理,必须打破。培养学生自治能力,对于校内外秩序极端遵守。学暇时,常与教职员互相探讨关于学生之讨论,教职员偶有错误,学生每而斥其非,教职员不以为忤,而学生每有意见,教职员亦竭诚容纳交付委员会。”学生“精神活泼,显著进步”①。恽代英的自主自治管理取得了良好的成功,川南师范学校成为很多年轻人慕名报考的名校,由于报名人数过多,学校后期在泸县城郊设立了分校。

三、民主和谐的师生关系

恽代英反对“教师中心说”,主张建立一种民主的师生关系。他认为尊师重道虽然是一种美德,教师向我们传授品格学问,我们不能不尊,但是“现在所有的老师,未必都能达到这目的,即令能达到这目的,也是他对人类应有的一种责任”②,教师不应因此对学生颐指气使。有人认为如果把尊师重道放于第一位的思想废除了,学校秩序就无法维持了。恽代英指出:“维持秩序,不一定要高一等的人,有时低一等的人亦办得到,譬如门房仆役管理门禁一样,所以民主国的官吏,虽然是公仆,却一样能执行职务,因为执行职务是职权的关系,不是阶级的关系。我想,做教师的人,应该把真品行真学问教给学生,如敬、爱、信、化,这样

---

①张志皋:《恽代英同志在四川》,载《社会科学研究》1980 年第 1 期。

②恽代英:《恽代英日记》,北京:中共中央党校出版社,1981 年版,第 612 页。

秩序就自然维持好了,靠权力已次一等了,靠实力更不足道。”①

恽代英支持学生向“教师权威”发起挑战,让师生关系健康、良性地发展,不是依靠“教师高学生一等”的错误思想,而是依靠民主的师生关系。恽代英受聘后,首先提出了整顿校务的三条措施:选择有教育学识之教师;教师须有真品格;教师须与学生有极密关系。他特别强调教师要平等待生,爱护学生,视“同学如弟兄”。他从教伊始,便主张破除师道尊严,建立民主的教学新秩序,这在当时是需要非凡的勇气和胆识的。

在师生平等方面,他更是身体力行,以做表率。他坚持一个信条:“凡事应由学生严格监督教职员,教职员严格监督学生。”他要求教师放下架子和“尊严”,与学生打成一片。他说:“我主张教师要全然与学生平等,甚至起居、饮食、自修、游戏都在一块,改变教师远在天上的状况,更好地诱导学生改过迁善。教师决不能用体罚来威胁和压服学生,否则就杀死了他们的生长天机。”

他还主张教师以情感人,以理服人;注重人格感化,建立新型的师生关系。教师对学生应“以己真人格示之,以赤心血诚之语感化之,以大公无我恒久不懈之精神灌注之”。他认为,教师要“一言一行,无愧人师”,凭借高尚的品德和卓越的操守,以切实的爱心、耐心、诚心和恒心来规正青年,这样“学生对教师,爱便易信,信便易从”。此外,他还提倡写日记,并把日记作为师生之间交换思想、联络感情的工具。

现代教育理论认为,学生自主管理体现了“以人为本”的教育理念,是在教师引导下发现自身价值、发掘自身潜力,形成社会发展意识和能力的教育管理模式。中国传统教育重理论轻实践,培养出的学生缺少适应社会的能力。“学问不活动不得用,品格不活动亦靠不住。”学生只有通过独立自主地做事,才能将自己所学的知识融会贯通,同时也能锻炼自己各方面的能力,形成自尊自信的品格。班级自主化管理虽然在我国没有得到应有的重视,但如恽代英一样的很多教育者均进行了积极的尝试,并获得了成功。在国民政府时期,著名教育家陶行知就明确提出了自主管理的教育思想。1927年春,他创办晓庄学校时就积极提倡学生自主管理。1930年,陶行知被当局通缉逃亡日本时,学校老师和师范生不能回学

①恽代英:《恽代英日记》,北京:中共中央党校出版社,1981年版,第613页。

校任教，晓庄小学的孩子们自己组织起来，推举同学做校长，自己办，自己教，自己学，称为“儿童自动学校”。陶行知写信祝贺，说“有个学校真奇怪，大孩自动教小孩，七十二行皆先生，先生不在学生在”。晓庄小学的孩子们接到陶行知的诗歌后，回信给先生说：“这首诗有一个字要改。大孩教小孩，难道小孩不能教小孩？大孩能自动，小孩难道不能够自动？何况大孩教小孩有什么奇怪？”于是，陶行知就改为“小孩自动教小孩”。可见，自主管理不仅解放了教师，也造就了一批有思想有主见的学生。20 世纪 80 年代初，当代著名教育家魏书生在推广其教育经验过程中指出，科学管理班级是其教学实践的重要经验。在他的班上，人人都是管理者，人人又都是被管理者，管理因时而动，权力彼此制约，而教师则处在一个驾驭、服务的位置上。魏书生经常出去讲学，同时担任实验中学校长与书记并兼任两个班的班主任，承担两个班的语文教学工作，一年平均外出开会达 4 个月之久，却从不请人代上一节课，每学期只用 30 多课时就将教材讲授完毕，从不批改作业，而他的学生的升学成绩却能比重点中学平均高出很多分……

《国家中长期教育改革和发展规划纲要（2010—2020 年）》指出，教育活动中“以人为本”，“其核心是解决好培养什么人、怎样培养人的重大问题，重点是面向全体学生，促进学生全面发展，着力提高学生服务国家、服务人民的社会责任感，勇于探索的创新精神和善于解决问题的实践能力”。学生在教育活动中处于主体地位，作为教师，应该在教育活动中充分调动学生的主观能动性，让学生积极参与到教育活动中，实施自主自治管理方法，从根本上改变学生在教育活动中的被动局面，使学生自主探索，形成良好的适应能力和开拓进取精神。长期以来，由于受传统教育观念的影响，我国学生缺少自主管理意识，一直处于被管理的地位，没有参与学校管理的机会。自主管理不仅可以锻炼学生的自我管理能力，还可以培养学生对个人、对家庭、对社会的责任感。教师应该充分信任学生，使学生理解自主管理的意义与价值，了解进行自主管理是他们的权利，知道自主管理对自身的发展有重要的作用。在日常学习生活中让学生进行自我管理，进行自主教育，让他们成为班集体真正的主人。只有增强学生自主管理的意识，提高学生的自我管理能力，才能使学生积极主动地参与到学校的事务管理中，以主人翁的态度学习、生活。

第三章

“养成健全之公民”

——公民教育篇

“公民”一词最早出现于古希腊，古希腊文为“Polites”，意为“属于城邦的人”。亚里士多德曾解释说：“公民的本质犹如城邦问题，也常常引起争辩；至今还没有公认的定义。”古罗马曾经颁布过“市民法”，用法律的形式确立了罗马市民的地位和权利。而现代意义上的公民概念，泛指具有一国国籍，并依据法律享有权利和承担义务的人。所谓公民教育就是要把公民培养成合格公民而进行的教育。它有狭义和广义之分。广义的公民教育则是指，在现代社会里，培育人们有效地参与国家和社会公共生活，培养合格公民的各种教育手段的综合体；狭义的公民教育是指为培养参与国家或社会公共生活有效成员所需知识的公民学科。公民教育在我国已经有一百多年的历史，1913 年，上海群益书社翻译出版的《美国公民学》，是我国最早引进的公民读本。1923 年，商务印书馆出版了熊子容主编的《公民教育》，成为中国自行编写的最早的公民课教材。恽代英作为中国早期的无产阶级革命家和教育家，非常重视公民教育，他在《民治的教育》中明确提出了“养成健全之公民”的教育目标，这个具有鲜明的划时代的教育目标，是马克思主义的世界观以及“以人为本”的教育思想相融合的科学总结。

第一节 按社会需要办教育

19世纪末20世纪初,中国社会经历了前所未有的动荡。西方列强的入侵把中国推向了苦难的半殖民地半封建社会深渊。林则徐、魏源等改革派面对西方国家的船坚炮利提出了“师夷长技以制夷”的思想观。然而,这些改革派的呼声并未将沉睡的旧中国唤醒,腐败的清政府依然沉浸在“天朝上国”的美梦中。第二次鸦片战争中,一系列不平等条约终于让清王朝如梦方醒,开始了以“自强”为主要目的的洋务运动,确立了学习西方“长技”的思想,开始了一系列改革。洋务运动启动了教育发展的乐章,可惜的是,这一时期的教育改革仅停留在学习西方技术的器物层面,而没有推进到制度、思想现代化的层次,这也导致甲午战争的全面溃败。甲午战争中,日本给中国上了痛苦而深刻的一课,清政府开始新政时期的全面改革。以孙中山为代表的知识分子领导了辛亥革命,推翻了统治中国两千多年的君主专制制度,但没有建立起真正的民主共和国。

一、批判“教育救国论”

从五四运动到新文化运动,再到大革命时期,中国社会再一次经历巨大变动,政治、经济、文化、思想、教育等方面发生了巨大的变化。中国将何去何从,许多有志之士不断探索救中国的道路。在这样的情势下,“教育救国论”成为当时社会中重要的教育思潮之一。

恽代英出生在中日甲午战争失败、《马关条约》签订之年,屈辱的民族历史使他从小就立志要以身报国。最初,他和许多爱国的知识分子一样,认为中国贫困落后的原因不在于国家没有能力,而在于国民素质低下,自私自利,而这些都是缺乏教育或受到不良教育所致。他深信只有教育才能救中国,“教育是改造的唯一切实的工具”[①]。正是抱着教育救国的强烈愿望，恽代英积极投身于教育事业。然而，在实践教育救国理想的时候，残酷的现实让他重新对教育是否能救国开始了质疑。五四运动爆发后，恽代英投身于革命洪流中，成为武汉地区青年学生的领导，他开始接受马克思主义思想，用马克思主义的观点看待教育问题。在旧式学校的教育实践中，他逐渐认识到教育是不能救国的，但是救国又离不开教育。1923 年，恽代英发表《蔡元培的话不错吗？》一文，批判了教育救国论的观点。他指出，在军阀混战、外强入侵的中国，读书救不了国。学生学会了英文重音或会话，国人懂了三角微积分，难道就可以救国吗？教育在黑暗的社会中是无法发挥救国作用的，在这样的局势下，“许多‘盲目的向上’的教育家，听见人家说教育是高尚、纯洁、根本改造社会的是也，便自命为他们是社会托命的人。然而他们的教育，除了糟蹋社会上的金钱，做房子，买仪器以外，低的只能给学生一些模糊影响的知识，高的亦只能为学生养成庸懦柔顺的品格，将来最大的成就，只是姓张的学生，能够做刮地皮的官僚；姓李的学生，能够做杀人的资本家。”“这种成绩，只是那些教育家，前生该了姓张的姓李的元孽债，今生轮着变马变牛的为他家里生一笔利息一样的事情。”[②]

受来华讲学的西方学者和国内一些资产阶级知识分子的影响，“教育救国论”曾经成为一种主要的教育思潮。在当时各式各样的人物鼓吹“教育救国论”中，最有代表性的就是“国家主义派”。尽管他们的主观动机不尽相同，但这股教育思潮容易把人们引上脱离革命的轨道，在客观上对中国革命的危害性是一致的。以余家菊、陈启天等为代表的“国家主义派”于 1923 年 12 月抛出《国家主义的教育》一书，竭力宣扬“教育救国”。为了引导中国人民走上真正的革命道路，恽代英开展了对“国家主义派”“教育救国论”的批判。恽代英先后写了《学术与救国》《再论学术与救国》《读〈国家主义的教育〉》等批判“教育救国论”的文章。他在《读〈国家主义的教育〉》一文中指出：“要用教育救中国，需先知中国究竟如何才能得着经济独立才能得救。”“中国今日精神的堕落，许多地方都是出于物质的贫乏，不从物质上接济中国，恐怕终如前几年几十年所空想的救国自强，结果终是空想的救国自强，结果终只是空想而已。”[③]恽代英认识到中国的贫穷落后是由经济压迫造成的，只有打倒帝国主义，中国经济才能独立，这样社会中的

①恽代英：《敬告高等师范教职员及学生》，载《少年世界》1920 年第 1 期。

②恽代英：《恽代英文集》，北京：人民教育出版社，1984 年版，第 286—287 页。

③恽代英：《恽代英文集》，北京：人民教育出版社，1984 年版，第 406 页。

各种问题才能得以解决，中华民族才能实现独立。由此可见，恽代英已经彻底摒弃了“教育救国论”的思想，经过一系列教育实践和深入思考，他的马克思主义教育思想正在逐渐明晰。在批判“教育救国论”的同时，恽代英还对当时社会中出现的“学术救国论”进行了驳斥。在《学术与救国》《再论学术与救国》等文章中，他尖锐地指出：“中国的事业，一天天陷落到外国人手里，纵然有几千几百技术家，岂但不能救国，而且只能拿他的技术，帮外国人做事，结果技术家只有成为洋奴罢了。”[①]恽代英并不反对研究真正的学术，但这些学术并不能真正解决社会问题，也不可能实现救国的理想。

对于改造社会，恽代英指出：“我所认定的，我们是为今天的中国办教育，不是为教育学办教育。著教育学的人最大的错误，是他们假设他们所住的是理想的圆满的世界，他们是为那种世界办教育。但我们所处的，明明是贫乏纷扰的世界，而且是危机存亡的像今天的中国，我们要睁开眼睛，要看什么是今天最急最要的事情以决定教育的方针。……教育确实是改造社会的有力工具，但是被盲目的‘教育家’拿在手里，全然看不出一点有价值的用处。”[②]当时，社会中一些教育家认为，中国之所以到今天的局面，原因在于教育的不普及。而因为教育不普及，所以不识字的人太多了，所以没有科学常识的人太多了，所以没有生活技能的人太多了，所以没有道德的人太多了，所以陷落于恶劣风俗的人太多了，此外还有许多弊病。

对于识字问题，恽代英指出，识字的人越多，对社会越好。但不是识字的人多了，就可以拯救国家的命运，达到实业发达，谋生有术。“上海大中华纱厂、恒丰纱厂的停工，汉冶萍公司的全靠日本借款维持，都是怪中国百人中有八十人不识字的缘故吗？”即使识字，难道就一定能谋生有术吗？“成千上万的毕业生，结成‘北大系’‘南京系’‘东洋系’‘西洋系’的到处发生排挤倾轧的风潮，这便是有谋生之术么？”[③]所以说，中国的社会问题不是靠识字、普及教育就能解决的。

①恽代英：《恽代英文集》，北京：人民教育出版社，1984年版，第388页。
②③恽代英：《革命运动中的教育问题》，载《新建设》，1924年第1期。

有些人认为,普及了科学常识就能解救中国之危急。因为缺乏科学常识,中国人不卫生,甚至迷信,不懂得发明,与国外相比,只能望其项背,所以中国才遭受外来的入侵与欺侮。持有这些观点的人认为,倘若一个人受到教育,就可以讲究卫生,不迷信,做一个发明家,中国才有希望。恽代英指出,卫生不是受了教育便能做到的事。新鲜空气、阳光、清洁美观的布置,是那些闭塞而狭小的家庭可以希望得到的东西吗?滋养的食物,寒暖适度的衣服,是从卫生学文字里面可以求得的吗?八小时睡眠、八小时休息、愉快活泼的心性,是那些终日奔波而免不了啼饥号寒的人做得到的吗?依靠普及科学知识让中国人讲卫生,依靠这来救国,本身就是无稽之谈。对于普及知识可以破除迷信的说法,他认为,破除迷信,自然是一件很好的事情。人类为了迷信不知消耗了多少冤枉时力。然而,迷信与国家的强弱有什么关系?日本仍然盛行社祭,欧美人仍然有许多无理由的忌讳。至于科学发明,恽代英认为,科学的发明是一件荣耀的事情,但这更非穷措大可以梦想的事情。国外很多科学家,经过几十年的研究,有了心得,然而若是得不着巨款的资助,仍然不能有任何发明。至于中国的政府,从来管不到这些事。留学的学生,从设备很完善的外国实验室里,回到荒凉的本国来,像龙游浅水、虎落平原一样,眼巴巴地望着,无可用武的地方。现在说,科学常识普及了,便可以讲到发明,说得真容易!

还有些教育家认为,只有用教育来提高国民道德,中国才可以翻身。对此,恽代英将道德、风俗放到整个社会、整个中国发展历史中加以考察。他指出:“若是靠教育来提高国民道德,中国才可以翻身,这无异对中国宣布了死刑。”一方面,国家的强弱与道德高低并没有必然的联系。德国在1918年打了败仗,失去了第一强国的资格,并不是因为德国人的道德陡然堕落。1922年,土耳其赶走了希腊军队,走上复兴之路,也不是因为土耳其人的道德陡然增进。从我国历史上看,秦灭六国,不是六国的道德不如虎狼之秦;刘邦灭项羽,也不是项羽的道德不如刘邦。何以见得现在的外国人,道德都要比中国人好?说这种话的人,自以为受了教育,所以道德很高尚。其实他们的道德亦不值得估量,他们的邪说又损坏了国民的自信心。另一方面,“不是教育了一切的人,才可以改造环境;是改造了环境,才可以有好教育。我们说的改造环境是说要整顿政治,发展产业,抵御外侮。

非做到这些事,教育总不能有实在的用处”。中国教育办了几千年,然而越办人心越“不古”。为袁世凯上劝进书,为曹锟运动大选,都是受过教育的人。没有一般受过教育的人宣传威德,英美势力不至于像今天这样强大。因此,说教育提高国民道德,改变中国命运,是缺乏根据的。对学校而言,应该使学生“看清他们社会的责务, 做一个有责务预备一切的人”, 而不应当“只知养成一般学生为适应眼前社会的人,不能养成他们为改造理想社会的人”①。对于社会中的不良风俗,恽代英认为这不是一时能够解决的事情。风俗的形成是长期的,要改变也不是一朝一夕的事情。中国现在的致命之伤在“身上”,必须对症下药。风俗的改变,决定因素在于经济。“不谋改变经济背景,而专说什么改良风俗,是如何不经济而错误的事情。”②现在所谓的用教育改革恶劣风俗,至多不过靠受过城市教育的学生,回乡宣传道理。人们习惯于旧风俗,一向是无理由地相信。只有无理由地相信,信力才最坚。他们拥护风俗,恨那些破坏他们风俗的人。对于政治界的恶势力,他们固然也反对,但还不及反对打破他们对风俗的信仰。一些真正热心为社会服务的人,不知这种道理,却专向这一点用力,恰似屯兵于坚城之下,旷日持久,不见效力。历史告诉我们,“一切的变易,只有政治经济的力最大,特别是根据于经济变迁,或者能引起经济变迁的政治行动,为有大力量”。每个教育者都应该明确,“我们办教育,不是为我们自己的欣赏,是要引起环境的改变”。教育家对社会的“真贡献”,便是用他们的力量去“影响到政治经济上面来”③。要拯救中国的命运,就要在经济上得到独立,脱离外人的束缚。“经济问题——生活问题——影响于人的生活与心理,实在是非常重大。中国今日精神的堕落,许多地方都是出于物质的贫乏。不从物质上救济中国,恐怕终如前几年前几十年所空唱的救国自强,结果终只是空唱而已。”④

在马克思主义思想的引导下,他以其为武器,对“教育救国论”进行了批判。正是通过这些批判,宣传了马克思主义教育思想,为马克思主义教育思想中国化奠定了基础。

---

①②③恽代英:《革命运动中的教育问题》,载《新建设》1924 年第 1 期。

④恽代英:《恽代英文集》,北京:人民教育出版社,1984 年版,第 405—406 页。

二、从社会实际出发办教育

在残酷的阶级斗争中，恽代英早期的单纯依靠教育改造社会救国的思想发生了改变。通过接受马克思主义思想，以及与“教育救国论”“学术救国论”等思想流派的斗争中，他逐渐认识到教育与社会经济、政治的关系，教育不能孤立于社会之外，要视社会的实际状况来定，只有用革命手段推翻旧社会，取得国家独立，教育才能发挥改造社会的作用。恽代英通过自身人生观的转变，完成了教育观的改造过程，逐步形成成熟的教育观。他的这种思想演变过程也是时代的体现，他深刻地认识到，只有改变旧的观念，才能赢得教育的发展。

恽代英运用马克思主义理论，系统地批判了“教育救国论”“学术救国论”，但他并没有因此否定教育的社会功能。他认为，没有教育是不能改造社会的，但单靠教育也不能实现改造社会的目的，教育不能孤立于社会之外，要与社会实际相结合。他说：“一件事是大家承认的，我们必须改造社会。”①恽代英认为，在当时的中国，改造社会首先要摆脱半殖民地半封建社会的状况。他说：“中国现在的时局，已经使我们到了救死不赡的田地。我们没有什么大的希望；我们所谓改造社会，只希望能从这种穷窘战乱中间，把我们超拔出来。”②教育、学问都不能救国，应该树立怎样的教育观呢？恽代英认为，要根据社会的实际情况来决定教育方针，来改造教育。

首先，他认为教育应该使教育者成为社会上有益的人。“要使学生一个个成为社会上有益的人。这样，我们的努力直接放在学生身上，间接便都到社会上去了。不然，便学生得了任何益处，我总觉得这种努力，是可耻可怜。”③有价值的教育才是改造社会的工具。要认清社会，以改造社会为目的来办教育，以社会需要来决定教育，教育方针不是固定不变的，而是要视社会的实际状况来决定。不能无视社会的实际情况，空谈教育救国，空谈改造社会。教育要成为改造社会的有力工具，先要看怎样来改造社会。“求学而不顾社会的需要，若非求学不成，便是

---

①②恽代英：《革命运动中的教育问题》，载《新建设》1924年第1期。

③恽代英：《恽代英文集》，北京：人民教育出版社，1984年版，第410页。

成而无益于社会，否则亦是只在不急要不必要的方面，供给了社会，而社会上急要必要的需要，仍然得不着相当的供给。”他并不反对真正地研究各种学术，但是，如果研究学术对社会没有益处，则更谈不上能救国。学校与社会要有相同的改造理想，用自己所养的人，去做自己所创的事，创自己所能做的事，以容自己所养的人，要使办教育成为有计划、有目的的大规模运动，这样才能使教育发挥改造社会的作用。学生要成为改造社会的人，能够在恶社会里站得住，就需要培养品格、学问和能力。他反对传统的教育方法和教育理论，反对与社会实际脱节的教育手段和教育内容。教育者应该给学生更多的生活实际帮助，除了指导学生择校、择课、择业外，让学生常与社会保持一种关系，帮助学生解决家庭问题、生活问题及职业奋斗等问题。“虽开口闭口总说教育救国，然而他们专给学生一些不痛不痒的学术品性。结果或禁学生过问国事，或引得学生只知羡慕外人、蔑视自己，或养成学生一些消极态度；要不然，亦只是使学生习染一般虚骄浮夸等恶习，究于救国全无益处。”①

其次，教育家必须把改造教育与改造社会打成一片。恽代英从中国处于半殖民地半封建社会的实际出发，提出学校应该与社会具有相同的改造理想，他在《教育改造与社会改造》一文中写道：“教育家必须把改造教育与改造社会打成一片，用自己所养的人，去做自己所创的事，创自己所能做的事，以容自己所养的人，这样才人无不有合当的人；再说明显些，教育家必须同时兼容各种社会事业，办学校，只是完成他社会运动的一个手段。换过来亦可以说，社会运动，只是完成他教育事业的一个手段。”②改造教育和改造社会要互相结合，革命家不重视教育，或教育家不关心革命，都是只“做了半截子的事业”，而“我们要改造教育，必须同时改造社会。要改造社会，必须同时改造教育。不然，总不能有个理想圆满的成效”③。

三、不能忽视环境的教育意义

环境对人的发展具有重要的制约作用，人的社会特性正是在环境的影响下和实践活动的调节和塑造下发生、发展起来的。恽代英在《革命运动中的教育问题》一文中，对环境与教育的关系做了详细的阐述。

---

①恽代英：《恽代英文集》，北京：人民教育出版社，1984 年版，第 410 页。

②③恽代英：《恽代英文集》，北京：人民教育出版社，1984 年版，第 293 页。

第一，教育，不只限于教育家办学校，环境是一个好的教育者。以国民道德堕落为例，主要源于三种原因：(一)法纪废弛。有强力的人犯了法纪，无从制裁。人到了没有制裁的时候，不做坏事的人是很少的。(二)民生穷蹙。所谓“饥寒起盗心”，所谓“凶岁子弟多暴”。人们到了嚣然丧其乐生之心的时候，要想靠法纪禁人为恶，有些时候是做不到的。(三)自暴自弃心理。“人到了不顾面子的时候，什么倒行逆施的事，都做得出来。中国今天有许多人，正是这种情况。”中国因受国际强力反复挫折，愤世嫉俗的人说了许多过分自轻的话，欧美留学生又为人家宣传威德，把外国说得简直像天堂。因此，许多人已无所谓国家体面，遂致有许多稍知自爱的国民所不为的事，抑或不为怪地做出来。以上三种原因都不是学校教育所能实现的，需要改造环境、整饬法律，才能挽救过来。

第二，环境可以给被教育者许多好刺激，使学校教育容易收到好的成效。例如知识与技能，在好的环境中，可以引起人们的要求。人有了知识与技能，也便可以得到用处。反之，学习的人没有这种需要，他们绝不肯热忱地学习。因之，非增加为国民谋生的机会，提高他们人生的权利，不能希望学校教育能收实效。

第三，学校教育若不能得到好的环境，它永远不能办到理想的田地。在不良的环境下，永不能有完满的教育。教育界人士已经饱尝了不良环境的苦滋味。比如公立学校随政潮为转移；私立学校困于经费，学校设备太不完全，学生购书能力太薄弱，学校受恶社会嫉视摧残，良好的教职员不易聘请。

第四，教育家要与社会各界交流、沟通。教育家如果以改造环境为己任，向社会中的所有人提出要求去办，以达到改造环境的目的是行不通的。“若不是环境先变了，教育家永不能同化各界的人；教育家要与各界接近，只有自己屈尊一点，同化于各界。”①

第五，教育与改造社会的关系上，“不是专做那些不痛不痒的事情，便能有改造环境的功效”，“不是教育了一切的人，才可以改造环境”。只有改造了环境，才能有好的教育。这就需要“整顿政治，发展产业，抵御外侮”。教育家所要做的就

①恽代英：《革命运动中的教育问题》，载《新建设》1924年第1期。

是将所有的力量放在影响政治经济上面。要解决中国的问题，改变整个社会环境，不是说几句空话，或者做出零碎的努力；要解决中国的问题，必须根本澄清政治，组织人民的政府，以发展产业，振兴国势。“教育家必须同时是社会改造家”，“教育家必须把改造教育与改造社会打成一片”。在特定的历史时期，最急要的是好的革命家，是能够掌握政治经济局面的人才。

从系统论的观点来看，社会是一个庞杂的系统，而教育就是这个庞杂的子系统之一，承担着对社会文化传播、传承以及创新的重任。从人类社会可持续发展的要求来看，教育对社会的可持续发展的实施是至关重要的。没有教育的发展和进步，就没有社会政治、经济、生态的可持续发展。也就是说，教育与社会政治、经济、文化等有着密切的内在关系。但同时，社会政治、经济、文化对教育具有重要的制约作用。失去了经济基础、政治基础，教育的功能也无法实现。教育不是目的，而是一种手段。教育的根本宗旨就是要使受教育者适应生活，成为社会需要的人。因此，教育不能离开社会需要。在长期的计划经济体制下，为了满足各行业对教育人才的需求，我国形成了一套僵硬的与行业对应的人才培养模式，学校的培养主要按照行业需求来进行。随着我国市场经济体制的建立以及高等教育大众化的发展，原有的办学模式已经无法满足社会发展的需要，培养的人才缺乏适用性。如果不调整学校的培养目标，那么教育体系就越来越难以满足日益发展的社会对人才培养的新要求。学校教育作为社会组织架构中的重要部分，承担着服务社会的任务，这既是学校教育自身发展的需要，又是其作为社会的子系统的重要功能和职责。当前，我国的中学教育，仍然将“升学”作为所有工作的重心，忽视了学生社会性的培养，这样的定位不能不说是一种教育目标本身的缺失。法国著名社会学家涂尔干曾说过：“人实际上因为生活在社会中才是人。”教育的重要任务就是要根据社会需求，将学生培养成对社会有用的人才。联合国教科文组织提交的报告《教育——财富蕴藏其中》中也指出，面向未来社会的发展，教育有四大支柱：学会认知，形成世界观；学会做事，在一定环境中工作；学会共同生活，培养合作精神；学会生存，能适应和改造自己的环境。①我们各级各类学校，为了满足社会对各级各类人才的需要，要不断调整教育目标和教育方式，真正让教育为每个人服务，为社会服务。

---

①联合国教科文组织总部：《教育——财富蕴藏其中》，北京：教育科学出版社，1996年版，第87页。

第二节 “国家主人翁”的教育目标

教育究竟要培养什么样的人，这是教育的核心问题。1924年8月，恽代英在《民治的教育》中对这个问题进行了具体的阐述。中国在民国以前一直处于君主统治的时代，国家的主人是皇帝。因此，那时候的教育主要是以“忠君”为核心的封建伦理道德教育。恽代英认为，那时候的教育“只知忠君爱国，只知道有皇帝，不知道有自己，也不知道有民众”[①]。教育的目的在于培养服务于皇帝的人。中华民国成立后，国家的主人由皇帝转变成民众，但由于长期受“忠君”观念的影响，民众并没有意识到自己是国家的主人翁，因此，教育的目的就是要将培养为皇帝做事的人的教育转变为民众是国家的主人翁的教育。“要叫大家明白民国时代与皇帝时代的不同，皇帝时代的主人翁，就是皇帝，所以他的教育，要养成为皇帝做事，知道忠君爱国的道理；民国时代与此大不相同，主人翁就是民众，所以要大家明白自己的地位，知道自己的责任。”[②]恽代英所说的主人翁教育其实就是指公民教育，国家是属于全体人民的，全体民众要清楚自己的地位和自身的责任。这是教育的大转变，是整个教育的目的、宗旨、内容、方法，乃至整个系统的转变，这种转变应该渗透在各个阶段、各个领域，无论是儿童教育、中等教育还是高等教育，都应该贯彻这样的教育理念。

如何做主人翁，恽代英提出了两个要点：其一是“自主自治”；其二是“服务民众”。自主自治的教育，其实是在阐述主人翁教育的个人价值取向，包含五个要点：一是独立思想；二是独立行动；三是使其自尊；四是使其自信；五是使其练习团体生活。[③]所谓“独立思想”“独立行动”，就是指教育应该使受教育者“勿受压抑、勿受阻止”。他认为，从前的教育，儿童一有了独立的思想，独立的行动，教员

①②③恽代英：《恽代英文集》（上卷），北京：人民教育出版社，1984年版，第575页。

就要压抑他、阻止他，说不应该。其实儿童有儿童的事情，成人绝不宜压抑、阻止，他们到经验丰富了，自然也和成人一样。譬如走路，起初学步，一蹶就跌，久而久之自然纯熟，自然能疾走疾行。从前的教师，一味地压抑、阻止，或一味地爱护，绝不肯循循善诱使儿童的本能发展到无限量。所以现在的一般人，办事能力不很丰富，遇到事情，不能措置裕如，就是这个缘故。“教师的职务，是在帮助儿童，指示儿童，使儿童不发生大谬，不走入歧途，绝不是压抑的、阻止的，替儿童走路的。教师应该时常考察他们，遇他们有能力不足，就应该帮他们的忙；遇他们有谬误，指示他们的误，使他们不致畏难，不致有大谬，不致入歧路为止。此外，就不应该再事过问。事事压抑、专事阻止，就是大大的谬误。”①在这段论述中，恽代英指出了教育中学生与教师的角色与定位，学生是教育的主体，他们的独立思想、独立行动应该受到保护，而教师在教育中应该是引导者，帮助学生、指示学生，不致让他们误入歧途。这样的论述恰恰与现代教学论中关于教师与学生在教育中的作用的观点不谋而合。

著名数学家笛卡儿曾说：“我思故我在。”一个富于思考的生命，才能彰显出生命的活力，未来也会存在无限的可能；一群丧失独立思考的民众，终将逃脱不了被奴役的后果。一个缺乏独立思考的民族，难以具有丰富的思想和创新活力，无法昂首屹立于世界民族之林。百年过去了，恽代英上述所提的现象在我国依然存在，甚至愈演愈烈。中国的学生，年龄越大创造力越差，从小学到初中再到高中，读书几乎成了学生的全部使命，分数成为教师和学生最关注的内容。学生没有时间思考，没有空间实践，想象力和创造力的提升只是一句空话。在这样的情况下，学校就很容易演变成扼杀学生创造力的“屠宰场”。曾经有这样一则故事：一个美国人来中国参观幼儿园，看到老师在黑板上画了一个圆圈，他问孩子们那是什么，孩子们异口同声地回答是圆。这位美国人感慨地说，如果在美国，孩子们的回答会是千奇百怪的，太阳、飞碟、煎鸡蛋、向日葵、篮球……五花八门。我国的教育从一开始便是整齐划一的规范式，孩子从幼儿园开始接受的便是“填鸭式”的教育，听话顺从，信服并服从于标准答案，随着时间的推移，原有的好奇心、想象力泯灭了，代之以趋同性的思维模式和服从式的性格与人格。我们的孩子不仅丧失了独立的思想，也丧失了独立的行动。现在独生子女家庭越

①恽代英：《恽代英文集》（上卷），北京：人民教育出版社，1984年版，第576页。

来越多，孩子哭一声父母心疼，孩子摔一跤父母更是不能原谅自己，即使家长含辛茹苦，也要让孩子生长在“蜜罐”中。从孩子出生，父母就为孩子设计好了所有的成长路线，孩子成长于过分的宠爱与呵护中。这种宠爱与呵护造成了孩子自立能力的欠缺和道德责任感的下降，很多孩子还出现了心理疾病和性格偏执的问题。这样，当他们长大后，体现出的不仅仅是教育问题，更会演变成社会问题。反观欧美国家，孩子刚刚出生没几天，就被父母安放在独立的房间，无论孩子如何哭闹，父母也不会让孩子和父母同床或同屋而寝。这也许在我们看来无法理解，但恰恰是这样的教育理念，成就了孩子独立、坚强的人格特征。有独立的思想、独立的行动，孩子才能成长为有主见、有担当的合格公民，而这一切需要教育者的引导。给孩子自己成长的空间，也就是在给孩子美好的未来。

有了独立的思想、独立的行动还是不够的，还要学会尊重自己。恽代英认为：“自己尊重自己，自己信仰自己；不然，还是不行的。”[①]那么如何实现自尊自信呢？恽代英指出，实现自尊自信首先要正视自己，知道自己是人。从前的教师，只教学生尊敬圣贤，信仰师长，并不教他们信仰自己。所以一个儿童，一读了几年书，就忘记了自己是个人。这种观念，实在是大谬特谬的。所以，教师应该视学生为朋友，切不可轻视学生。对待学生不是驾驭他们，而是循循善诱，使学生成为自尊自信的人。“儿童的自尊习惯，完全是在被尊重的环境里养成的。倘然他所处的境遇，完全是被轻视的，一遇谬误，责骂随之，怎么还能养成自尊自信的人呢？”[②]自尊自信是一个人取得成功的心理基石，它以正确的自我认识为前提，同时包含了一个人所应该具有的自我认识。一个人只有真正地认识了自己，才能获得一种内在的力量，在这种力量的引导下，更好地认识生活，帮助自己在人生的道路上踏实前行。自尊自信性格特点的养成需要个人的努力，同时需要家长和教育者为其创造良好的环境。让孩子放手做事，即使出错了也不要过分苛责，尊重孩子，认可孩子，久而久之，自尊自信的良好品质就会慢慢培养起来。

独立、自尊、自信的品质建立后，接下来要练习团体生活。恽代英认为，共和国家是多数人组成的，每个人都是主人翁，因此，每个人都应当承担自己相应的

---

①②恽代英：《恽代英文集》(上卷)，北京：人民教育出版社，1984年版，第576页。

责任，每个人都有发言权，每个人都应该为国家做贡献。在人与人相互交往中要虚心谦让，即使出现了不同的意见，也不要互相有成见，因为大家都有共同的目标。学校的重要职责就是提供锻炼团体生活的机会，“现在的学校组织，应该像一个共和国家有立法、司法、行政等机关，使学生在这小国家里练习各种团体生活，养成各种办事能力，将来到社会上，才能够尽主人翁的责任”。可以看出，恽代英不仅看重个人素质的养成，更强调个人与集体的融入。个人要成长，还要通过练习团体生活，实现整个社会的成长壮大，这才是教育的最终价值所在。他的这种观点不恰恰是今天中外教育所倡导的团队意识的培养吗？道格拉斯·K.史密斯在其畅销书《团队的智慧》中指出：“团队是拥有不同技巧的人员的组合，他们致力于共同的目的、共同的工作目标和共同的相互负责的处事方法。”团队的每个人对团队的发展都至关重要，每个人将自己融入团体中，想团队之所需，发挥自己的作用，那么这个团队就会具有持续创新的能力。团队精神不仅是当前各企业所极力倡导的，同时也是今天教育者应该重视的教育内容之一。现在家庭独生子女所占比例越来越高，他们在家中受到无微不至的关心与呵护，这也造成了很多孩子不懂得分享，不与人合作的诸多问题。曾经看过一段日本小学生午餐的视频，午餐开始前，全体小学生都忙碌起来，有的擦桌子，有的摆碗筷，有的盛饭菜，井然有序，没有一个人袖手旁观。开始吃饭时，所有学生齐声说：我要开饭了。接着欢乐的午餐开始，每个人都认真地把盘子里的饭菜吃得干干净净，脸上洋溢着食物带来的喜悦。午餐结束后，每个学生又主动开始了午餐后的忙碌，收拾桌子的，清扫地面的，将垃圾分类的，快乐而有序，共同分享着合作带来的快乐与满足。从小学生的一顿平平常常的午餐中，我们可以看出，日本教育着重培养儿童的责任感和团队意识，耳濡目染，循序渐进，通过这样的教育，我们不难相信，孩子未来一定会成长为有责任感、有合作意识的合格公民。

“服务民众”是实现国家主人翁目的的社会价值取向，教育不仅要帮助人成为合格的公民，还要服务社会、改造社会。“主人翁”的教育一方面是让每一个公民成为国家的主人，另一方面，也要求每个公民为民众服务。“服务民众”首先要尊敬民众，克服等级观念。恽代英指出，从前的人，有一种错误的观念，往往把士、农、工、商四民，看得有等级，好像做士的人，应该轻视别人，其实士、农、工、商，何尝有尊卑贵贱之分呢！并且士为民众养护的人，应该帮助民众，而这一辈做士的人，非但未曾帮助民众，而且反轻视这养护他的恩人。这是毫无道理的。

恽代英认为，对于民众不仅不能忽视，而且要格外尊重。受“万般皆下品，唯有读书高”以及“学而优则仕”思想的影响，国人将做官、升官作为人生的最高价值追求，人为地将社会划分为很多等级。尽管，我们一直在提倡社会只有分工不同，没有高低贵贱之分，但长期形成的等级观念仍然束缚着中国人的思想。很多父母宁可花高价让孩子去读三本院校，也不愿让他们到职业学校学习，即使四年后要面对的是“毕业即失业”的结果。似乎从事技工、农民就会低人一等，似乎不读大学，这一生就宣告失败。其实，社会需要高素质的技工、高素质的农民，如果缺少了这些被大家所轻视的职业教育，强国之梦也必然失去了坚实的基础。每个人生来都是平等的，都有平等的尊严，与其从事的职业无关，无论他是公务员还是环卫工，都需要得到一样的尊重。正像恽代英所说的那样：“皇帝时代，读书人做的事情，是为皇帝，所以觉得高贵；现在读书人所做的事情，是为民众，民众是一律平等的，哪里还觉得尊贵呢！并且受了民众的养护，自己又是民众的一个，那么所做的事情，也是应尽的义务。”①

“服务民众”还体现在要“了解民众”。如果不了解民众，不知道民众的疾苦，那么怎么服务于民众呢？恽代英强调，要教育学生了解工农的现状，了解社会。“学校只讲唐虞三代怎样盛怎样兴，却不讲近代国势怎样衰怎样弱；对社会不了解，将来怎样为民众办事呢？即使做了事情，又怎么会合民意呢？”②因此，学校要让学生了解民众，了解社会。学生只有在深入了解社会后，才能形成社会责任感。那种只知道读书，而不知道当今社会工农的现状，只知道古代的圣言名句，却不知道近代、现代教育的人是不能为民众办事的。因此，“现在办教育的人，要叫学生了解民众情状，也是应当注意的一点”③。

“服务民众”的最终目的是“为民众利益努力”。恽代英指出，很多人以为读书就是为了多赚钱，这种观念是错误的。“做学生读书，是为民众，当教员读书，也是为民众，绝不是为自己赚钱。”④他批评旧教育“学生不应该干涉政治，不应该为民众办事”的论调，指出那样培养出来的人才，都是“各人自扫门前雪，莫管

①②④恽代英：《恽代英文集》（上卷），北京：人民教育出版社，1984年版，第579页。
③恽代英：《恽代英文集》（上卷），北京：人民教育出版社，1984年版，第580页。

他人瓦上霜”。为民众做事，是每个人应尽的责任。因此，“现在的教育界，除了使读书人尊敬了解民众外，还要教他们愿为民众利益努力，这也是我们应当注意的一点”[①]。服务民众还要有“誉我不足为荣，毁我不应消极”的理念，为民众做事，是我们的本分，做事有毁誉两面，遇到荣誉不要夸耀，遇到挫折不要消极，如果消极不做，那便是忘了自己的本分，这不是共和国家的民众应有的态度。

恽代英对于公民教育提出的教育目标——培养国家主人翁，包含了教育的双重价值取向，与以往历史上所提的教育目的有所不同，实际是从公民教育的角度对公民个人应具有的素质和服务民众的公民义务做了具体的阐述，其观点和角度颇有新意，对我们今天的教育改革具有借鉴价值。

①恽代英：《恽代英文集》(上卷)，北京：人民教育出版社，1984 年版，第 581 页。

第三节　健全公民的教育内容

公民教育是为培养合格公民而进行的教育，公民教育因不同国家的传统以及国情而各具特色，且随着时代的进步而不断发展。考察西方公民教育思想，我们可以看出，尽管存在历史条件与时代背景的不同，公民教育思想的内涵和主体依然呈现发展的延续性。即尊重人的主体性，注重个人参与国家、社会政治生活的理念，为国家、为民主社会培养良好的公民。因此，公民教育的内容不仅包括公民知识的传授，还涵盖政治教育、法律教育及道德教育等方面。恽代英作为中国近现代教育史上著名的教育家，以改造教育与改造社会相统一为前提，提出了以“养成健全的公民”为目标的公民教育内容。

一、爱国主义教育

恽代英是爱国主义者，热爱祖国，改变民族命运始终是他奋斗的目标。早在中华大学求学期间，恽代英就热衷于反帝反封建的爱国活动。为了救国图强，他探寻了种种方案，但都被残酷的现实一一打破。最终他找到了救国的唯一道路——共产主义，并为之献身。1921 年，恽代英加入了中国共产党。从此以后，将毕生的精力献给了党和国家的事业。1923 年，恽代英被选为中国共产主义青年团中央执委会候补委员，创办并提任《中国青年》主编。他先后以“代英”“但一”等笔名以其雄辩的才能、生动的笔法发表了 200 多篇论文，指导和教育广大革命青年。第一次国共合作建立后，他担任国民党上海执行部的宣传部秘书，编辑《新建设》月刊，宣传我党原则立场，批驳国民党右派的种种谬论。“中山舰事件”后，为加强黄埔军校的领导工作，党派恽代英到黄埔军校任主任政治总教官。

1927 年，恽代英主持中央军校武汉分校的工作。在中国共产党第五次全国代表大会上，他当选为中央委员。1930 年春，恽代英因反对李立三的“左”倾冒险主义错误而遭受打击，被调离党中央。是年 5 月 6 日，在上海被捕。次年，又被关押在南京江东门外“中央军人监狱”，化名为王作霖。后来被叛变的中共中央原政治局候补委员、特科负责人顾顺章指认，暴露了身份，1931 年 4 月29 日中午，在南京被国民党反动派杀害，时年 36 岁。在雨中，恽代英写下了气壮山河的七绝：“浪迹江湖忆旧游，故人生死各千秋。已摈忧患寻常事，留得豪情作楚囚。”这首七言诗充分表现了恽代英对共产主义坚定的信念和伟大的爱国主义情怀。恽代英不仅自己是个赤诚的爱国主义者，他还将自己炽热的爱国热情倾注到青年身上，培养他们的爱国情操。爱国主义教育成为恽代英公民教育中重要的一部分。

（一）教育国民爱国重在践行

恽代英积极倡导爱国主义教育，早在学生时代，他就与同伴、学生创立“互助社”，号召全体社团为国家、为社会尽力。他亲自撰写的《互励文》，成为互助社的指导思想。“今天我们的国家，是在极危险的时候，我们是世界上最羞辱的国民。我们立一个决心，当尽我们所能尽的力量，做我们所应做的事情。我们不应该懒惰，不应该虚假，不应该不培养自己的人格，不应该不帮助我们的朋友，不应该忘记伺候国家，伺候社会。我们晓得：我们不是没有能力，国家的事情不是没有希望。”在他的带领下，互助社进行了一系列爱国活动，同时在互助社的带动下，武昌各校相继成立了仁社、黄社、辅仁社等学生组织。1921 年，在宣城四中任教的恽代英为纪念“五四”和“五七”国耻纪念日带领师生举行集会，号召国民团结起来，为国家富强贡献力量。他在大会上演说：“中国已走到亡国的边沿了。而许多三十岁以上的人，对国事漠不关心，视若无睹。贪官污吏和豪绅们只知争权夺利，鱼肉乡民。他们不是人吗？他们不是中国国民一分子吗？我们如再醉生梦死，帝国主义就会很快地来侵略我们。中国腐败政府，只知仰赖帝国主义任其宰割，这就是捆锁四万万人民的一条大铁链。”在他的号召下，宣城掀起了爱国浪潮，国民纷纷加入抵制日货的行列。

如何实现爱国主义教育？恽代英认为要注重切合实际的实践。在《力行救国论》一文中，恽代英指出：“说国家不需要救，是冥顽不灵，说国家不应该救，是丧心病狂，对于我们应该怎样救国，有的说必须改良政治，有的说必须移风易俗，有的说必须振兴实业，有的说必须扩张军备，有的说必须提倡教育，有的说必须促进民主，这是数十年争论的表现。对于如何救国，说者唇枪舌剑，剑拔弩张，存在多种方法，但只是说一下，国家的利害关系仍旧存在，并且更弱，贫穷仍在，并且更穷，秩序混乱腐败仍在，并且更混乱，更腐败。”[①]因此，口头上谈论如何救国是毫无意义的。“只要我们精确地研究一下，就会知道不是唯独我们国家与别的国家不同，而是这些说法都不能救国，只说不行动，即使行动了也不符合实际，不够勇猛，所以这些救国的说法，徒为争辩的资料罢了，我们如果想用口辩就可以救国，就和画饼充饥是一样的。我们救国的责任所在及道德上应该做的事情，一般人多少都知道，所以不需要说，说出来，就是担心你知道而不去实行。认为口说必要的人，不过是想使人知道他的责任和应该做的事情，你既然都知道了，口说就没什么必要了，你既然知道却不实行，口说又有什么好处呢？”[②]恽代英认为：“天下之理没有一定的正确解释，仁者见仁，智者见智，成功的方法，也并不是只有一种。人的性格不同，也各有各的配适，异曲同工，有不同没害处，不同的道路却要一起走，强行相同又有什么益处呢。”[③]1919年6月11日，恽代英发表了《武汉学生联合会宣言书》，高度赞扬了学生罢课、工人罢工、商人罢市的爱国之举，指出想让现在的政府惊醒，就必须采取一些勇猛的救国方式，如示威游行。“近来，我国的爱国活动由学界波及商界，十日汉口有罢市的举动，十二日武昌有罢市的活动，这些都足以证明中华国民的心没有死，而爱国之心，但凡有血气之人是都会有的。我国商界人士了解国家正处于危难之时，政局动荡，不惜忍受每天浪费商店日常开销的痛苦，不顾军警的无理干涉，竟然先后进行罢市，来表达真正的民意，促使政府反省，促使邻国反省，这样的做法勇猛之极，令国民无比佩服。”[④]

恽代英认为，救国并不是人人尽力却不能胜任的事情，而是根据实际，切实能够做到的事情。爱国要从实际行动做起，从身边小事做起。恽代英从身边日常事例谈起爱国问题，如在提倡国货一事上，恽代英教育国民要力行救国，提倡国货。“譬如神圣其职业，是亦不可为倡乎？何为屡进屡退、食人食而不忠人事也。譬如戒绝恶嗜好，是亦不可为倡乎？何为迁延岁月，知其不可而不肯不为也。譬

①④恽代英：《恽代英文集》(上卷)，北京：人民教育出版社，1984年版，第69页。
②恽代英：《恽代英文集》(上卷)，北京：人民教育出版社，1984年版，第70页。
③恽代英：《恽代英文集》(上卷)，北京：人民教育出版社，1984年版，第71页。

如购买国货,是亦不可为倡乎？何为观望不前,知其不可不为而终不为也。苟缕述之,匹夫之可以自效于国家者何可胜兴。”“余前拟用国货会一事,惜上星期余未能到仁社,因议不果行,余思此会不成。社会非有一班人先决定牺牲一切,以实行其用国货主义,以为社会先倡,将欲借纸上谈兵之国货调查录,以提倡国货,责人以难免,而自处于易,以此求其有效,不亦诬乎？然——言身体力行,以提倡国货,则素以切实爱国自命者,皆色然难之。然而,一则曰经济致人死命,再则曰借以提醒国人,呜呼！制人何事妄想耳,痴梦耳。自己即不能制人,尚望他人制人耶？然则曰:我以此劝人,非使人必如此为之,然则我亦不使我必如此为之耶。果如此,徒劳口舌,无事可役,使口舌乃至作此等无谓事耶。总之,国货难买,国货不美观,国货价略贵,国货质略劣,此等应先知之事。欲用国货,乃为国家,故忍受此等痛苦。若不能忍受痛苦,则不用国货,何患无可借口,所惜终日言爱国而自处乃如此也。”[①]可见,在恽代英看来,爱国需要从点滴做起,支持国货是国人爱国的重要方式。以恽代英为主的互助社社员到造纸厂、商店做实地调查,了解国货的状况。调查之后,编写国货调查的小册子。其中陈列出提倡国货的诸多理由、各国提倡国货的实例以及辨别国货的方法,并将国货进行分类,分文具类、日用品类、化妆品类、布匹类、食品类、药品类等,列出物品名称、出品处、经售处和标识,把优良的国货放在前列,便于国民选择。从调查、汇集资料到编印,历时近一个月时间。他和社员相约,非万不得已不购买外国货,并一直坚持,直至牺牲。

20世纪二三十年代,正是中国民族工商业艰难前行的时期,近代民族工商业从产生之日起,就具有很强的依赖性,依附于清政府和帝国主义。因此,显现出许多“先天不足”的症状,缺乏内在的发展动力。与西方国家现代化产业相比,缺少经济竞争力。历经多重磨难的中国民族工商业,需要在呵护中前行,为此,恽代英提出了提倡国货的主张,并将其视为爱国的重要方式。今天,我国民族工业得到了长足发展,但与世界发达国家相比,仍然存在很大的差距。提倡国货、支持国货依然具有现实意义。国家兴亡,匹夫有责。我们的事业、我们的民族产业,一方面要自强,要发展,另一方面也要靠全体国民的支持,提高国际竞争力,跻身国际一流。

①恽代英:《恽代英日记》,北京:中共中央党校出版社,1981年版,第413页。

（二）养成善势力

恽代英诞生这一年，恰逢清政府签订了丧权辱国的《马关条约》，继而引发了西方列强掀起瓜分中国的狂潮，使中华民族危机进一步加深。从小，民族危难就一直是他心中的痛，强烈的忧患意识驱动着他在十三四岁时就立志报效祖国。

传统的善恶观是恽代英爱国主义的起点，受教育救国论影响，他将世界划成善恶两极。他认为，要拯救中国，必须养成善势力。他在《一国善势力之养成》一文中指出，只有养成善势力，方能扑灭恶势力，国家才能兴盛发达。①"世界最重要的事情就是善势力的养成，善势力的根基只有足够稳固，能力足够厚大，才足以与恶势力相抗衡，并与之斗争，扑灭恶势力，是社会所急需的。今天所谓的善势力，在未接触恶势力以前，多没有与恶势力相抵抗进而扑灭恶势力的预备，所以当其一接触恶势力，不是改变气节在恶势力下苟且偷生，就是为恶势力助一臂之力，即受底端恶势力的逼迫，穷困至死，对社会没有任何的影响。这就是当今世界虽然不是没有有志之士，却不能制止恶势力蔓延的原因。"②

对于如何养成善势力，恽代英认为首先要改变社会风俗，一方面在社会风俗中注意善势力的养成，另一方面应当设立职业介绍所，为有志之士介绍职业。"此等之说，看如近小之谋，吾等当注意未来世界之事，何暇论计及此，然此固不得以其为近小之谋而轻视之。未来之世界，必不可不恃若于有真正切实品格之人，以开辟之。若由今之道以行，其能立志修养品格之人已稀，即有一立志修养之人，无实力与社会抵抗，每每仍屈服或同化。如此吾人尚安有开辟未来世界之望耶。"③

养成善势力需要国民团结一致。善势力的养成是循序渐进的过程，需要社会有识之士团结起来，对抗乌合之众。只有团结一心、脚踏实地，才能不断养成善势力。"小人之群是乌合的，是暂时的，患君子无势力以敌之耳，如有势力以敌人，未有不胜之理。又须注意者，君子每不肯苟同。吾人须任其有自由各顺其性而发展之机会，而又养成其互助容让之精神乃可。"④可见，团结对于养成善势力

①恽代英：《一国善势力之养成》，载《青年进步》1918年第16期。
②恽代英：《恽代英文集》（上卷），北京：人民教育出版社，1984年版，第67页。
③恽代英：《恽代英日记》，北京：中共中央党校出版社，1981年版，第67页。
④恽代英：《恽代英日记》，北京：中共中央党校出版社，1981年版，第184页。

具有重要作用。恽代英坚信善势力是能养成的，只要国民团结起来，勇于起来担当救国之责，国家就会有希望。

善势力养成过程中，恽代英还提醒国民要注意交友问题：“（一）求友。（二）造友。总指导我们交往值得交往的人，可以进益的人亦都是我们的力量，得到他所需要的进益。如此便朋友一天天多，团体一天天大，势力亦一天天大。……人人应该盼望做太阳系，教他的周围的人做行星，教这等行星周围的人做他的行星，不仅如此，我们还要教行星都进而为太阳系，教卫星都进而为行星，再教他们自己还去得他的行星。如此的轮回促进，总教国内生出许多太阳系，那时才是百足之虫，死而不僵。”①

（三）爱国精神依赖于经济的独立

经济基础决定上层建筑。观念的教育是否符合实际，是否合理，是否能发挥作用、取得效果，都要受到经济、政治的影响。爱国精神的教育是教育的大事。当时社会中很多人针对教育注重数学、外语，忽视国文、史、地的现象，提出同情自爱的教育，“以为可以纠正国人不爱国的观念”，认为“国民自有一种与物质生活无关的爱国精神”。为此，恽代英在《读〈国家主义的教育〉》一文中指出：“一种伦理的观念，必定有他的经济背景。”②他说：“既然家的观念，在近今交通便利生活复杂，而且向外的情况下，是不能维持了。然则爱国的经济背景若是并未完成，希望用同情自爱等的教育养成爱国的观念，这是可能的事吗？我们都知道中国是在外国经济侵略之下的。中国的家庭工业，已为曼彻斯特、大阪等处的大工业所打破。但并不因此而中国能成为一个独立的经济单位。中国的关税，是受外人劫制的，商场是对外国无限制公开的。中国各行省的人除了因为有相同的历史，相同的文字，以及还未忘记的祖宗时称为天朝的光荣等观念以外，经济上有时并无显著的关系。言交通，则成都到宁、沪比中国到欧美还困难。言语言，则北部中部人与闽、粤人简直如同异国一般。言经济上彼此的需要，则陕、甘、云、贵之与长江数省，本关系不多；近且渐因洋货的输入，而愈使其关系疏远。如此，而欲望爱国的观念如孝之观念的油然若生于天性，谈何容易呢？再则我们必须知道

①恽代英：《恽代英日记》，北京：中共中央党校出版社，1981年版，第622—623页。
②恽代英：《恽代英文集》（上卷），北京：人民教育出版社，1984年版，第327—328页。

眼前国内私利的冲突，固由爱国观念薄弱，其中一大半仍由受外资压迫之所驱遣。……我们若不能达到外资压迫，欲以空谈弭国内冲突，恐终不能生效呢。"[①]由此可见，在经济不能够独立的基础上，"欲望爱国的观念如孝之观念的油然若生于天性，谈何容易"[②]。

恽代英进一步分析，那种与物质生活无关的先天的爱国精神是没有的，实际的历史是存在着"与物质生活有关的爱国精神"。从经济进化论而言，"游牧时代需要结伴移徙的部落生活，人类易于爱部落；农业时代需要聚处并耕的家庭生活，人类易于爱家庭；工商业既兴，需要贸迁有无的都市生活，人类易于爱都市；交通发达而经济关系频繁，都市不复能独立而自给，于是全国成一共存互助的经济单位，人类亦进于爱国家。由此以进，经济的发展，使各国都彼此相需相赖，国家亦渐不复能独立而自给，于是必须全世界成一共存互助的经济单位，人类将更进于爱世界。凡此之所爱，皆由于人类经济之需要，并没有什么先天经济的关系。"[③]对于所谓"中国人并非不爱国，但怪中国人爱国信念不够"，要教育国民有"祖国失了面子，就如自己失了面子一样，心理自然难受"的观念。恽代英认为，"与其说是爱国信念不够，不如说是他的经济地位所致的自然结果"。"中国人何尝不是祖国失了面子，如他自己失了面子一样。但是因为经济所处地位不利，一次失了面子，心里难受，然而面子究竟又争不回来。像这样几多次下去，他的感情生活，如何能忍受长久与实际的生活相分裂呢？一个人受人家无力的践踏，而无法反抗，便自然生自卑之心，奴婢、乞丐，都是这种心理。中国今日这种自卑心理，亦出于这同一根源。"[④]让国人树立爱国思想，就要寻求经济上的独立，脱离外国的束缚。"我们要指出国内分离与自卑的空气，是外力压迫所造成。吾人必须在经济上得着独立，中华民族乃能独立，中华民族的精神，乃得完全恢复常态。"[⑤]

恽代英从教育与经济之间的关系，论述了爱国精神的培养需要国家经济的独立。爱国主义教育是公民教育的核心内容。历史无数次证明，如果一个民族一盘散

---

①②恽代英:《恽代英文集》(上卷),北京:人民教育出版社,1984 年版,第 404 页。

③恽代英:《恽代英文集》(上卷),北京:人民教育出版社,1984 年版,第 591 页。

④⑤恽代英:《恽代英文集》(上卷),北京:人民教育出版社,1984 年版,第 405 页。

沙,连独立都没有实现,那么还谈何屹立于世界民族之林?还谈何民族振兴?但如果脱离了经济,空谈爱国教育是无意义的。恽代英的这一观点从教育学的角度诠释了教育对经济的依赖。爱国主义是公民教育的主旋律,是国家长治久安的强大动力,是国家蓬勃发展、自强不息的精神源头。爱国主义就是全体公民最广泛、最基本的认同基础。爱国主义作为公民教育的核心,在历史发展过程中,一直与维护国家主权,捍卫民族独立紧密相连。爱国主义是公民教育的基本内涵,加强爱国主义教育是公民教育的永恒主题。《公民道德建设实施纲要》明确指出,“爱国守法”是公民道德的基本规范,同“明礼诚信、团结友善、勤俭自强、敬业奉献”共同构成公民教育的基本内容。在现代社会,爱国主义重在培养公民对中华民族的民族认同,对中华人民共和国的国家认同,对中国特色社会主义和中国共产党的政治认同,这也是公民教育的首要内容。共同的语言,共同的地域,共同的政治、经济和文化生活,以及在此基础上逐渐形成和积淀下来的社会心理结构,构成了中华民族文化共同体的基础。对民族文化共同体的认同是民族凝聚力的重要源泉,也是国家认同的情感基础。只有让爱国主义精神深深融入公民的意识,转化为公民的自觉行动,一个国家才会呈现出蓬勃发展、自强不息的生命力和凝聚力。

二、道德教育

道德是调整人与人之间及个人与社会之间关系的行为规范。道德教育是公民教育的重要内容。在现代社会,公民体现的是公德、公益、公道等公共性,强调的是公共原则和公众意识。公民教育的目的是培养一个“好公民”,背后是个体的自主道德人格。

恽代英非常重视道德教育,他在1915年发表了《文明与道德》一文,阐述文明与道德之间的关系。之后,又在《家庭教育论》《社会性之修养》《怎样创造少年中国?》《做人的第一步》《怎样才是好人?》《革命运动中的教育问题》《民治的教育》《国家主义者的误解》等系列文章中,就道德观、德育思想等问题做了论述。

(一)培养社会性

德育具有时代性,同时也具有社会性。恽代英在《文明与道德》一文中指出,德育是有时代性的,随时代而进化,也随时代而退化。会进化或退化,是由人进化的结果导致的。“人类愈发达,则人与人关系愈多,而智力之范围愈广。夫既云人与人之关系愈多，则人类行为之种类愈繁，行为者，非善即恶，故世愈降而善恶之种类愈繁也。夫既云智力之范围愈广，则智识愈发达，智识愈发达，则善者愈知所以为善，恶者愈知所以为恶，此道德进退之真象也。要之，道德者，不但其善之方面，随时代而进化，即恶之方面，亦随时代为进化；恶之方面进化云者，即吾人所谓退化也。”在恽代英看来，道德是随时代进化而进化的，道德不能离开文明而单纯谈论进化与退化。

同时，德育也是有社会性的，因为人是具有社会性的，不能离群而独居。他说：“人类之所以相聚而为社会者，有天然之迫压，如气候食物之类，有人事之迫压，如通工御侮之类，皆所以使人自然而以利害上关系，结合而为社会者。自此以外，犹有最重要者，即为先天之社会性。”[①]就中国当时的状况而言，“吾中国人而同为人类，则亦必有人类所通有之社会性。然而吾国唯无强固之社会，故弱，故危，故吾人之生命财产，国家之存亡，种族之存亡，均仰息于耽耽虎视之强邻手中。西人谓吾国民如一盘散沙，夫沙所以散者，以无粘液性也。吾人因有先天之粘液性，不知修养而利用之，乃至被他人以散沙相比。因此，欲改良社会，以建设社会事业……舍修养国人之社会性，更无由也”[②]。在恽代英看来，欲改变其他国家对中国的看法，只有加强人的社会性修养，凝聚人心，建立强固的社会，振兴社会事业。治国要先治本，治本的关键在于改良社会，“社会不强固，政府即不强固，纵有良善政府，安能遂造就良善国家耶”。因此，“治天下之本，在改良风俗，不在改良政治”。为此，恽代英在《社会性之修养》中提出，要培养人的社会性，每一个中国公民，都应从八个方面加强社会性修养，即八德：公德、公心、诚心、谨慎、谦虚、服从、礼貌、利他。

第一，公德。公德是存在于社会群体中的道德，是生活于社会中的人为了群体的利益，而约定俗成的“我们应该做什么”和“我们不应该做什么”的行为规范。它是一个国家、一个民族在历史长河中，在社会实践活动中积淀下来的公共行为准则、文化观念和思想传统。社会公德作为一种无形的力量，约束着人们的行为。恽代英认为公德在道德教育中至关重要。“吾人欲从事于公共之事业，则

---

①恽代英：《恽代英文集》（上卷），北京：人民教育出版社，1984年版，第25页。
②恽代英：《恽代英文集》（上卷），北京：人民教育出版社，1984年版，第27页。

当视公共之事业如己之事业。公共事业之成败,如己之成败。苟非然者,事未有济者也。”他指出,“吾人之习惯,对于公共之事业每好插身其中,既插身其中,又不尽力于其事,故凡公共地方,必异常凌乱,公共事业,必异常荒废。虽家庭之中,庭除不如卧室。城市之内,街道不如人家”。正因为大家将公共事业视若无足轻重,因此很多人对公共事业不尽心不尽力。要想改变这样的状态,就要树立公德心,进行公德教育。“吾人不欲为社会事业则已,苟欲为之,则公德之履行,当为重要之条件。”①公德是一个国家、一个民族在历史长河中,在社会实践活动中积淀下来的公共行为准则、文化观念和思想传统。社会公德作为一种无形的力量,约束着人们的行为。恽代英关于公德的论述,提醒着社会的每一个公民,要将公共事业作为自己的事业,将公共事业的成败作为自己事业成败的标志。每一个公民都应自觉履行社会公德,这样,社会才能进步,才能维护社会公共生活的正常秩序。

第二,公心。所谓公心,是针对私心提出的,指公正之心,为公众利益着想的心意。恽代英指出:“吾人欲从事于社会事业,不但当有履行形式的公德之义务也,于履行此公德时,又必以大公无我之心将之。”②社会中的每个人都会有个人的利己之心,但每个人都生活在社会中,因此也应该有为公众利益着想的公心。公心是推动社会发展的基础,是社会实现良性循环的内在动力。一个人如果缺少对公共自然环境、社会环境自发的负责任的公德心,对公共规则熟视无睹,那么也就失去了作为公民的底线。那么,如何实现公心呢?恽代英这样回答:“吾人果为社会倡社会事业,则当以社会之利害为行事之标准,不可以一己之利害参于其中。以一己之利害参于其中者,使一己利害,与社会利害相冲突,必至为一己而牺牲社会。”③也就是说,公民要以社会的利害为行事的标准,不可以把一己私利掺杂其中,这才能做到公心。

第三,诚心。所谓诚心,即指诚恳的心意。孟子这样解释“诚”:“诚者天之道也;思诚者,人之道也。”诚是公民道德的一个基本规范,诚实守信是中华民族的

①②③恽代英:《恽代英文集》(上卷),北京:人民教育出版社,1984年版,第27页。

传统美德。然而,在社会演进过程中,诚实守信、诚意之心越来越变得难能可贵,因为很多做事者希望利用各种手段来实现目的。为此,恽代英指出:"世界既日进于浇薄,作事者皆以手段相向。每以为非手段无以驾驭徒众,进图事业,不知手段之可恃,至有限也。吾人于不得已时,固不防略参用手段,然所谓手段者,必根本于诚心,如父母之教赤子者然。……手段之为物,善用之,因或可以济其事,不善用之,徒树敌败功,非徒无益,而又害之。进言之,所谓手段者,非必不可不用者。吾人欲与他人协力以成事,则必望他人以至诚与吾协力。欲使他人以至诚为吾协力,吾必先有至诚之心,以感发之。……有志之少年,为社会利益为社会事业者,吾则愿其用诚心愈多,用手段愈少,以造成无懈可攻之会社,而期其日进有功也。"①恽代英并不反对做事讲究策略,但这种采用手段的做事方法要以诚心作为基础,运用手段的根本一定要发自诚心,这样才能与他人协力办事。希望他人用诚挚之心帮助我们,那么我们就必须先以至诚之心来感发他人,只有诚心才能感动诚心。恽代英号召有志青年要为社会事业奋斗,要有诚挚之心,少用手段。人生活在社会中,总要与他人或社会发生联系,处理各种人际关系的根本,就是要真诚对待他人。这是一个人在社会中生存的立身之本。诚实守信不仅是一种道义,也是一种责任,它是公民教育的重要内容,关系到社会信誉的高低,是衡量一个国家、一个民族文明程度的主要标志。

第四,谨慎。谨慎是对外界事物或自己的言行密切注意,以免发生不利或不幸的事情。恽代英指出:"吾人欲为社会事业,则当认清社会事业为一种之事业,如吾人作工营商之为一种事业然。此等事业,均当以精密之计划,详慎之手续从事之,方能责其成功,社会事业亦犹是也。……真有志为社会事业者,当随时守其谨慎之德,而作始尤甚。"②社会事业,不是人人都能做的,没有才能、涵养的人是不能做的。若我们想从事社会事业,就应该认清楚,社会事业是一种真正的事业,需要精密的计划,详细谨慎的手段,才能成功。兴办社会事业之人,如果急于求成,而忽视谨慎之德,都将以失败告终。谨慎是一种生活态度,也是一种优秀的品质,无论是职场还是日常生活都需要这样的品质。

---

①②恽代英:《恽代英文集》(上卷),北京:人民教育出版社,1984年版,第28页。

第五，谦虚。谦虚是中华民族的传统美德。恽代英认为：“为社会事业，与一般事业无异，必守吾人谦虚之德，乃能日进光大之域。满招损，谦受益，此天地之常经，无论在何方面，皆可验其不诬。”从事社会事业的人，“自始至终，唯以此事业之成败，为最要之事。凡有可以玉之于成者，无论何等之批判，皆欢然以受之，苟无从于成败者，无论其为毁为誉，皆漫然以应之。大海非一水，大山非一石，成大事业，而不愿闻逆耳之批判，岂有当哉”①。作为公民，要谨记谦虚的美德，只有时刻保持谦虚的态度，才能取得成功。谦虚使人进步，骄傲使人落后。谦虚是一种美德，也是一种修养，“满招损，谦受益”的箴言，忠告世人要虚怀若谷，对人对事不要骄狂，只有这样才能赢来他人的尊重与赞赏。

第六，服从。恽代英所说的“服从”指的是服从真理，服从应服从之事，服从多数人。他认为：“吾人社会团结之不强固，一般国民无服从之性格，亦为最大之原因。不是说国民没有服从，但是只知服从权利。权利所在，虽禽兽犹崇奉之；权利所不在，虽圣贤亦轻蔑之；此所谓奴隶性格也。吾人所谓服从，异于是。服从者，本于敬爱之心，以服从其应服从之事，如交际则服从以友人之规则；结社则服从多数人之意思是也。吾国人生于无规则之空气中，人民除服从权利外，几不知有所谓服从。”②他又说：“夫苟求有利于世，说之自我发与否，无足道也。”“吾人意见与大多数人之意见不合时，不但有略牺牲吾之意见以迁就大多数之义务，即自身之利益，又不能不牺牲时，亦当尽其可牺牲者而牺牲之，此居群之道，不得不尔也。”③恽代英认为，国民的社会团结性不强固，是由我国的国民缺乏服从性的性格决定的。在他看来，服从是出于敬爱之心，服从应该服从的事情。如在人际交往中服从朋友的规则，社团组织中服从多数人的意见。在我们的意见与大多数人的意见不合时，要具备牺牲自己的意见，服从大多数人的意见的品德，即使是自身利益，也应该尽可能地牺牲自身利益来实现大多数人的利益，这就是改变我国国民服从权威的奴隶性性格的根本方法。

第七，礼貌。中国是礼仪之邦，“礼”是中国文化的突出特征，也是中国古代

①恽代英：《恽代英文集》（上卷），北京：人民教育出版社，1984年版，第30页。
②恽代英：《恽代英文集》（上卷），北京：人民教育出版社，1984年版，第31页。
③恽代英：《恽代英文集》（上卷），北京：人民教育出版社，1984年版，第31—32页。

伦理思想的基本概念之一。好礼、有礼、注重礼仪是中国人立身处世的重要美德。恽代英认为,“吾人为公共事业,礼貌亦不可缺乏之条件。社会家言人类之所以进为社会,由于其社会中人,各能自相约束。礼貌者,即自相约束之表现也。人类交际中,非礼貌,无以节约欲感通达情意”。礼貌是人类为维系社会正常生活而要求人们共同遵守的最起码的道德规范,它是人们在长期共同生活和相互交往中逐渐形成的,并且以风俗、习惯和传统等方式固定下来。对一个人来说,礼貌是一个人的思想道德水平、文化修养、交际能力的外在表现。从事社会事业,礼貌是不可或缺的条件,是公民道德教育的重要内容,是文明行为的最起码要求。社会学家认为,人类之所以不断进步,是由于社会中的人都能自相约束,而礼貌就是自相约束的表现。从事社会事业,说话、做事一定会出现意见不合的现象,商榷时就会出现争吵,进而会产生误会,导致坏的结果,而礼貌在这时就发挥着重要的作用。

第八,利他。利他是为了使别人获得方便与利益,而不图报的助人为乐的行为,出于自觉自愿的一种利他精神的有益于社会的行为。恽代英认为:“吾国人好居重要之地位而又不能为负责之人。而真正志士者心目中只知有事业,不知有地位。为促其事业之成功计,务求共事者诚心以与之协力,欲使之协力,则不能不取较有利之地位或机会供献之,以为之酬极。非谓真正志士,必自视为君子,而视人为小人,因以利诱之也。”可见,恽代英所理解的利他是指,作为公民,即使没有身居要位,也要承担对事业的责任。真正的有志之士,看重的不是自己在社会中的地位,而是为了促成事业的成功,与共事者的诚心。社会需要这样利他的公民,如果缺少这种利他的有志之士,社会事业的实现就希望渺茫。

在恽代英看来,以上所提到的八个方面,是培养社会性的重要途径。“以上八端,皆吾人从事社会事业所应有之德行,即所谓修养社会性所应注意者。八者非即所谓社会性,然社会性以此八者而后发达。吾人之背此八者而行,以遏灭社会性久矣。”[①]这八种品德是每一个公民在社会生活中所应具备的德行,也是社会性养成的基本方法。如果公民的道德行为与这八个方面相悖,那么其社会性就会被扼杀。要想实现国家振兴,就要依靠国民社会性的建立,由此可见这八德的重要性。社会性是人作为社会的一员所表现出的有利于集体和社会发展的特性。

①恽代英:《恽代英文集》(上卷),北京:人民教育出版社,1984年版,第32页。

（二）正确处理爱、信、智的关系

在《论信仰》一文中，恽代英指出：“道德上之大动力有三，一曰信，二曰爱，三曰智（基督教谓之信爱望之三者，然望包在信内）。”[①]所谓“信”，指的是信仰；所谓“智”，指的是智识。恽代英认为，这三者中“智”与“爱”比“信”重要，而“智”更为重要。“吾人之智，常欲破除一人之信，吾人之信，又常欲闭塞吾人之智，然使吾人因信而弃智，是自绝文化进步之本原，而安于迷惑愚妄之境地也，其可乎哉。虽彼有种种有力之功用，以此等功用，不过引导吾人于迷惑愚妄之境地，使吾人倒行逆施，自绝于进化之门，不为有益，但有害耳。”[②]可见，恽代英认为“智”重于“信”，有智识的人，自己就能自觉实践道德行为，不需要借助信仰和宗教的力量。倘若智识与信仰恰恰吻合，那么就会增强人们实践道德行为的力量。如果信仰与智识不一致，那么信仰又会成为人们实践道德行为的阻碍。在信与智之间，恽代英更强调“智”，“吾人之信如与智不一致之时，则此信为无价值，为不足保存”[③]。他认为，在道德的三动力中，智与爱更为重要，增强“爱”与“智”的力量比盲目的信仰更有威力，“爱”和“智”才是道德发展的重要动力。信仰虽然也是道德发展的动力之一，但盲目的信仰会让人迷失方向。而如果用“智”来启发人，用“爱”感染人，就会使人一心向善，得到最好的道德教育效果。

（三）不断加强修养

恽代英非常重视良好的道德修养，1920 年 7 月和 9 月，他在《少年中国》两期上发表的《怎样创造少年中国？》一文中，专门论述了群众生活修养的基本要求。“向来所说的道德与修养，最缺乏两个要素：一便是活动的修养，一便是合群的修养。合而言之，便是所说群众生活的修养了。”[④]他所说的活动的修养，是在做事中体现出来的；合群的修养是与他人共同做事时体现出来的。他认为，群众生活修养的前提是，“一切行事，只可以用去图大家的幸福，断不可用以图谋个人的幸福；再不然，图别人的幸福，至少总比图自己的幸福更要紧”[⑤]。

①②③恽代英：《恽代英文集》（上卷），北京：人民教育出版社，1984 年版，第 45 页。
④恽代英：《恽代英文集》（上卷），北京：人民教育出版社，1984 年版，第 178 页。
⑤恽代英：《恽代英文集》（上卷），北京：人民教育出版社，1984 年版，第 186 页。

1.活动的修养

恽代英所说的活动的修养，指的是在做事中体现出来的修养。在他看来，活动的修养应体现在两方面。

一是要有计划力，即要学会想办法，尽最大的努力使事业取得成功。没有做过的事情，不仅要计划怎样取得成功，还要考虑失败的后果。做事不能仅凭血气，还要有理智的思考。如果缺乏理智的裁决，仅仅是盲目地做，那么就会南辕北辙，误入歧途。这种有计划的修养，要经过平时的培养和训练。尽力做到事前计划周密，临事机警，事后审慎。

二是要有魄力。事情看清了却不做，不肯勇敢地负起责任，这样是毫无意义的。对人要做到能指导，能分配任务；对事要肯负责任。要有“领袖的精神”，不可有“领袖的态度”。“所谓领袖的精神，是指能指导，能分配任务。但是最要注意‘能’字。假令我指导别人，别人不受我指导；我分配任务给别人，别人不受我的分配；这便不是‘能’，这便证明他不是有领袖的精神。怎样使别人能受我指导，受我分配呢？第一，要把领袖的态度，灭除得干干净净；第二，要自己勇猛肯负责任；第三，要有那表所列合群的修养所有的条件。群众固然就客观说，很需要指导，然而就主观说，却又很不高兴受别人指导。怎样能指导，却教别人不觉得呢？我们国人得了别人的信心爱心，只要我们不摆出领袖面孔来，并用不着什么诡计，别人也自然乐于接受指导。”①

2.合群的修养

所谓合群的修养，指的是在与人共同做事时体现出的修养。关于合群的修养，恽代英强调要得人信心，得人助力。得人信心体现在三方面。一是要有高尚纯洁的精神，即无私。二是不要好高骛远或不要做易于失败的事情。“凡是重大根本的改造事业，都是高远的，不免失败的；但是高远的目的，我可以分一段一段的路程，这是自然合理的办法。我们固然要认清我们最终的目的，然而我们不

①恽代英：《恽代英文集》(上卷)，北京：人民教育出版社，1984年版，第190页。

可只望见目的……所以我们要认清一段一段的路程，而且有时简直可以称他是一段一段的小目的。这样，自然在大目的没有达到以前，我们不觉得他是自始至终的失败。”①三是要以不亏损朋友为底线。恽代英认为做君子是应采取的修养方法，要使朋友相信自己是无私的人，并相信自己永不致损害朋友。

在恽代英看来，得人助力也体现在三方面。一是和平谦逊不与人生恶感。二是以感情动人（爱他、信他、助他、谅他）增加善感。三是名利让与他人，劳怨自任。恽代英沿用了中国传统的谦逊、爱人等道德修养方法，提倡在与人交往的过程中，要时刻为他人着想，不计较名利。这样高尚纯洁的道德境界，值得我们学习和借鉴。

3.自身修养

良好的自身修养是一个人良好品质的体现。恽代英认为，公民的自身修养要通过日常的实践不断增进。

首先，要学会自省。自省是我国传统修身的重要方法。恽代英一向对自己要求非常严格，他在十几岁时，就坚持每天写日记，反省自己。恽代英还未成年，看见民族苦难已很深重，就常常提到孟子的话——“天将降大任于斯人也，必先苦其心志，劳其筋骨，饿其体肤，空乏其身，行拂乱其所为，所以动心忍性，曾益其所不能”。并以此自勉，勉励别人。他很早就具有革命的雄心壮志，不愿享受家庭的优裕生活，起居服食，都很俭朴，几十年如一日。

从恽代英的日记中我们可以看出，他非常重视自省的修身方法。他每日都进行自省，以此来不断修正自己。如他在日记中记载道：“近来有极大之恶癖，不可不改。从明日起，当立志为之，不可自甘暴弃，致伤身体，乱家政，误学课，贻笑于他人也。一、每日睡常在十时以后殊为非是，有碍生理。二、每日起常在八时以后，有妨学课。三、日记常二三日一记，如隳素来成绩，极为可惜。四、家用十日左右一记，每至失账。以后，每夜九时当停止工作，专记日记及账。如有未完成工

①恽代英：《恽代英文集》（上卷），北京：人民教育出版社，1984年版，第190页。

作，宁留次日晨起为之。非有必不得已情形，不得过十时不睡，不得过十二时不入梦。早起总宜在七点半以前，能六点起身为更佳。到校宜在未上堂前，校课不宜多旷。”[①]恽代英通过反省每日所做事情的得失，来督促自己，加强自身修养。

除了每日进行反省，恽代英还经常对自己学习、工作和生活中存在的问题进行反思。“余近自思，以余近日状况，即自己不打生活算盘，亦应该能得较优之生活。且余近来为生活用心用力，亦未免太甚。然余仍不敢自懈，盖余不愿就卑小生活，更不愿仰人鼻息，就一种呼尔而与，蹴尔而余之生活。余既有能力不陷于此等生活，即当利用之。且余时时不忘职业神圣四字，余必不以非道干人，亦不以非道从人。余之择业，必较最有希望可以自见之事。鄙夫或以余自见为有野心，余自信，天下皆有欲见之欲望，但以一切不正当方法求自见为可羞耳。”[②]通过不断反省，恽代英总结出做人要大度，不要在小事上斤斤计较，损己利人也未尝不是一件乐事。“人未有能一生不吃亏者，非因他人损人利己而吃其亏，即因自己损己利人而吃其亏。然被损于人者，虽吃亏而心不甘，心不甘仍不能不吃亏。唯自损而吃亏者，中心不以为苦，而反乐之，即他人感于我之自损，不复更忍损我以利彼，即吾更不止有心不甘而吃之亏。故损己利人，乃最善吃亏，而亦最善求乐者也。”[③]

其次，在自我修养的方法上，恽代英主张要保持中庸之道，但不要人云亦云。“圣人依乎中庸，彼不知何谓平，何谓奇也，故不安常，不以平为病。不好奇，亦不以奇为病。其平也，有至奇于中，其奇也，有至平于中。故圣人之平，绝非乡愿之平也，好奇之人如患狂易。乡愿之辈如患痨瘵，必曰，人不应狂易，而应患痨瘵。安见其为智乎。至狂狷之辈，孔子所谓中行之次，尤非乡愿之所取议也。子强弟言，中庸者依事轻重而不同，故中庸之道有时似不可行者，此中庸实偏激也。偏激之道有时似可行者，此偏激实中庸也。此语是极。故孟子曰，子莫执中，执中为近之，执中无权犹执一也，正是此意。”[④]

---

①恽代英：《恽代英日记》，北京：中共中央党校出版社，1981年版，第92页。
②恽代英：《恽代英日记》，北京：中共中央党校出版社，1981年版，第98—99页。
③恽代英：《恽代英日记》，北京：中共中央党校出版社，1981年版，第116页。
④恽代英：《恽代英日记》，北京：中共中央党校出版社，1981年版，第118页。

第三，在与人相处中，恽代英提倡要学会求同存异。“在家，兄弟乃至父子，乃至夫妻，在外，朋友乃至师弟，一人有一人之性情，绝对不能强同。于不能强同之处，则只有糊涂过去。不然，欲求一日之安亦不可得矣。且如一人，能与兄弟中糊涂，而不能与父母前糊涂；能与妻子前糊涂，而不能与兄弟中糊涂；能与朋友中糊涂，而不能与妻子前糊涂；能与外邦人糊涂，而不能与朋友中糊涂，此非所谓怒于市而色于室者耶？无理极矣，负心极矣。”①

恽代英提倡青年人应提高自身修养，尤其是“践行力”。他尤其重视“践行”，认为践行力是青年人做人的第一步。1923 年5 月，恽代英在《做人的第一步——比研究正确的人生观还重要的一个问题》一文中提到，青年如果开始没养成实践的习惯，那正确的人生观充其量是帮助自己谈话与作文的材料，无法帮助其做一个人。他认为国人首先需要研究的事情是今天怎样教自己做事，而不是在一旁谈论玄远的人生观。可见，恽代英反对高谈阔论，他更崇尚的是行动力与执行力。

道德教育是公民教育的基础，公民遵守道德，才能保障社会的稳定和个人正常的日常生活。恽代英关于道德教育的论述在今天仍然具有重要的现实意义。道德教育成为公民教育的基本内容，是人类社会发展的一个必然选择。长期以来，我国的道德教育经常被定位为抽象及“高而全”的理想，这使得我国学校的道德教育过于理想化，往往将少数先进分子、精英的奋斗目标与行为准则当作普通学生的一般性道德要求。这种过于追求理想化的道德教育，使普通公民缺少了道德教育的实践意义。实际上，离开了对公民个人利益的适当尊重，关于公共利益的教育往往会成为空谈。在突出道德教育的基础地位的同时，应该明确公民教育中的道德教育是公民道德教育。公民道德教育要使作为公民的个体在社会公共生活中维护正常秩序，遵守基本的公共生活准则。通过道德教育，公民要养成良好的个性品质，遵守公共秩序，爱护环境和公共财产，维护社会正义等，这是对生活于现代社会的公民的基本要求。

---

①恽代英：《恽代英日记》，北京：中共中央党校出版社，1981 年版，第 126 页。

三、公民权利与义务的教育

公民教育不仅是全体公民的道德教育，而且是与公民的法定权利和义务相关的教育，是以公德为优先的权利与义务教育。恽代英通过理论与自身实践教育大家,应明确权利论与义务论的区别,做一个为自身权利勇于抗争的人,做一个在享有权利的同时,也履行义务的人。

(一)每个人都具有作为公民的权利

20 世纪二三十年代的中国,军阀混战,列强侵入中国,人民生活在水深火热之中。在这样的社会状况下,人民处于被压迫的困苦状态,人民不知道维护自己的权利,不肯也不知道为了自己的权利进行抗争。争取公民应有的权利更是遥不可及的事情。而野心家借此大放厥词,认为中国人权之所以不昌,是因为人们的无知,不懂得自己的权利是什么,而自愿放弃享受权利和对自身权利的争取。恽代英指出:“在当今社会,人们不是甘愿放弃自己的权利,而是不得不放弃自己的权利。野心家为了自身利益的最大化，对于自身权利的追求呈现无限扩大化的趋势，他们不能容忍自己成功路上绊脚石的出现，人民自身权利的追求与享受，就意味着野心家和当权派自身所掌控权利的减少与专制掌控力度的减弱,他们会想尽一切办法阻止人民追求自身应有权利,不惜动用武力。”[①]为此,恽代英发表了《原分》一文,指出每个人都应该享受自己所具有的权利,天赋人权,每个人的权利是不可侵犯的。他认为:“想要获得国家与社会的和谐发展,全国上下每个人都应享受自己的权利,既然天赋人权,一律平等,这就说明权利是每个公民所固有的,不是其他人所能增加、减少或者废除的,野心家剥夺了广大人民天赋的权利,他们认为自己尽的义务大,所以就应该享有无限的权利,偷窃与剥夺其他人应该享有的权利,其实就和强盗是一样的。”[②]在具体的教育实践中,恽代英还指导广大青年学生要捍卫自己的权利。1919 年,武昌军阀政府为防止学生发动反对军阀的示威游行活动,强行要求暑假期间学生必须全部回家,禁止一切示威游行活动。恽代英发表文章,反对军阀政府的这一恶劣行径,教育广大学生,他说:“平日在学校里,老师总叫我们爱国,今天我们尽我们所能尽的力

①恽代英:《恽代英文集》(上卷),北京:人民教育出版社,1984 年版,第 4 页。

②恽代英:《原分》,载《光华学报》1916 年第 3 期。

量，来做一点爱国的事情，未必这便是我们的罪？未必这就是一个极大的罪？竟然应受这样的待遇吗？”[①]他领导武昌各大高校的学生，结成联盟，如果暑假期间没有其他事情，就在学校写文章、发传单，进行反对军阀的示威游行活动，为自己的合法权利进行抗争。

恽代英发表了《武汉学生联合会宣言书》一文，通过敬告官厅、敬告商界等方式，教育广大学生，为自身权利抗争的决心是毋庸置疑的。继而发表了《武汉学生联合会提出对于全国学生联合会意见书》一文，主张学生不要一味地埋头苦干，孤立无援，而是要建立学生联合会，设定章程，明确分工，印发刊物，规定每次商讨事件的时间内容等，有组织、有计划地发起为自身权利而战的运动，指出广大学生为自身权利而战的重要性。

(二)享受权利的同时，履行应尽的义务

恽代英认为，每个公民在享受权利的同时，要履行自己应尽的义务。因为每个人都不是独立、孤立的个体，不能离群独居，必须生活在社会中，与社会中的人与物发生千丝万缕的联系。国家与社会在保障每个人的应有权利得以实现的同时，个人也要对国家与社会尽义务，因为国家与社会的安定、有序，是个人权利得以保障的基础与前提。

恽代英在《原分》一文中指出：“辛亥革命失败之后，国家混乱争战的根本原因在于分乱，而分乱发生的罪魁祸首就是权利与义务之间的关系没有处理好，人们不明白二者之间有怎样的关系。”因此，恽代英认为：“要分清权利与义务之间的关系，二者应保持在一定的限度之内，当今社会野心家权力日益膨胀，就是因为他们没有把自身应有的权利控制在一定的限度内，而是无限的扩大化，尽义务也没有明显的界限，而导致社会混乱。”[②]恽代英认为：“每个人在自身权利实现并保持在一定的范围内之后，也要在限度内履行自身的义务，人们在履行自己的义务的同时也不要妨碍其他人尽义务，因为自身义务履行需要时间的耗费，抽不出其他时间为他人尽义务，你帮助他人履行了义务，而自身的义务没有完成，荒废了自身的义务，也耽误了他人。因此，每个人自身的权利要保持在一定的

①恽代英：《恽代英文集》(上卷)，北京：人民教育出版社，1984年版，第85页。

②恽代英：《原分》，载《光华学报》1916年第3期。

限度内，对于国家和社会的义务，也应该是各尽其义务，不能越俎代庖，权利的享受与义务的实行都应保持在一定的限度内。”①恽代英教育广大青年，在享受自己的权利的同时，要履行自己的义务。天下兴亡，匹夫有责，救亡图存是每个中国人都应尽的义务，每个人都去前线英勇杀敌是不可能做到的，但我们可以身体力行，尽自己可以尽到的义务，如提倡国货。

（三）明确人类的权利与义务

人类的和平与稳定需要人们共同努力。作为一个合格公民，在明确自身权利与义务关系的同时，还要明确人类的权利与义务。

在《怎样创造中国之少年？》一文中，恽代英阐述了人类的权利和义务。他指出：“就人类权利来说，无论哪一个国家哪一个民族都没理由做我们的主人翁，做我们的掠夺者；我们诚然不应该奉行自己国内那些政治家的建功立业的野心计划，但我们亦不应容许别国那些政治家把我们作为他成就功业的牺牲品。世界上无论哪一个民族都没有侵略与掠夺别人的权利，同时我们也不容许别人做我们的主人翁。”②就人类义务，恽代英指出：“今天全世界正开始了它的改造事业，进步些的民族，都在这旗帜的下面做功课，我们也不应该不努力担任我们应担任的一部分。所以无论奴隶或其不平等阶级，这种不但是我们不甘忍受的，亦是不应忍受的，而且亦是不能忍受的。因为我们要站在人类水平线上，同时与各民族的觉悟者携手，努力前进，这不但是一个不应受剥夺的权利，亦是一个不容逃避的义务。”③从这段论述中，可以看出，恽代英将公民教育推到了世界范围内，呼吁恪守公民道德规范，建立和平、民主的社会秩序。

四、自由与平等教育

平等与自由是人类的终极理想之一，恽代英倡导平等与自由的教育，并将其

---

①③恽代英：《原分》，载《光华学报》1916 年第 3 期。

②恽代英：《恽代英文集》（上卷），北京：人民教育出版社，1984 年版，第 160 页。

视为公民教育的重要内容。

(一)反对复古逆流

辛亥革命失败后,袁世凯复辟帝制,掀起了倒行逆施的复古潮流。针对复古逆流,恽代英发表了《论信仰》一文。恽代英认为:“信仰之引人向上,固不可诬之事,且其功用能使怯者勇,弱者强,散漫者精进,躁乱者恬静,历史所载,其伟大之成绩,不可偻数,今人震眩之以为不可抛弃,盖亦非偶然也。”[①]对于袁世凯的做法,恽代英也一针见血地指出:“今日主张人权者之流,不承认分之一字,用君权神授的邪说,蒙蔽天下人之耳目,而自表其神圣不可侵犯。”[②]这是欺骗国民的做法,进一步加大了社会的不平等。“你们既富有又显贵,夺了天下又反过来剥削人民,就是凭借宗教来使自己的说法成立,说人的不同等级是天生的,各自有不同的分法,我生而富贵,你们就生而贫贱,生得富贵不能被别人夺走,生得贫贱不能去抢他人的富贵,不能夺却硬要夺,就说是逆天命,就说是动乱、不安分、有非分之想,因此,这种说法是统治者设定的,是为了掩盖自己剥削他人而又防止他人夺取自己权位的说法。这只不过是在上者要以欺玩劫制在下者。”[③]

1916年3月,恽代英在《光华学报》发表的《原分》一文,深刻分析了辛亥革命失败的根本原因在于“分乱”,所谓分乱,“不过权利义务之关系,对于人类不明瞭而已”。他指出:“推其根本之所由然,则分乱二字尽之矣。”分乱者,不但有在上者,也有在下者,不但小人分乱,君子亦分乱,所以才造成了国家大乱不治。他说:“在上者之分乱,故有越权,有黩法;在下者之分乱,故有作奸,有犯科;小人之分乱,故有贪得,有争利,君子之分乱,故有躁进,有遯世。”简而言之,“有过其分者,有不及其分者;有取其分之所不当取者,有不取其分之所当取者;有为其分之所不当为者,有不为其分之所当为者。”他认为,目前一切政治社会的罪恶,古今中外一切政治社会之罪恶,都不外乎上述原因。恽代英的上述思想,反映了当时法国启蒙思想以及中国近代先贤思想对其深刻的影响,与《新青年》所倡导的“民主与科学”思想恰好吻合,构成了新文化运动的重要组成部分。

(二)教育国民追求自由平等

自由平等是革命奋斗的目标,对每个国民都至关重要。恽代英在与朋友的通

①恽代英:《恽代英文集》(上卷),北京:人民教育出版社,1984年版,第144页。
②③恽代英:《原分》,载《光华学报》1916年第3期。

信中指出:"我们只有忍受饥寒困倦,才能有所成就,而这一切的前提都是我们是自由的、自主的,只有这样,我们制订的计划才会有实行的希望。如果我们不能自主,没有自由,却受到环境情欲的牵制,即使有预定的计划也都是妄言,更何况连明确预定的计划都没有呢。"①

恽代英认为,自由平等体现在不同层面。

1.倡导儿童自由教育

儿童的天性就是无拘无束,在自由、无拘束的情况下,儿童的潜能才能得以充分发挥。恽代英所倡导的儿童自由教育,实际是针对注入式、机械式教育而言,核心观念在于教育要为儿童提供自由发展的空间。"身体之活动,每与脑筋之互动有关,故资质钝拙者,人亦多不活动,而天分高明者,则多腾跃不羁也。人言近年儿童多聪明,征之事实,确乎不诬。以盖以近年儿童多自由游戏,不似旧时父兄必责以规行矩步,以束缚其身体者,束缚其心灵也。吾下学期必加意为体育之运动,即本此意,而剥夺儿童自由的机械教育会戕杀儿童的灵性,幼年不良之教育,每使脑筋失其自由运用之能力,至成完全机械的。故注入的机械教育,实戕贼灵性教育也。"②

恽代英认为,机械式的教育是在扼杀儿童的天性,束缚儿童的身体与心灵,严重阻碍了儿童的独立发展。真正的教育应该顺应儿童的天性,还儿童身心自由。恽代英关于儿童自由教育的观点对今天我国的教育仍具有极高的借鉴价值。教育的终极目标是使受教育者的人生更加幸福与快乐。儿童具有巨大的潜能,都有发展成为优秀人才的可能性。如果采取千篇一律的注入式、机械式教育,儿童的潜能就会受到压抑与束缚,最终丧失发展的可能性。尊重儿童的认知世界,尊重儿童的发展意愿,顺应儿童的天性,遵循儿童的身心发展规律,才能让儿童有更广阔的发展空间。

2.倡导男女平等

恽代英认为,家庭中所有成员,无论男女,应该一律地位平等。正如他所说的,

---

①恽代英:《恽代英日记》,北京:中共中央党校出版社,1981年版,第371页。

②恽代英:《恽代英日记》,北京:中共中央党校出版社,1981年版,第476页。

在中国旧社会,“一个女人活在世上简直有说不完的痛苦。当她从娘胎里一生出来的时候，她就受到人们的欺侮”,“如果是生在一个深受封建遗毒而毫无人性的家里,甚至可以被人拿去放在塘里淹死。即使这样,大家认为也是应该的。如果她侥幸地活了下来,那也是不被当人看待的”[①]。针对这种惨无人道的社会现实,恽代英大声疾呼,要实现家庭中的男女平等。

恽代英认为,实现男女平等的首要任务,就是使女子在经济上自立。女子应该为与男子一样自由平等的地位进行抗争，而取得这一切的前提是女子必须拥有自己的事业,应该自立。女子不能自立而依赖男子,必然会在经济上依附于男子,这样就毁掉了女子自立的基础,是女子的羞耻。“想要改变女子地位低下的状况,女子就必须自立,只有这样,女子才能自己想办法生活,不再依附在男子身上,自己争取自身的利益,这是保持女子自身权益的方法,也是保持女子道德的好方法。”1917 年 2 月 6 日,他在日记中写道:“女子不能自立而依赖男子,为自利计,彼必与男子争男子之俸给,此普通家庭之必然现象,然实女子之羞,亦男子之羞也。欲使无室人交谪之弊,须使女子自立。女子自立,则能自寻其生活,自救其利益,不以与男子捣乱为唯一方法。此保持女子利益,亦保持女子道德唯一之法也。”[②]同年 6 月,他撰写《女子生活问题》一文,针对社会上重男轻女的习俗,指出“男女同为人类,不可强分尊卑”,并认为以下五个方面是实现家庭中男女平等的重要途径，即“女子不可不有独立生活之能力，女子以独立生活为最上”;“女生选择职业,须择性所近,而社会不甚生非议者”;“男子应尊重女子之人权及财权”;“女子为生活独立,家政应由男女共同料理之”;“女子不为独立生活,男子应以其收入若干分之一,为女子财产”[③]。对于那种在家庭中将妻子当奴仆使唤,既不使之自立,又不给予金钱辅助的丈夫,恽代英认为,“此酷烈之男子自利主义,大非人道”[④]。对于那种要求丈夫将全部收入都交由妻子管理,并认为如此即可禁止丈夫不良行为的说法,恽代英也认为不合理。“然若一般男子罄其每月收入交于其妻,而每至用钱时,受其妻之监督干涉无所不至,甚至需用钱时,

①中共中央马恩列斯著作编译局研究室编:《五四时期期刊介绍》(第 3 集上册),北京:三联书店,1979 年版,第 147 页。

②④恽代英:《恽代英日记》,北京:中共中央党校出版社,1981 年版,第 29 页。

③恽代英:《家庭教育论》,载《妇女时报》1916 年第 20 期。

虽请求其妻亦不能得允许，此虽对于女界极有利益之事，然大背于财产所有之理……或曰，如此可禁男子冶游等弊。然欲禁此等弊，当就男子心意上着手，使彼自然不致冶游，若徒以各种方法禁制之，能禁制者鲜矣。”[①]

由此可见，恽代英强调的是家庭平等，是男女双方的相互尊重和地位平等。那有人就会问，如果女子自立了，家庭的事情谁来料理呢？在这一点的回答上，恽代英的见解无不令人称奇，甚至让当代一些大男子主义者望而生畏。他指出：“家庭是夫妇共有之物，所以家庭的事情也应由夫妇共同料理。如有儿女，其教育可归之学校，其不可归之学校者及孕妇蓄养之时，均宜以使女子暂时停止其自立，而男子当认其赔偿损失半以上，普通使役女子，如家庭之奴仆，既不使之自立，又不与以金钱辅助，此酷烈之男子自利主义，大非人道。”

3.倡导恋爱自由

在旧中国封建社会里，男女结婚大多是通过“父母之命，媒妁之言”来实现的，没有“恋爱”之说。新文化运动前后，先进知识分子提倡自由恋爱，却被一些“理学夫子”看成是违背天理的无稽之谈。恽代英对此进行了猛烈批判。他首先指出，“是一个人，一个血肉做成的人，恋爱的问题是与生活的问题一样重要的”[②]。强调恋爱乃是人的自然属性。接下来他又指出，生物——包括人类——是在自然法则中生活的，没有什么东西可违背自然。饮食是生下来所需要的，男女的配合是青年期所需要的。五四运动时期，先进知识分子普遍关注恋爱自由问题，将其视为荡涤封建旧思想、旧道德，弘扬新思想、新文化的重要方面。

作为五四运动时期先进知识分子的代表，恽代英同样大力弘扬恋爱自由的观念。一方面，他认为恋爱自由是人的自由权之一，应当尊重。在回复青年谢伯平的信中，针对其提出的“不续娶”，恽代英表达了自己的看法，“代英信人生死皆有自由，为善为恶，亦皆有自由……知此则知代英之选择行为，无论合理与不合理，若为心之所愿，皆可不受社会约束”，“且以为无论从一而终与否，若出自愿，

①恽代英：《恽代英日记》，北京：中共中央党校出版社，1981年版，第29—30页。

②恽代英：《青年的恋爱问题》，载《学生杂志》1924年第1期。

皆无不可。总而言之，自由的‘人’，还他个‘自由’的人”[①]。他这段话的意思是，恋爱与否，与谁恋爱，是否结婚和再婚等，都是作为一个人最起码的自由权利，应当受到社会尊重。另一方面，他主张恋爱必须“解除一切束缚”，反对加诸此事之上的一切压迫。他在信中疾呼：“代英之主张，即使男女一切自由，断无使男女咸处于不自由之境之理……以一独身之人，为众生主张恋爱自由，为人类（无论男女）解除一切束缚，如是而已。”[②]无论这种束缚是来自家庭、父母，还是来自社会、世俗舆论，都应当破除。而且应当首先从观念着手，对旧观念进行改造。在1919年的日记中，恽代英明确指出：“恋爱自由，无论是素质的恋爱，感情的恋爱，乃至盲目的恋爱，都应该有他的自由。我这话自然太骇人了……不过，再隔五十年或一百年，自然都会觉悟的。”[③]可以看出，恽代英对于破除封建保守旧观念、树立恋爱自由新观念的艰巨性、漫长性是有充分思想准备的。

恽代英所说的恋爱自由，是就人的自然属性而言的，但这种自由要受到经济基础的约束，并不是无限制的自由。他指出：“是凡人要吃饭便有工作做，做了工作便有饭吃，是能够做工的便做工，不能做工的疾病衰老可以公养，青年儿童可以公育，那么，青年的恋爱是断然可以听其顺本性发展的。”也就是说，只有解决了吃饭问题、工作问题和儿童义务教育问题，青年的恋爱才可以听其自然发展，才有真正的恋爱自由可言。然而当时的情况是，“可惜今日的世界，绝对不是这样……一个不小心，便会没有饭吃。吃饭的问题，已经够一半青年操心了。还有功夫讲什么恋爱”。也就是说，面对吃饭、工作等基本生计问题，恋爱是不得不退居其次的。所以现实生活中会出现这样的现象：“许多青年的男子为了吃饭，仍然丢了他恋爱的女子。许多青年的女子，为了吃饭仍然丢了她恋爱的男子。我们说这种人恋爱不纯洁。但在要吃饭的世界里，要恋爱纯洁，一大半是梦想罢。”[④]恋爱自由必须有经济基础，这既是客观存在的社会现实，也是恽代英从民主主义者向马克思主义者转变后，以马克思主义基本理论来分析恋爱问题的体现。

此外，恽代英还指出，青年男女在恋爱时，都会遇到如何处理恋爱与事业关

①④恽代英：《青年的恋爱问题》，载《学生杂志》1924年第1期。
②张羽等编：《恽代英：来鸿去燕录》，北京：北京出版社，1981年版，第57页。
③恽代英：《恽代英日记》，北京：中共中央党校出版社，1981年版，第656页。

系的问题。当恋爱与事业发生冲突时,到底孰轻孰重,如何选择呢?1925年,恽代英收到学生王永德的求助信,信中说,他的一个朋友是马克思主义信徒,“很能工作而且很热心。但是现在一切都消沉了……除去恋爱以外都不能引起他的兴趣”[①],请教恽代英应该怎么办。恽代英在回信中指出:“你的朋友当真是马克思主义的信徒,一定知道在经济基础未完全改造以前,是没有美满的恋爱生活可言的。马克思主义者并不反对恋爱,他们愿意牺牲一切以谋改造经济制度,使人人得着美满的恋爱。但马克思主义者为了要改造经济制度,有时要牺牲一切(包括恋爱在内)。”[②]所以对于青年来说,当恋爱与事业冲突时,事业应该是第一位的。恽代英多次告诫青年“不要轻易陷于恋爱的漩涡中间才好”,不要托庇“恋爱自由”四个字而“儿女情长英雄气短”。他大声疾呼,要求青年(尤其是马克思主义者)振作起来,去改造旧社会不合理的经济制度,实现“人人有工做”“人人有饭吃”“儿童有公育”“衰老疾病有公养”的奋斗目标。

4.倡导婚姻自由

由于从小生活在没落的封建大家庭里,恽代英深切感受到封建家庭观念带来的种种弊病。同时,由于他一生经历过两次婚姻,通过亲身体验,对婚恋、家庭问题有着深刻的认识,撰写了数十篇相关文章,形成了系统的、具有时代特色的婚恋观念。

新文化运动之后,社会婚嫁观念发生了一些变化,由此引起的结婚自由问题的讨论也经常见之于报。时任《东方杂志》主编的杜亚泉在《自由结婚》一文中写道,结婚主权“昔日主张应属于男女自身,今日则主张应属于男女之父母”。针对杜文,恽代英专门写了《结婚问题之研究》予以批驳。他在文中分别列举了结婚主权应当属于男女自身和应当属于男女父母的各三条理由,最后得出结论:“曰结婚主权,仍应属于结婚之男女自身。此理由极简单,盖结婚为男女自身之事,故当以男女自主之为正也。”[③]对于因自主结婚而出现的弊病,诸如相关生理知识匮乏、育儿经验不足等,恽代英提出“补偏救弊”的措施,就是给男女学生讲授“结婚学”课程。他指出:“当使凡欲结婚之男女,皆具有关于结婚之正确知识,即

①②张羽等编:《恽代英:来鸿去燕录》,北京:北京出版社,1981年版,第233页。
③恽代英:《结婚问题之研究》,载《东方杂志》1917年第7期。

于男女各中学加结婚学为一种必修学科。或更另设研究结婚学之速成学校是也。”[1]主张以学习和教育来弥补青年人知识和经验的不足,而不是以此为借口剥夺他们的结婚自由权。

恽代英认为,婚姻应该是男女双方的自由结合,任何阻碍婚姻自由的做法都是错误的,“以结婚唯男女自身之事,不能即拢遽断,应由男女自主,如衣须裁缝,食须厨师也。余意果如此说,则当使世有以为人结婚惟业者,乃可如一般父母是否能胜主婚之任,一一无愧,未可知也”。针对当时社会的婚姻不自由现象,恽代英分析了原因并提出了解决办法:“(一)金钱关系。此关系最重要。唯女子经济方面独立,男女互尊财权可以救之。(二)性情。有同性情而相投,有必异性情而相合者,其机甚微。此唯待男女自由交际选择为最稳妥。(三)门第。(四)品格。(五)容饰。

恽代英不仅倡导结婚自由,还积极提倡离婚自由,他认为:“离婚为人间不幸事之一,苟有可以设法避免者,宜以避免为善……盖离婚之事,既不能避免,乃徒藉一切不合论理之道德或法律以袪制之,使家庭之中徒多怨戾之气,男女之性情均不得所安慰,子女亦受其影响,至败其品性,此诚有百害而无一利,不如离婚之为愈也。自由离婚之说,或将如自由结婚之说之例,生大流弊于我国之社会,然此二说实天地间之真理,我国人虽误用之,其真理之价值,永不磨灭。”虽然他已预见自由离婚有可能带来一些消极的社会影响,但仍认为这是“天地间之真理”。

在与涂瞻叔的通信中,谈到“守贞”(男子妻死不续娶)“守寡”(女子夫死不再嫁)问题时,恽代英指出:“逼人为不自由之结婚、离婚亦惨事也”,“若彼出于真正之爱情,此固不必尊敬亦不必诋毁者也。”[2]也就是说,“守贞”“守寡”与否,乃是个人根据爱情程度自由决定的事,不应受到社会道德规则和习俗的压力。在1919年的日记中,他进一步指出:“经济的压迫,是愿守寡的女子不能守寡的原因。邪说的挟制,是愿守贞的男子不能守贞的缘故。其实,我们亦不以为守寡守贞人数的多少定世道的隆污。”[3]把世道兴衰与守寡守贞人数多少联系起来,并以

①恽代英:《结婚问题之研究》,载《东方杂志》1917年第7期。
②恽代英:《恽代英日记》,北京:中共中央党校出版社,1981年版,第438页。
③恽代英:《恽代英日记》,北京:中共中央党校出版社,1981年版,第657页。

此限制男女结婚和离婚的自由，在他看来是十分“可笑可怜的事”。恽代英还指出，青年男女要解除父母包办的旧婚约，第一步就要自己经济独立，不再依赖家庭。经济独立了，父母便没有权力干预其婚事。恽代英还认为：“现在讨论婚姻问题的人很多，我亦应该很好地研究这种问题，曾做许多文章讨论这个问题。依我的见解，自由结婚，自由离婚两件事，合起来便等于恋爱自由。为现在委曲求全，便结婚要注意两方身心各方的异同，而且一定要使离婚成为一种寻常的事。所以恋爱自由，无论是素质的恋爱，感情的恋爱，乃至盲目的恋爱，都应该有他的自由。”

在旧中国，受封建思想影响，长期存在着一夫多妻的婚姻制度。五四运动时期，随着对封建婚姻制度的深入批判，许多先进知识分子大力提倡一夫一妻制，恽代英就是其中之一。在1917年8月2日的日记中，恽代英记述了其与黄负生讨论女子经济独立和婚姻问题的内容。黄认为，如果“女子独立”“男女得自由结婚、离婚”，便可以多夫多妻。恽不以为然。他说：“夫人果情爱笃挚，道德高尚，一夫一妻乃自然当然之理。如以真理为情欲之辅助，以为女子经济独立，则吾可以无家累，离婚自由，则吾可以淫邪而无罪，此不独女界之罪人，且真理之罪人，即黄金世界之败类也。”[①]恽代英不仅主张一夫一妻制，而且还从思想观念上剖析了妨碍中国实现一夫一妻制的思想根源，即孟子所倡导的“不孝有三，无后为大”的封建伦理。在1917年9月10日的日记中，他写道：“一夫一妻主义乃中国所极应提倡。而‘不孝有三，无后为大’八字，实此主义最大妨碍。”[②]1919年，他专门撰写《驳不孝有三无后为大》和《枕头上的感想》两文，对受封建伦理制约的旧婚制进行猛烈抨击，对因妻子不能生育或没生男孩，丈夫即可娶妾甚至抛弃妻子的社会陋俗进行批判。反对封建旧婚制，提倡一夫一妻制，是恽代英婚姻观念的重要内容。

恽代英主张男女平等，猛烈批判封建社会的“男尊女卑”思想。他曾撰文痛斥孟子的“不孝有三，无后为大”的谬论，并写了《驳不孝有三无后为大》《论女权》《女子自立论》等文，有力地抨击夫权，张扬女权，号召解放天下所有妇女。在这方面他用自己的行动向男尊女卑的封建礼教“宣战”。

①恽代英：《恽代英日记》，北京：中共中央党校出版社，1981年版，第125页。

②恽代英：《恽代英日记》，北京：中共中央党校出版社，1981年版，第146页。

1915年,恽代英和沈云驹(1870—1922,字骏卿,武昌官钱局职员。沈是江苏省苏州人,与恽家是同乡,两家过从甚密)先生的二女沈葆秀结婚了,婚后的生活十分幸福美满。他们“以口对口,以心印心”,互相体贴,互相帮助。恽代英常向妻子宣传新思想,教她写日记和英语,鼓励她自立。沈葆秀虽“婉柔似室女”,但“豪爽似男儿”“好读书、通情理、志道德”,积极支持丈夫求学和追求真理。他们经常相互勉励,待恽代英毕业后,过自立生活,“用全力造福社会,造福家庭”。1918年2月25日,与恽代英有三载姻缘的沈葆秀因难产去世。他悲痛欲绝,跪在岳父面前,发誓不复娶。这件事轰动了他的家族。恽代英之父恽爵三闻之,以“终于独身,恐非良策”为由,劝儿重新考虑。不久,有人又欲为他做媒。他十分气愤地说:“女子丧夫,须守寡终身,男子丧妻,就可以转眼即忘之,而另结新欢。这是何等的不平等,何等的罪过!”恽代英之所以誓做“永鳏痴郎”,固然是对妻子的忠贞爱情和深情眷恋,但更主要的是对封建婚姻制度的愤怒控诉和抗议。

五、民主教育

19世纪末20世纪初,在民族危机、社会危机日益加剧的同时,中国民族资本主义也得到进一步发展,资产阶级的民主革命思想也随之产生并发展。资产阶级民主革命思想主要体现在两个方面:一是反对帝国主义侵略,争取国家主权独立的爱国主义思想。二是反对封建专制统治,争取人民民主的革命思想。恽代英的资产阶级民主革命的思想产生于辛亥革命前后,五四运动后得到迅速发展。恽代英认为,如果一个人没有了民主思想,就会走上专制的道路,原本慈善的人会变得凶狠、残暴。“曾经有人说过,人无论以前的本性如何的善良、慈祥,如果和专断与权威联系上,就即刻可以变成凶猛、恶毒的怪兽,如罗马皇帝加利古拉以专制著于史册,但是在他还没有穿上紫色的帝王袍子以前,他是一个极其温润可亲的少年君子。法兰西革命首领罗勃士比以残忍酷戾著称,但他年少时极其慈善,曾为一乡法官,因不忍判一犯人死罪慨然辞职。”[①]恽代英主张真民主,想通过民主家庭、民主学校的建立达到这个目的,以此促进整个社会的民主

---

①恽代英:《恽代英日记》,北京:中共中央党校出版社,1981年版,第95页。

进程，使每个人都生活在民主的氛围中，每个人都具备民主的思想，并希望每个人为之努力。

(一)建立民主家庭

家庭是社会的重要组成部分，也是民主思想建立的重要场所。民主家庭既可以使家庭成员健康、快乐地生活成长，也可以直接影响社会的安定团结与可持续发展。

恽代英出生在一个封建专制制度仍旧占据统治地位的时代，自己的家庭也是一个典型的封建大家庭，虽然如此，他没有因此而沾染专制腐朽的风气，而是对封建大家长制深恶痛绝。恽代英在日记中曾经对将来的生活做过这样的描述："吾将与德秀创一新样之家庭，不用奴仆，躬亲杂务（重大事则不自为，可寻商家为之）。"[①]可以看出，恽代英在很早就产生了建立民主家庭的思想。

在旧社会的中国，专制式的大家庭比比皆是。旧式家庭禁锢了家庭成员的思想，限制了家庭成员的行为，甚至断送了子女的发展。正如恽代英描述的那样，"老年人的识见与思想，容易落入村落的或十九世纪的藩篱，我眼见无数好少年的前途，被父母的偏见断送了，越信对父母亦要这等精神（反抗精神）"[②]。

封建家庭的专制对子女的影响更加坚定了恽代英建立民主家庭的决心。他在与同学的通信中指出："如果家庭父兄的意见不合事理利害，我们违抗也是可以的。如果我们总是和颜悦色地接受，自己是做到了不伤感情，但结果只会是一味地屈从，那么自己的终身职业，没有一人会有独立的识见，独立的操守。每言随家庭父兄为转移，故有为少年，每因年老人之虚荣心，走入似活实死之路，可惜也。"[③]他认为，对于家长的建议子女不能一味地顺从，要有所辨别，"父兄之意有可听，有可不听，父兄意见，未必尽是，而世势趋向，有父兄不及知者。吾人敦品勤学，总走活路，避死路，以和婉态度表坚决志向，父兄岂遂以我为不肖，而夺我志乎"[④]。

①恽代英:《恽代英日记》,北京:中共中央党校出版社,1981年版,第95页。

②恽代英:《恽代英日记》,北京:中共中央党校出版社,1981年版,第610页。

③恽代英:《恽代英日记》,北京:中共中央党校出版社,1981年版,第463页。

④恽代英:《恽代英日记》,北京:中共中央党校出版社,1981年版,第473页。

从这段话中，我们可以看出恽代英对建立民主家庭的坚决态度。但就如何建立民主家庭，恽代英更倾向于用民主沟通的方式：“总而言之，以对于人格关系的大小与伤感情的大小相权衡，自然应该极力避免伤感情的事。照常情只要审慎和婉，亦不应发生伤感情的事。但若有不能避这等事发生的时候，亦是没有法子。嫖赌的不肖子，都有胆子反抗家庭，我们为正经道理反没这胆子吗？一般父母对于嫖赌的不肖子都饶恕他，对于我们为正经道理审慎和婉的真挚要求，反不肯饶恕吗。”①

民主家庭的建立需要家庭成员的共同努力，尊重、平等是建立民主家庭的基本原则。家长不要总将自己放在高高在上的位置，要经常与子女交流、沟通，走进子女的内心世界，站在子女的角度思考问题，努力营造良好的家庭氛围。子女也要敢于表达自己的思想，而不是一味地顺从。宽松、和睦的民主家庭是家庭成员共同成长的基石。

（二）建立民主社会

恽代英认为，民主家庭的教育和民主学校的教育是民主社会教育的前提和基础。要彻底改变中国群雄争长的局面，废除封建专制制度，改变人民备受压迫、奴役的恶劣局面，实现真正的民主社会，就必须实行民治运动。在《民治运动》一文中，恽代英对主张通过复古的方式获取民主的做法进行了批判，他认为：“复古即封建专制制度的代名词，是愚民政策，张勋、袁世凯就是最好的例证，主张复古来实现民主的，简直是可笑的梦想。”②

在深刻分析了中国社会的性质与国情后，恽代英指出，只有通过革命的手段打倒军阀统治才能逐渐实现民主。他认为，民主社会的建立最要紧的是“要唤起人民，用人民的力量建设、拥护、监督，这种情况下的政府才是为人民谋利益的政府，才是正当的解决方式。只有发动民治运动成功之后的民主，才是废除专制制度之后的真正的民主”③。那些试图通过教育、兴办实业、废督裁兵来实现民主是不切实际的，在军阀割据、帝国主义横行的中国，“我们不打倒军阀，便不能组

①恽代英：《恽代英日记》，北京：中共中央党校出版社，1981年版，第610页。
②恽代英：《恽代英文集》（上卷），北京：人民教育出版社，1984年版，第337页。
③恽代英：《恽代英文集》（上卷），北京：人民教育出版社，1984年版，第340页。

织革命的人民的政府，以引导全国的民众，以反抗帝国主义；同时，我们不打倒帝国主义，便不能灭绝外国的经济侵略，便不能求本国实业的发展”[①]。

因此，“我们现在的努力，是要注重人民的组织宣传，使他们起来担负打倒一切军阀、帝国主义的责任”。至于兴办教育、实业这些事情，“在打破了群雄争长的局面以后才能实现，仅靠几所学校是无法维持的，无论是教育、实业、法律政策等的实行都必须有权威的支撑，间接地指出必须领导群众，发动民治运动，才能实现真正的民主”[②]。

从以上论述中，可以看出，恽代英对中国社会的认识是客观而深刻的。他认为摆脱帝国主义的压迫，取消不平等条约，恢复国家的独立才是实现民主社会的基础。

---

①恽代英：《恽代英文集》（上卷），北京：人民教育出版社，1984年版，第552页。
②恽代英：《恽代英文集》（上卷），北京：人民教育出版社，1984年版，第338页。

第四节 个人与社会和谐发展——公民教育的本质

公民教育是西方社会的产物，从亚里士多德到洛克和霍布斯，公民概念以各种形式出现。20世纪以来，公民教育更是成为研究的热点。美国哈佛大学公共政策学教授罗伯特·D.帕特南认为公民的标志体现在三个方面：积极参与公共事务；所有人拥有平等的权利和承担平等的义务；必须具备乐于助人、相互尊重和相互信任的美德。公民教育对社会稳定与发展具有重要的作用，强有力的民主所依靠的就是具有自我管理能力的公民群体，如果没有公民教育，民主只不过是一种私人偏见的集结和表达。

在我国，公民教育起步较晚。梁启超可以说是我国公民教育研究的先行者。他在《新民说》中系统分析了中国国民存在的问题，即缺乏爱国心、缺乏独立性、缺乏公共心、欠缺自治力、团结力差。他认为教育的责任在于培养国民的国家思想、权利思想、义务思想、政治能力、进取冒险精神，以及公德、私德、自由、自治、自尊、尚武、合群、毅力等品质，使之成为具有新道德、新思想、新精神的新型国民。梁启超所说的“新民”从本质上来讲就是我们所说的公民。民国时期著名的教育家蔡元培也是公民教育的倡导者。辛亥革命后，蔡元培在1912年发表的《对教育方针之意见》这篇文章中提出了军国民教育、实利教育、道德教育、世界观教育和美育的思想。他主张新教育以公民道德教育为核心，而公民道德之要旨在于自由、平等、博爱。他还提出了以公民道德为中心的德、智、体、美诸育和谐发展的教育思想。蔡元培关于公民教育的思想，反映了辛亥革命后资产阶级要求改革封建教育的迫切要求。恽代英与蔡元培处于同一时代，在教育思想方面，两人有很多相通之处，他们同是公民教育的倡导者、推广者和实践者。在对公民教育的认识上，恽代英认为健全的公民必须具备独立思想、独立行动、自尊、自信、能和团体和谐相处、尽应尽的义务、参与国事的意识和技能。恽代英关于公民教育的思想从马克思主义认识论出发，他认为“健全的公民的教育”是以改造教育与改造社会相统一为前提，无论从角度上还是从内涵上都产生了质的飞跃。

现代民主社会的稳定与健康发展,不仅取决于其制度的健全性,也取决于公民的素质。即使制度再健全,如果公民缺乏良好的公民德行和公共精神,那么制度也可能遭受扭曲和破坏。公民教育实现了社会的和谐发展,既彰显了个性,也保障了个人权益,同时也约束每位公民自觉履行社会义务,遵守共同生活的道德规范、法律准则。恽代英创建的公民教育体系不仅注重人的个性发展,也强调社会性,将个人发展与改造社会两者完美结合。改革开放以来,我国经济建设取得了令世人瞩目的成就,但与此同时,公民意识低下是个不争的事实。学者李慎之先生这样说过:"千差距、万差距,缺乏公民意识,是中国与先进国家最大的差距。"①现代社会的重要标志就是每一个成员都有自己独立的人格和不可侵犯的权利。公民不仅要懂得什么是自己的权利,什么是自己的义务,也要知晓维护自己的权利,尊重别人的权利,这正是公民意识的基本表现。

公民教育在我国并没有得到应有的发展,究其原因,有两点:一是公民教育源于西方资本主义国家,带着资产阶级的胎记。长期以来人们习惯性地将其视为资产阶级意识形态的产物。二是由于我国传统的根深蒂固的臣民意识。长期封建专制主义统治下形成了一代又一代卑微的"草民"和逆来顺受的"顺民",臣民意识这样的传统观念不易在短时间里淡出历史舞台。早在 1919 年,恽代英在中华大学任教时,就提出了公民资格养成方法;成为马克思主义者后,他更明确提出了养成健全的公民的目标,并逐步形成了养成健全公民的教育体系。经济的发展需要借鉴西方的生产方式,教育的变革一样需要借鉴西方成熟的教育体制与方法,采用现代教育体制养成健全公民的教育是历史发展的必然。恽代英作为杰出的无产阶级革命家和教育家,运用马克思主义的观点提出了公民教育的系统体系,为我们开展公民教育提供了新的思路。虽然恽代英的公民教育思想和他所创建的公民教育体系产生于 20 世纪 20 年代,但它所针对我国社会中存在的传统臣民意识、权威崇拜、与世无争等思想观念的论述在今天仍然具有重要的意义。恽代英倡导的公民教育思想告诉我们,要建立家庭、学校、社会三位一体的民主体系,为达到人与社会、人与自然的和谐创造良好的氛围。家庭教育是公民教育的基础,父母是人出生后的第一任教师。恽代英主张父母要学会倾听,认真听取孩子的意见和想法,让孩子懂得自己是家庭的一分子,享有作为家庭成

①李慎之:《修改宪法与公民教育》,载《改革》1999 年第 3 期。

员的权利和义务，让孩子从小就生活在民主的家庭氛围中，耳濡目染，形成最初的公民意识。进入学校学习后，学校教育要为养成健全的公民做准备，在教育理念上，教师要以生为本，确立学生的学习主体地位。学校也要注重培养民主风气，尊重学生，因材施教，充分听取学生的意见与建议。使学生在良好的民主氛围中感受到自己在学校的主人翁地位。进入社会后，作为社会的一分子，要意识到人民群众的重要作用，理解人民群众才是历史的创造者。与人、与社会和谐相处，努力形成良好的社会民主风气。作为公民，要明确自身的权利和义务，积极参与到社会建设中，承担起肩上的责任，为国家建设贡献力量。

培养什么人，如何培养人是教育的根本问题。恽代英的养成健全公民的教育绝不是提倡简单地开设几节公民教育课，而是主张构建公民教育体系。在中国教育史上这个教育体系的前瞻性是不容忽视的。公民教育，实质上就是要实现个人与社会、个人与自然的和谐发展。在人与自然的关系中，教育公民尊重自身，首先要尊重自然。生态文明所提倡的基本观念是全球生态环境系统整体和系统中诸因素相互联系、相互制约的观念。人类与自然是一个相互依存的整体，以损害自然界的生物种群来满足人类无节制的需求，只能导致整个生态环境资源的破坏和枯竭，最终危害人类自身。在发展中只重视物质财富的增加，忽视对自然环境的保护，必然会导致大气污染、水体污染、水土流失、土壤沙化、资源浪费以及城市缺水等一系列问题。因此，生态文明要求人类重新认识自身与自然的关系。从自然的角度来看，人与自然是平等关系，而不是主从关系，更不是征服与被征服的关系。树立环保观念、尊重自然是每个公民应尽的义务。在人与社会的关系中，要建立真诚、信任、相互理解、相互尊重以及关爱他人的良好的人际关系。《论语》中有言：“己欲立而立人，己欲达而达人，己所不欲，勿施于人。”要实现人与社会的和谐统一，最根本的是要处理好人与人之间的关系，建立公正合理的社会制度。人性关怀、平等意识、民主意识、文明意识和科学精神，这些现代人必备的精神、意识大都表现在日常生活中，需要通过公民教育来实现。正如恽代英的公民教育思想所论述的那样，要明确自己在国家政治生活和社会生活中的主体地位、主人身份，做国家的主人翁；要清楚依据宪法所享有的基本权利和承担的义务；要形成正确的价值取向，形成自由平等、公平正义的核心价值理念。

和谐、文明要从公民教育做起。当前,倡导公民教育既顺应了国际教育的发展趋势,也可以实现塑造社会和国家合格公民的目标。一方面,培养合格的公民可以保证社会的稳定与发展,促进社会的和谐;另一方面,社会的和谐发展也为公民教育的发展提供了良好的环境。相信随着我国社会主义民主政治建设的不断深入,公民对国家和社会政治生活的参与意识将不断增强,公民教育将最终成为构建和谐社会的重要手段。

第四章

“教育之力及于社会”

——职业教育篇

职业教育是国民教育体系的重要组成部分，担负着培养高素质劳动者的重任，对经济发展和社会进步具有重要的意义。中日甲午战争以后，中国彻底沦为半殖民地半封建社会。面对民族危亡，中国民族资产阶级纷纷探索救亡富国的道路，一时间中国大地涌现出众多社会思潮，“实业救国”即是其中之一，人们在救亡富国方面进行了有益的探索。“实业救国”思潮影响深远，恽代英就是被影响者之一。受“实业救国”思想的影响，恽代英反思中国的职业教育，认为“欲使教育之力及于社会，当重职业教育”，系统地阐述了适合当时社会发展的职业教育理念。

第一节 倡导实用的职业教育

科举制度废除后，清末民初的职业学校大多空有其名，发展陷入困境。在恽代英看来，职业教育没有得到发展的主要原因在于国人重文轻实，认为职业教育不符合社会的发展需求。他指出：“徒有职业学校之名，其所教授或为不急要之学科，或为不适用之智识。总之，其能在职业学校养成一种充分之能力，以为他日求业或执业之凭借者，吾甚罕见其人。”①虽然废除了科举，但由于中国几千年来对职业教育的不重视，职业教育只是空有职业其名，而无职业之实。

恽代英认识到，在当前社会“提倡职业，实为当务之急”。实业救国不能只谈实业，与国家教育的提高也有密切关系。民国初期的有识之士已认识到百业凋敝、学术荒废是社会的两大难题。恽代英认为中国百业凋敝、学术荒废的根源在于学问与职业相脱节所致：“故学问职业，两无关系，不能互相助益是也。”②同时，恽代英批评了当时社会上的两种错误观点，一是认为当务之急应提倡实业，高深学问可暂且不论；二是认为应提倡研究学问，尚可求各国学者对我之同情，职业即使发达也无学问之重要。他认为学问与职业二者缺一不可：“今日之世界，亦物质竞争之世界，亦文化竞争之世界也。如此，则职业与学问，当同时求其进步可知。”③可见，恽代英认为实业之振兴与学术的提高是紧密相连的，二者不能舍此求彼。求学是为了学习生活技能，养成职业能力，因此，要实现学问与职业相吻合，如果二者脱离，无论对学生还是社会都会造成极大的损失。

为此，恽代英认为职业教育要具有实用性，学生应掌握职业技术。他反对把学校单纯作为升学的机器，而脱离了社会需要，主张从小学起就施行职业教育。

①恽代英：《恽代英文集》(上卷)，北京：人民教育出版社，1984年版，第59页。
②恽代英：《恽代英文集》(上卷)，北京：人民教育出版社，1984年版，第56页。
③恽代英：《恽代英文集》(上卷)，北京：人民教育出版社，1984年版，第56—57页。

1918年12月,恽代英在《青年进步》上发表《小学校职业教育实施法》一文,指出“欲使教育之力及于社会,当重职业教育,就国民经济言,尤当重小学之职业教育”,对职业教育课程内容等方面做出详细的设想:(1)小学常识教育,宜订一明确合理之范围,此范围当视贫民生活之需要规定之,以求用时用力之经济。(2)于普通学科外,加多种职业学科,使儿童学习至少一科,不设分科小学,则省费,科目多,则易顺个性;每科人数少,则易求业设职业研究会、顾问会等以辅进教师,不得已则数校共聘一专门教师。(3)普通学科乃至德育,体育与职业能力有关者,应同时注意与职业课的联系。(4)同时设补习学校,以深造卒业生职业能力,并补授必要之常识。(5)保持与社会联系,常令他们与职业界接触,承认学生能力之机会,为他日走上社会打基础。(6)合常识教育、职业教育为一,那样人皆同时具不可不有之常识,与不可不有之职业能力,则文化与实利并进矣。[①]

对于中学教育,恽代英更是倡导兼顾升学和就业,他要求改革现行中学教育,既要教授国民常识,也要教授生活技能,毕业后,升学就业都可以,合现时需要,国民均受相当的常识,又均能生活。他指出:“我以为要升学或要深造的人,若是需要英文、数学,尽可以在中学毕业以后,用短的期限去补习这种学问。我们要让中学生多有些时间精力去学习读书、写字、算账的必要技术,自然科学的常识以及历史、地理、政治、经济的大概。”“现在的中学毕业生,仅学了些半通不通的英文、数学,他对于一个人与一个公民所需要的常识,仍然全然无有,我真不知道这比八股教育有什么好处。”[②]只有使“学问与职业一贯论”,才能有利于社会,“欲学问之切实之进步,当认清教育以实用为最大目的,故学问必求其有利于职业,而凡关于职业之知识,尤以常时令其实地应用为妙”[③]。要使学问和职业紧密相连,恽代英认为要做到以下几点:“在智识方面,有充分之职业教育;在道德方面,须有谦恭服从之涵养;在体质方面,须能耐劳苦之能力。”恽代英的这种观点就是我们当前职业教育所倡导的,根据社会需求办教育,在职业道德上,要具备敬业精神,在身体素质方面,要具备吃苦耐劳的精神,德、智、体全面发展,

①恽代英:《恽代英日记》,北京:中共中央党校出版社,1981年版,第206—207页。
②恽代英:《恽代英文集》(上卷),北京:人民教育出版社,1984年版,第391页。
③恽代英:《恽代英日记》,北京:中共中央党校出版社,1981年版,第63页。

将所学知识运用于社会,必将会得到社会的欢迎。[①]

他提出,中学课程要根据社会实际需要开设,为此,他设计了中学三层次的学制。第一层初中三年是“以养成普通人生足够的知识技能为主”;第二层高中二年是“以养成中等、下等职业技术人才为主”;第三层补习一年“主要为学生需要升学者开设”。他主张普通中学除了开设国文、英文、算术为主科外,还要设置博物、理化、手工、音乐、体操、图画等科目,以此来促进学生活动,“且亦合职业教育原理也”。对于职业教育的取向,恽代英认为要兼顾学生的特长和兴趣。他说:“人类之才能不一,各个人皆有其特长之一方面,就此特长之一方面,加以培育之”,做到“引合当的人到合当的事里”。从家庭教育开始,父母要善于观察自己孩子的特长和兴趣,“智育的教授,有不可不十分注意者,即观其个性之所趋向,而察其将来合宜之职业,为之预为划策,以全力养成其将来对于此职业之技艺,使之胜任而无失败之患。又凡对于此职业无关系之智识,非为儿童所需要者即不必强之学习”[②]。对于中学文理分科,也要依据学生的志愿,结合学生自身的才能与特长来加以选择。在学校实施职业教育,除了在学制上进行层次划分,还要在以下几个方面着手:(1)“于普通学科外,加多职业学科”,科目要多,“易顺个性”,而每科人数少,则“易求业”。(2)“普通学科乃至德育、体育与职业能力有关者,应同时注意,且注意与职业科之联络”,“合职业教育、常识教育为一,人皆同时具有不可不有之常识,与不可不有之职业能力”,使“文化与实利并进”。(3)“注意毕业生之联络,扶助之,亦受其扶助,但扶助须在正当方面”。(4)设补习学校,以深造卒业生职业能力,并补授职业之常识。(5)设职业研究会、职业顾问会,加强教师与职业界的联络,促进相互了解,以便职业界能承认学生之能力,使学生容易找到求业地方。(6)在了解社会需要的基础上,指导学生择校、择课、择业。[③]

为了在普通学校更好地实施职业教育,恽代英反对中学分科设立,他的理由是:(1)世界上的文科中学“多由历史嬗递”,是“应废止而未废止”的,没有必要再专设文科中学;将来无专恃此等学术谋生之理。(2)实科中学,如果完全类同

---

①恽代英:《恽代英文集》(上卷),北京:人民教育出版社,1984年版,第59页。

②恽代英:《家庭教育论》,载1916年11月《妇女日报》。

③恽代英:《恽代英日记》,北京:中共中央党校出版社,1981年版,第206页。

甲种实业学校，那又何必再办？都办成甲种实业学校岂不更好。(3)实科中学，如果就是为学生将来求业或升学做准备，那么经过改革的现在不分科的中学，已能承担此任务了。所以不必再将中学分为文科中学、实科中学。

为了使中学生毕业后既能适应升学需要，又能适应就业需要，恽代英认为必须改革中学的课程体系，改革中学的学制。他提出了一个“理想之中学的课程”：第一年，设训话1(指周教学时数，下同)、国文6、英文6、算术6、生物学4、本国史4、音乐1、图画2、手工4、演说1等课。国文以求清畅为主，专教时文，用自学辅导法，教师检阅日记，由日记促学生看书报。英文注意做练习。

第二年，设训话1、国文6、英文6、数学6、卫生学4、本国史4、音乐1、图画2、手工4、演说1等课。国文阅日记，并作书札论说及其他应用文，选讲浅易之古文。英文读科学读本，练对话，作文。数学用英文本，用新数学教授法。卫生学以生理心理为基础，下半年换地理(自然地理、人文地理和地质)。

第三年以后分组。甲、乙数学6、西洋史4、物理2、化学4、训话1、乐歌1。除后两门课外，均用英文本。(甲)国文4、英文4、心理学2、演说2。(乙)化学制造4、手工4、工业大意2、农业大意2。

第四年，文学组训话1、国文12、英文6、法制经济4。四年级之学科，以造出恰可供用之人才为目的，其课程以自习为主，不易分配。[①]

从以上恽代英所拟的中学课程体系中可以看出：前两年注重基础知识教育，如基础课、外语课，用以养成自治自学能力；第三年须减少课外作业，以便让学生有时间自由发展；第四年的功课重在实用，按照职业的需要，为学生的职业做预备。

恽代英强调职业教育要具有实用性，他反对学生一心只读圣贤书，鼓励学生关心国事，努力成为对社会有用的人才。他撰写了《学生课外之事业》一文，专门

①恽代英：《恽代英日记》，北京：中共中央党校出版社，1981年版，第520页。

就培养学生职业能力的重要性、内容、方法做了论述。他认为:“学生岂唯以多堆积知识为高尚,知识之堆积虽多之而无益于其将来之立身,则亦何益。”因此,他提出:“大抵所谓学生课外事业,总可别为三种:一课外研究学问;二课外服务社会;三课外之经营生利。”知识积累固然重要,但能力的培养更为重要,课外就是学生培养能力的好时机。他说:“今日之世界学术上政治上均变动不居者也,为今日之学生,非有日新又新之学业,自强不息之修养,不足以与世界相适应。”要想成为与时俱进、能够在世间立足的人,就要不断拓展自己的知识面,并具有自强不息的品格。课外事业使学生多方面受益,此在吾等民穷财尽之国家,多数人昔无力受较高之教育者,为绝对应提倡之事,且其利益,初不独为受苦学生谋学费而已,凡能以此力求学者,每于不觉间养成其独立自尊之观念,且以知金终之不易得,自然勤学修业,节省费用,又在求学时有执业之必要,则于执业之一切良习惯,不待督责,而自然养成。在谈到应提倡课外服务社会时,他指出:“欲使学生不孤僻,莫如使之爱人;欲使学生不骄矜,莫如使之事人。故使学生营社会服务事业,无异一亲切有味之修身教法也。”而且具体阐明“学生之应营社会服务事业者”:“(一)知服务社会,则有以矫其只知自事之弊,而培植其爱群利他之思想;(二)能实行社会服务事业,则与社会常接触,自然使之骄矜之习日减,谦和之习渐成;(三)能实行社会服务事业,则思想日趋缜密,才力日趋切实,盖经一番实行,容易得一种切实之教训,不比书籍所云云,漠然不亲切也。”可见,学生在学习期间服务社会,不仅能提升自身专业能力,而且对培养团队合作精神、谦和态度、缜密思想具有重要的意义。

从恽代英关于职业教育的理念可以看出，职业教育要根据社会的需要来实施,强调职业教育的适用性与实用性。在恽代英看来,不仅要有专门的职业教育机构,还要在小学、初中加入职业教育内容,形成系统的职业教育体系。可以说,恽代英的职业教育理念不仅符合当时社会对职业教育需求的现状,也具有前瞻性,对今天我国的职业教育同样具有重要的借鉴价值。职业教育作为国家人才强国战略的重要组成部分,在推动国家经济发展、促进就业、改善民生、解决“三农”问题等方面具有重要作用。《国家中长期教育改革和发展规划纲要(2010—2020年)》明确提出,到 2020 年,形成适应经济发展方式转变和产业结构调整要求、体现终身教育理念、中等和高等职业教育协调发展的现代职业教育体系,满足人民群众接受职业教育的需求,满足经济社会对高素质劳动者和技能型人才的需要。职业教育作为与经济发展联系最紧密的教育类型，在当前建设和谐社会的过程中，对社会稳定发展影响巨大。当前，我国职业教育发展还较为缓慢，受传统人才观、择业观、劳动观及分配收益等因素的影响，当前职业教育的现状是：一方面，大学生毕业即失业，大量高学历者找不到工作；另一方面，国家大量缺乏技术工人，特别是高级技术工人。有关研究表明，目前企业用人占主体地位，其所占比重达就业市场的95.4%，机关事业单位用人需求仅占1%，其他单位用人需求也只占3.6%，而且各技术等级的求人倍率均大于1，高级工程师、高级工、高级技师的求人倍率分别达2.09、2.06、1.88。反思当前职业教育的现状，除受到传统观念及客观因素影响外，人们对职业教育的价值功能及认识水平无疑也是问题的根源所在。

近代职业教育是伴随着产业革命和科学技术的进步而产生的，并随着机器工业生产制度的扩展推广到其他国家，成为一种国际性的教育思潮。我国职业教育始于清末，在民国初年得到了社会的承认和法律的确立。著名的爱国主义者和民主主义教育家黄炎培是我国近代职业教育的创始人和理论家，他认为职业教育在学校教育制度上的地位应是一贯的、整个的和正统的。职业教育的作用在于“谋个性之发展”“为个人谋生之准备”“为个人服务社会之准备”“为国家及世界增进生产力之准备”。职业教育因其鲜明的职业性、社会性、人民性及广泛的适用性、实用性、技能性，对技术推广、劳动者就业、产业结构升级、消除贫困等都发挥过并继续发挥着重要作用。恽代英与黄炎培是同一时代的人，对职业教育的认识也有很多不谋而合之处。职业教育不能视为旁支，而应渗透在教育的各个环节。职业教育必须联络和沟通所有教育界和职业界，参与全社会的活动和发展。进入新世纪，随着知识经济、信息时代的快速发展和现代科技在各生产领域内的广泛运用，职业教育对经济发展的能动作用更加凸显。然而令人惋惜的是，在较长时期中人们较多地将目光投向普通教育，尤其是普通高等教育，而对职业教育在经济发展、科技发展、社会发展中的功能强调不够，研究不深。

事实上，对比各种类型的教育，职业教育除与其他类型教育的历时性功能一样外，还具有其他类型教育所不具备的共时性功能，即可把具有普通文化素质的劳动力转变为某一行业的专门劳动力，使职业教育成为与经济发展联系最密切、作用最直接的教育类型。我国是人口大国，就业问题关系到社会的稳定和国家的长治久安，发展职业教育解决就业问题，对社会稳定、和谐发展具有重大的意义。然而普通教育与职业教育脱节，传统人才观念使很多人宁可花高昂的学费进入不理想的高校，去面临毕业即失业的局面，也不愿进入职业教育领域学习掌握一至几门技术，这也致使就业成为一大社会问题。从我国职业教育的产生到当前的发展状况来看，更新观念、面向社会需要、提高技能、促进就业依然是职业教育的重要课题。随着劳动力将从第一产业向第二、三产业及第二产业向第三产业大量转移，出现了传统劳动力被高学历、高技能型人才所替代的现实问题，所以要不断加大职业教育的发展力度，继续全面认识并发展职业教育在繁荣经济、促进就业、消除贫困、维护稳定、建设先进文化等方面具有的基础性作用，把职业教育纳入经济社会发展和产业发展规划，促使职业教育规模、专业设置与经济社会发展的需求相适应。

此外，普通教育与职业教育相互孤立、分裂，学生职业能力欠缺也是我国当前职业教育的重要问题之一。在普通中学开展职业教育有利于学生了解个人的能力以及自己在社会中的位置。职业教育与职业训练可以开拓自身能力的发展空间，寻找自己理想的工作角色。普通教育中的职业教育不仅仅是学生发现个人的职业兴趣、确立某种职业目标、进行单一行业的职业训练，更重要的是，使学生广泛了解和熟悉不同的职业，获得更多行业的工作生活体验和经验。这种职业教育已超越了一般意义的职业指导，不是以找准一种职业方向为目的，而是以深入了解自己、广泛了解社会、大量参与生活实践为目的。无论是恽代英还是职业教育之父黄炎培，都认为职业教育应该是一贯的，普通教育与职业教育应相互融合。我国的职业教育发展至今已有140多年的历史，随着经济社会的发展，职业教育与普通教育的融合已经成为教育发展的趋势。近几十年来，各国都在致力于职业教育与普通教育的融合发展，很多发达国家的中等职业教育已基本与普通教育融合，职业教育的基本内容反映到了普通高中的实用（通用）技术课中。很多国家在中等教育阶段实行双重的培养目标，既为有潜力的学生升入大学打好基础，也为学生直接就业提供职业技术教育。这正与恽代英所提出的中学教育兼顾“就业”与“升学”的目标相一致，即学生在中学毕业时，既可以选择升学，也可以实现从业有技。

在职业教育与普通教育相融合的国家里,课程开设广泛而多样,每个学生都有具体的职业设想，学生按个人兴趣选择职业教育课程作为必修课，不论是修车、家政、文秘、会计助理或医务助理课均可,成绩合格的学生可获得职业教育证书。这样,学生毕业后即可走上社会就业。在基础教育阶段开展职业教育,实际上就是以能力为本的教育模式，即从基础教育开始，就要使学生具备适应社会各职业的通用能力。这样的教育模式注重帮助学生了解和发现自己的爱好和潜质在哪一领域，使学生真正认识到自身的能力与价值所在，能够对自己适合就读什么样的学校以及将来适合从事何种职业做出科学判断。

以德国的职业教育为例,德国素来以重视职业技术教育而闻名于世。德国的职业技术教育法规定,要有80%的青年必须接受不同类型的职业技术教育。德国的职业教育开始于小学，在小学的高年级开始观察学生的志趣与爱好，并为其未来生活道路和职业方向做准备。德国小学开设手工劳作课，具体内容包括纸工、编织、木工、陶器等,孩子们在手工劳作课上开始了最初的动手能力训练。在中学阶段,开设职业技术教育课程,该课程包括选修课和必修课。必修课程内容包括办公技术、制图、打字、财会、职业指导、销售等。选修课程内容包括缝纫、家政、电子、金工、木工、塑料加工、材料检查以及电器类、护理类、商业类、管理类等。德国中小学都开设家政课程和办公技术课程，而且教学内容广泛，如烹饪、持家、理财、健康卫生、营养知识等。办公技术课程主要是计算机操作,以适应未来职场需要。此外,还开设职业指导课程,用以指导学生了解社会职业的种类、职业的发展前景、失业救助等。德国中小学为职业技术教育专门配备专用教室,不仅设备齐全,而且设计讲究。除了在学校学习职业教育课程,德国学校还安排高年级学生到企业实习三个星期。学生和工人一样上下班，做一些简单的工作，了解所从事职业的特点。德国学校不仅将基础教育中的职业技术教育视作学生未来职业和社会生活的重要基础，而且视作学生全面素质教育的重要组成部分。德国的产品和技术能居世界一流,不能不说得益于其一流的职业教育。

恽代英关于职业教育的观念以及国外的职业教育经验，启示我们必须走职业教育与普通教育融合的道路。职业教育是随着产业发展而不断发展变化的。职业教育最初的产生是为满足第一产业、第二产业即大农业、大工业对专业化人才的需求，由于这些产业的技术水平相对比较稳定，因此职业教育的发展也相对稳定而缓慢。而在今天，现代产业突飞猛进地发展，技术更新速度日益加快。尤其是随着改革开放的不断深入，社会对人才的需求和要求也不断变化。一种新技术一般寿命只有两三年。设备的更新不再是10年、20年的事，而是三五年的事。经济的发展带动了新技术、新行业、新职业不断涌现，各种行业对人才的需求从单一性发展为多样性，从技能型逐步转向素质型。在这种经济技术环境下，作为以紧跟就业市场办学的职业教育，无论从办学理念还是在教育教学方式方法上都要迅速做出反应。如果教育滞后于经济发展，那教育必然会成为经济发展的掣肘。而要解决这个问题，就必须走职业教育与普通教育融合的道路。

第二节　事业与职业相统一

恽代英面对社会的实际需要，摒弃了传统的人才观念，代之以实用的职业教育理念，他认为要成为合格的公民，不仅要有足够的知识与能力，还要有一技之长，掌握职业技术。但职业并不意味着铁饭碗，职业要与事业相结合。恽代英多次批判“饭碗主义”，他认为每个国民都要掌握职业技术，在社会生活中从事谋生的工作，即有自己的职业，其次还要不断改善自己的职业，而不是让职业束缚自身，改掉自己的良好品性，要有追求。既要把职业作为生存的手段，也要有事业心，把职业视为改造社会的工业，把职业与事业统一起来。

“举而措之天下之民，谓之事业。”简单说，做了自己喜欢的事情，又帮助了他人，就可以称其为事业。职业是参与社会分工，利用专门的知识和技能，为社会创造物质财富和精神财富，获取合理报酬。在恽代英看来，职业都可以成为事业。他说：“青年也，则就青年之地位与能力以救国，夫岂有人居于不能救国之地位，与丝毫无救国之能力者乎？”[①]每个人无论从事什么职业，无论自身的能力如何，都可以为救国贡献力量。因此，职业并不是个人追求享乐的手段，而要将职业理想同救国、改造社会联系起来，将职业同事业统一起来。职业是个人在社会中从事的工作，是生活的主要来源，没有了职业，就缺少了生活的支撑，而事业是人生的理想追求，如果缺少了事业心，那也就沦为生活的奴隶。恽代英教育青年对待职业，不仅要为自己着想，还要心系社会。他批评高等师范的教职员“不该只知学校的便利，不顾社会的危害”。

可见，恽代英认为事业高于职业，青年能为谋生从事职业，不能仅满足于雇佣的生活。他以自身为例，阐述了自己对事业的强烈追求，“不办自己理想的事，

①恽代英：《恽代英文集》（上卷），北京：人民教育出版社，1984年版，第211页。

我几乎失去了我生存的意味了”[①]。的确,恽代英的一生就是在追求理想中度过的。恽代英从小就喜欢读书,辛亥革命前,由于没有学校可以读书,他就自己寻找各种书籍来读,如《古文观止》《战国策》《饮冰室文集》等。他还喜欢诵读中国诗词歌赋,最喜欢像“望门投止思张俭,忍死须臾待杜根,我自横刀向天笑,去留肝胆两昆仑”这样豪迈的诗句。年岁稍长,他就开始给上海的报刊写稿,并将稿酬用来购置各种翻译新书。1913 年,恽代英考入私立武昌中华大学预科班,1915 年6月在预科班毕业,9 月考入中华大学文科中国哲学门。20 世纪初正是各种救国思潮兴起之时,恽代英深受影响,在读书期间多次发表论文,并在日记中写道:“余尝思,果有机会可服务母校,当以养成学业一贯之人才,将使此校为中国有名之大学,亦即因势成事之意也。”从那时起,恽代英就树立了服务社会、救国图强的理想。1915 年,针对丧权辱国的“二十一条”,他就组织同学上街散发传单,号召抵制日货。1918 年恽代英毕业后留校任教,他努力工作,力行改革,选聘名师,加强实验室建设,注重学生能力培养,还亲自进行教育教学方法改革试验。1920 年,他离开中华大学中学部,与林育南等人在武昌创办了利群书社,团结教育青年,传播革命思想。1920 年秋,他到安徽宣城师范任教导主任,报到那天,校长章伯钧亲自去码头迎接,恽代英却自己挑着行李,离船走上了码头。他一扫文人派头,加之彼此互不相识,章校长竟失之交臂,未能接到。在学生的想象中,大名鼎鼎的恽主任,一定衣冠楚楚,仪表非凡。可当恽代英与大家见面时,竟引起学生哄堂大笑,说:“这不是前几天到校的那个乡巴佬吗?”恽代英在生活上严于律己,他穿着朴素,不讲究服饰,夜以继日地拼命工作,同志们十分感动,都说:“恽代英心里只有革命,从来没有自己。”他住房里的摆设也极其简陋,除一桌一床一凳外,仅有几个书架。

恽代英自己生活俭朴,却经常资助贫苦学生。1921 年秋,恽代英在泸州工作时,了解到川南职校的学生大都是穷孩子,生活困难,先后两次资助职校学生 130 元。他不抽烟,不吃酒,也从不考虑任何物质享受。他经常说:“中国最苦的人是劳动人民,如果我们要接近劳动人民,为劳动人民所信服,必须自身就从艰苦朴素做起。”又说:“我们吃的米,是农民种出来的。穿的衣服、住的房子、用的纸张是工人制出来的。我们得到别人的帮助,很多很大,怎么不去努力帮助别人呢?”

---

①恽代英:《恽代英文集》(上卷),北京:人民教育出版社,1984 年版,第 309 页。

1921 年,中国共产党诞生后,恽代英加入了中国共产党。同年秋,他到四川担任川南师范学校校长,引导大批青年出川参加革命。1923 年,他赴沪执教于党创办的上海大学,并于 10 月同邓中夏一起创办了共青团机关刊物——《中国青年》,其发行量迅速增至 3 万份,成为国内最受欢迎的青年杂志。恽代英在该刊发表过一百多篇文章和几十封通讯,成千上万的青年正是手捧这份杂志并呼唤着"代英",奔赴黄埔军校,去寻找党团组织。

1926 年初,恽代英到广州担任黄埔军校政治总教官并兼中国共产党团书记,在校内与周恩来并列为最受欢迎的演讲人。1927 年初,他赴武汉担任中央军事政治学校政治总教官,并成为精神上维系全体进步师生的核心。同年 5 月,在党的五大上他当选中央委员,7 月,赴南昌参加组织起义。当张国焘赶来阻挠行动时,平时待人一向和善的恽代英拍案而起喝道:"如果你再动摇人心,就要打倒你!"起义部队南下广东受挫后,恽代英乘小舟到香港。1927 年 12 月中旬广州起义爆发时,他担任苏维埃政府秘书长,其间发布的政纲、宣言、告示等多是经这位大手笔挥就。起义失败时,他在指挥部大楼中坚守到最后,因同志们都劝他潜伏下来写暴动史才被迫离开,前往香港。1928 年,恽代英被调到党中央宣传部。上海当时的"白色恐怖"非常严重,国民党和帝国主义互相勾结,大肆屠杀革命者。尽管差不多天天有同志被捕,但恽代英仍天天在上海工厂区里和工人们开会,组织工人进行斗争。那时,工人罢工的事件在反动势力高压下仍然风起云涌,吓得反动派只有用更野蛮恶毒的办法:在工厂区密布特务、武装的匪徒随意搜捕行人、革命者。1931 年4 月19 日,由于叛徒的出卖,恽代英不幸被捕入狱。在狱中,他继续进行革命宣传组织工作,将同狱的难友、党员和非党员组织起来,共同学习,共同斗争。他们曾组织过一次绝食斗争,反对非人的待遇,取得了胜利,这样就更加强了同狱难友的团结。最初恽代英入狱时由于毁伤了自己的面貌,所以只有少数党员知道他就是恽代英,后来虽然有一些非党员也知道他的真实姓名,但都誓约替他保密,因此在狱中一年,敌人始终没有认出他,还把他当作一般的政治犯。他在狱中坚持斗争,诲人不倦,还感动了原来抱有不同政治见解的人,使这些人愿意接受共产党的领导。他在狱中编写了一本解释党的政策的工人课本,还想编写一本《土语大辞典》而未完成,并作了这样一首诗:"浪迹江湖忆旧游,故人生死各千秋。已摈忧患寻常事,留得豪情作楚囚。"这首诗充分表达了一个无产阶级战士的革命乐观主义精神。他在黑暗中追求救国真理,将民族强大视为自己毕生的事业,生命虽然短暂,但却光辉卓越。正如周恩来总理为纪念恽代英殉难十九周年,在《中国青年》杂志上题词所说的那样:“他的无产阶级的意识,工作热情,坚强意志,朴素作风,牺牲精神,群众化的品质,感人的说服力,应永远成为中国革命青年的楷模。”

恽代英用自己短暂而辉煌的一生诠释了由传统的修身立志到以天下兴亡为己任的报国理念的转变。无论怎样动荡的时期,只要有一颗服务社会的心以及为祖国奉献的精神,那么一切平凡的工作都会成为一种事业。在那个纷乱的年代,大部分青年无力从事较理想的职业,只有退而从事报酬微薄而地位又极不安定的职业,恽代英用自己的实际行动号召广大青年把“职业与事业统一”起来,“在这苟延残喘的时间,最要的是拼命尽力赞助革命运动,只有改造了国家,才可以使一切事业安定而报酬加厚”[①]。把职业当成事业去做,那么即使从事最平凡的工作,也具有满足感。一位哲人这样说过:“把职业当成事业来做,他就已经成功一半了。”职业是一个人的生存之本,如果没了职业,那么就会有生存之忧,但仅仅将职业视为安身立命的根本,就会把从事的工作视为苦役,无法持久地保持工作热情。但如果把工作当成事业来看,那么一切都不同了,职业将成为一种积极的、创造性的劳动。恽代英所说的将“职业与事业统一”正是这个道理。

世界著名发明家爱迪生每天在实验室里工作近18个小时,但他却说:“我从来没有工作过一天,每天都是乐趣。”这是怎样的境界呢?当我们把职业当作事业来做时,就会有源源不断的内在动力,工作也变成一种乐趣。有这样一则小故事:两个人从同一扇窗户往外看,一个看到的是满地的泥泞,一个看到的是满天的繁星。这则故事说明每个人对待事情的态度,并不完全取决于事情的本身,还取决于个人本身。职业和事业,虽一字之差,却有天壤之别。一份职业对于从业群体中的任何一个个体来说,其认知和感受程度都应该说是差不多的,而能改变的只有个体的心态。以积极的心态面对职业,并将它当作自己追求的事业,那工作起来就会心情舒畅,充满激情和创造,就可能有所建树。反之,消极地面对工作,被动地应付差事,就会索然寡味,难以有所作为。工作绝不仅仅是为了养家糊口,而是实现自我价值的一种方式。英国作家埃伯特·哈伯特说过:“为明天所做的最好的准备就是做好今天的工作。”任何目标和理想都必须通过工作来

---

①张羽等编:《恽代英:来鸿去燕录》,北京:北京出版社,1981年版,第207页。

实现，自己的价值就在自己工作的过程中得到体现。人性都具有很多弱点，如懒惰、贪图享受、回避困难等，如果将职业当作不得已而为之的工作，这些人性的弱点就会暴露无遗。

一位企业老板曾感叹说："我的员工中最让我感到可悲也是最可怜的一种人，就是那些只想获得薪水，而其他一无所知的人。"同一件事，对于工作等于事业者来说，意味着执着追求并力求完美；而对于工作只是职业者来说，则意味着出于无奈不得已而为之。之所以如此，是因为那个工作是你的职业，却并不是你的事业。如果把自己的职业视为人生追求的事业，那么即使抛头颅、洒热血，也会觉得快乐。有这样一则故事：一天，屡遇烦恼的几个青年请教大哲学家苏格拉底："我们怎么就寻找不到快乐呢？"苏格拉底没有回答，而是说："你们先帮我造一条船吧。"年轻人只好暂把寻找快乐的事放一边，边学习造船技术边造船。就在大家乘船游湖欢歌时，苏格拉底问："你们现在快乐吗？"几个青年异口同声地回答："快乐极了！"苏格拉底告诉他们："快乐就是这样。"其实，只要认真去做事，并把事情努力做好，那么快乐、幸福、满足也会随之而来。还有这样一个故事：一群工人在建一栋房子。好事者走过去问第一个工人：你在做什么呀？答曰：砌墙；又问第二个工人，答曰：建造房子；再问第三个工人，回答是：我在建设美丽的城市。据说，第一个工人一辈子砌墙，第二个工人后来做了项目经理，而第三个工人竟当上了市长。用什么样的态度对待自己的工作，就会有什么样的结果。古今中外，凡是成大事者，都将自己的职业看作毕生追求的事业。美国著名人际关系学大师卡耐基说，把职业当作与老板之间的交易是极为痛苦的事情。他进一步分析说："如此对待职业，第一，就将自己置于被动的、被剥削的地位，注定是职场中的剩余者，永远没有归属感，没有方向没有根，永远是职场中的漂泊者。第二，你就不会注重工作中的人际关系，每一位同事都是你的竞争对手，你就会想方设法将他们一一打压。长此以往，同事们唯恐避你不及。结果，你就没有朋友，只有敌人，你就成了职场中孤立的那一个。第三，你就会注重工作中的利益得失，只要付出就想得到回报，没有回馈就绝不多付出一份辛苦，付出了得不到就会抱怨，甚至想跳槽，你就会形成斤斤计较的性格。"以事业的高度来对待职业，是最高尚也是最高明的取向。

在事业上追求越执着，取得成功的机会就越多；在工作中付出的愈多，取得的成果就愈丰硕。职业是基础，事业是发展。只有用做事业的态度来对待自己的工作，才会在职业的发展中不断取得进步，超越自我，达成自己的事业规划。

第三节 能力与道德并重

恽代英从自身的经历以及教育教学工作中清楚地看到,旧的教育制度和教育方法,束缚了人的创新发展,“只能教学生成一个无意识承受知识的器皿,脑筋中不能有一点创造能力”[①]。为了改变这样的状况,他十分强调培养学生的动手实践能力。他认为:“合职业教育、常识教育为一,人皆同时具有不可不有之常识,与不可不有之职业能力。”知识固然重要,但如果不能转化成服务于社会的能力,那也会毫无用处。英国著名唯物主义哲学家弗兰西斯·培根提出了“知识就是力量”这一名言,推动了人们对科学技术发展的追求与奋斗,也推动了人们对知识的重视与学习,对人类社会的发展前进起了很大作用。然而在这个知识爆炸的物质时代,在人人都可以掌握知识和技能的竞争时代,知识的海洋如此浩瀚,知识的更新如此迅速,我们应当清醒地认识到,知识本身并非力量,确切地说,知识的运用才是力量,即能力更为重要。

如何培养独立的能力?恽代英认为要通过独立做事来进行。“独立做事亦是自己保全品格,发挥能力最切要的法学。”[②]中国传统的教育培养出来的人,只知道从书本上获取知识,而不知从实践中锻炼能力,这样的人一旦走向社会,就会迷失方向。“做事应与读书并重”,读好书也要锻炼自己独立做事的能力,养成独立思考、独立行动的良好习惯。独立自主地做事,不但能使自己所学的知识融会贯通,同时也能锻炼自己各方面的能力,并形成自尊自信的品格。因此,饱尝了独立做事的滋味,到了社会就能驾轻就熟,能够应付职场的需要。为了培养学生独立自主的做事能力,恽代英主张要让学生参加社会活动,通过参加演讲会、读书会、研究会等社团活动,锻炼自己的能力,为社会或学校服务。

长期的应试教育模式,造成了中国学生在学业评价上能够获得高分数,但是

①恽代英:《编辑中学教科书的先决问题》,载《中华教育界》1920年第3期。

②恽代英:《恽代英日记》,北京:中共中央党校出版社,1981年版,第643页。

在工作和生活的实际中却表现较差，自立能力、人际交往能力、创新能力等多方面存在较大问题，即高分低能现象。当前，越来越多的中国学生选择出国留学，在中西方教育的交流与沟通中，折射出了中国学生能力的缺乏。图灵奖获得者、美国康奈尔大学教授约翰·霍普克罗夫特到上海交通大学为本科生讲学，当谈及对中国学生的印象时，他直言不讳地说，中国学生能几乎复制他上课所讲授的所有内容，可是从课堂提问和考试情况来看，他们对知识的应用能力还有欠缺。耶鲁大学前任校长理查德·莱文也表示，跨学科知识的广度、批判式思维是中国学生缺乏的，中国需要创建一种课程及教学法，鼓励培养学生创造力及独立的思维能力。一位知识渊博的学者与一位目不识丁的船夫一起乘船过河，学者轻蔑地问船夫："你懂得历史吗？"船夫摇摇头说道："不懂。""那你就失去了生命的一半。"学者嘲讽地说道。"那你懂得数学吗？""不懂。"船夫又摇了摇头，脸涨得通红。学者鄙视地一笑说道："那你就失去了一半以上的生命。"就在这时，一阵风浪袭来，船翻了，两个人都掉进了水里。船夫与学者在水中不停挣扎，船夫凭着高超的游泳技能抓住了一块木板，他喘息着问学者："你会游泳吗？""不……不会！"学者狼狈地答道。"那你就失去了整个生命！"船夫的话还没说完，学者已经从水面上消失了……这则故事告诉我们，当我们身处险境时，也许应用的恰恰不是那些从书本上获得的知识，而是在实际生活中获得的各种技能。正如故事中的那位船夫，不懂历史和数学又如何，失去了一半以上的生命又怎样，最起码他还有一少半生命；那位空有理论而缺乏实际能力的学者，却抱着他的一大半生命沉入了河底。在当今信息技术飞速发展的社会，需要的不是那些应试教育下高分低能的学习机器，而是将理论转变为能力的复合型人才。这种人才既懂得知识，也懂得各种应用技能。知识的确重要，因为知识是实践的基础，如果没有知识，就谈不上应用。但实际动手能力也不可忽视，否则空有知识却无用武之地。只有把知识转变成能力，才能适应未来职场的需要。

在恽代英看来，具备职业的能力还不够，还要具有良好的职业道德。职业能力是在长期实践中发展起来的，直接影响着工作的效率，是保证工作活动能否得以顺利完成的基础。但一个人仅仅具备职业技能是远远不够的，还应该具备良好的职业道德，这样才能真正适应社会职业的要求。所谓职业道德指的是人们在职业生活中应遵循的基本道德，即一般社会道德在职业生活中的具体体现。良好的职业道德是个人发挥职业技能的根基，对于促进行业发展、调节职业交往中从业人员内部以及从业人员与服务对象间的关系，维护和提高本行业的信誉具有重要作用。恽代英倡导将职业当作事业去做，为社会发展贡献力量。但对于个人兴趣与职业选择不一致的情况，对待职业需要的就是职业道德的约束。他说，“当我们为谋生活而就职业，本来我们便只是一个雇佣，一个工具”[①]，那就应该“一方求个谋生活赚钱的职业，这种职业以不亏损社会、亏损良心为主，一方自己组织一个团体，一种事业。这种团体与事业，便用作理想事业的一个切实根据”[②]。在此，恽代英强调的就是职业道德问题，即使自己的职业选择与自己的理想不一致，也要努力工作，爱岗敬业，在职业工作之余，发展事业，将赖以谋生的职业与实现理想的事业统一起来。

恽代英指出，受中国传统儒家思想的影响，许多人尤其是青年学生年轻气盛、过于自负，认为生活问题是一件卑贱的事情，是有品格的人所不应计较的事，因而“摆出那一副不事家人生产的高士面孔专门说些不落边际的清高话”。其结果是许多青年在学生时代不注意生活必需的学问、品性、才能，不肯向生活方面预备，不肯向社会所需要的方面预备。他说：“个人生活问题合当的解决，实在是社会上重要的事。”“若能有力量求一种正当生活，不但不是羞辱，而且是很大的荣耀。”很多人不能正确看待自己的职业，缺少基本的职业道德与修养。很多教师受雇用，仅将职业视为“混饭吃”的场所，很多学生在校期间就不能对未来职业形成正确的认识，只是将职业视为跻身上等社会，甚至是“升官发财”的阶梯。这些职业思想和态度除了满足自身个人主义欲望外，“并不能有益于社会”。因此，职业教育不仅要注意培养学生的职业技能，还要注重职业道德教育。“盖果有伟大之能力矣，而苟无谦和之态度，忍耐之度量，则其能力愈伟大而愈不为社会所欢迎。”[③]的确，即使能力再强，缺少良好的职业品德，也终将不会被社会认可。一位“二战”中纳粹集中营的幸存者，后来当上了美国一所学校的校长。在每一位新老师来到学校时，他都会交给那位老师一封信。信的内容完全一样，里面写的是：“亲爱的老师，我是集中营的生还者，我亲眼看到人类所不应该见到的情景：毒气室由学有专长的工程师建造；儿童被学识渊博的工程师毒死；妇女和幼儿被受过大学教育的人们枪杀。看到这一切我怀疑：教育究竟是为了

---

①恽代英：《恽代英文集》（上卷），北京：人民教育出版社，1984年版，第219页。
②恽代英：《恽代英文集》（上卷），北京：人民教育出版社，1984年版，第220页。
③恽代英：《恽代英文集》（上卷），北京：人民教育出版社，1984年版，第59页。

什么？我的请求是：请你帮助学生成为具有人性的人。你们的努力绝不应当被用于制造学识渊博的怪物、多才多艺的变态狂、受过高等教育的屠夫。只有在先使我们的孩子具有人性的情况下，读写算的能力才有价值。”诗人但丁说过，一个知识不全的人可以用道德去弥补，而一个道德不全的人却难以用知识去弥补。

职业道德如何能够符合职业的要求？恽代英指出：“在智识方面，须有充分之职业教育；在道德方面，须有谦恭服从之涵养；在体质方面，须有能耐劳苦之能力。”可见，恽代英对于职业道德强调的是敬业精神和吃苦耐劳的职业品质。用一种恭敬、严肃、服从的态度对待自己的职业和工作就是敬业，这是一种以明确的职业追求、朴素的价值观念、忘我投入工作的态度，是对工作认真负责的表现。中华民族历来有“敬业乐群”的优良传统，儒家学派创始人孔子就主张人在一生中始终要勤奋、刻苦，为事业尽心尽力。“执事敬”“事思敬”“修己以敬”都是他对敬业的阐述。宋朝理学家朱熹认为“敬业”就是“专心致志以事其业”，即用一种恭敬严肃的态度对待自己的工作，认真负责，一心一意，任劳任怨，精益求精。只有敬业，才能把职业当作事业。当“敬业”作为一种习惯时，每个人都能从工作的过程中找到快乐，并终能成为事业成功的人。有这样一则故事：多年前，一位妙龄少女来到东京帝国酒店当服务员。这是她涉世的第一份工作，也就是说她将在这里正式步入社会，迈出她人生的第一步。因此她很激动，暗下决心一定要好好干！她想不到——上司安排她洗厕所！实话实说没有谁愿意干，何况她从未干过粗重的活，细皮嫩肉，喜爱洁净，干得了吗？洗厕所在视觉上、嗅觉上及体力上都会使她难以接受，心理暗示的作用更使她忍受不了。她用自己白皙细嫩的手拿着抹布伸进马桶时，胃里立即“造反”，翻江倒海，恶心得要呕吐却又呕吐不出来，太难受了。而上司对她的工作质量要求特高，高得骇人——必须把马桶抹洗得光洁如新！她当然明白光洁如新的含义是什么，她当然知道自己不适应洗厕所这一工作，真的难以实现光洁如新这一高标准的质量要求。因此，她陷入了困惑、苦恼之中，也哭过鼻子。这时，她面临着人生第一步怎样走下去的抉择：是继续干下去，还是另谋职业？继续干下去——太难了！另谋职业——知难而退？人生之路岂有退堂鼓可打？她不甘心就这样败下阵来，因为她想起了自己初来时曾下过的决心：人生第一步一定要走好，马虎不得！正在此关键时刻，同单位一位前辈及时出现在她面前，帮她摆脱困惑、苦恼，帮她迈好这人生的第一步，更重要的是帮助她认清了人生路应该如何走。前辈并没有用空洞的理论去说教，只是亲自做了示范给她看了一遍。首先，他一遍遍地抹洗着马桶，直到抹洗得光洁如新。然后，他从马桶里盛了一杯水，一饮而尽！竟然毫不勉强。实际行动胜过万语千言，他不用一言一语就告诉了她一个极为朴素、极为简单的真理：光洁如新，要点在于新，新则不脏。因为不会有人认为新马桶脏，水是可以喝的；反过来讲，只有马桶中的水达到可以喝的程度，才算是把马桶抹得光洁如新了。而这一点已被证明可以办得到。同时，他送给她一个含蓄的、富有深意的微笑，送给她一束关注的、鼓励的目光。这已经够用了，因为她早已激动得几乎不能自持，从身体到灵魂都在震颤。她目瞪口呆，热泪盈眶，恍然大悟，如梦初醒！她痛下决心：就算一生洗厕所，也要做一名洗厕所最出色的人。从此，她成为一个全新的、振奋的人；从此，她的工作质量也达到了这位前辈的高水平，当然她也多次喝过厕所水，为了检验自己的自信心，为了证实自己的工作质量，也为了强化自己的敬业心；从此，她很漂亮地迈好了人生的第一步，从此她踏上了成功之路，开始了她不断走向成功的人生历程。坚定不移的人生信念，表现为她强烈的敬业心——就算一生洗厕所，也要做一个最出色的人。敬业精神和吃苦耐劳的品质使她拥有了成功的人生，使她成就了自己的未来。

敬业者，他不会满足于一知半解，他会如饥似渴地学习与业务相关的系统知识，对本职业务一问三不知的人，肯定不是敬业的人。“积跬步以至千里”，恽代英作为中国马克思主义的先行者，用他辉煌的一生诠释了这个道理，他关于能力与道德并重的职业教育思想在今天仍然闪烁着智慧的光芒。

第四节　终身学习的职业教育理念

恽代英从当时职业教育存在的问题出发，系统论述了职业教育的目标以及职业教育的实施方式。但仅仅如此还是不够的，他认为还不能忽略从业后的继续教育。恽代英说："吾国今日之现状，一切学问，限于在学校时代而止，一出学校，即不复与书本相闻问，尚安有独立研究、高深程度之学者，产生于吾国乎。"因此，他认为，国家要造就人才，不在于把一切优秀学生纳入大学或大学院，"而在使一切学生皆得就适合于学问之职业，使其视求学问为生存竞争中之一要事，则不需督促奖励，自然勇猛精进而不能已，如此乃有养成学者之望。而最要者，当使学生就业以后，不致以闲暇时光，抛弃于无谓之应酬，无谓之游戏中，则学生之学业，不致以在校所讲习为限"。因此他主张以学问治职业，使"所业日进"，在"执业之余，尚有补习与职业有关之学问之余暇，而所学亦进矣"。

在恽代英看来，在现行制度下，有些知识与技能，虽然是明知不急要的，然而不容我们不学习它。他强调，要在做事中应用在书本中学习的知识，还要在做事中寻求在书本中所未曾学习的知识。虽然已经毕业，但是不能满足于现状，要与恶社会斗争，为争取幸福美满的生活而努力。在《对于有志者的三个要求》一文中，恽代英对有志青年提出了具体的建设性意见：中国的社会情形、政治状况，说起来不是令人肉麻，便是令人心痛。然而大家没有办法……因此，第一，我们要联合努力，打破现状。要推倒一切掠夺阶级，要建造自由幸福的社会。第二，我们今天不能向上述目标做些有效益的事情，一是由于大家意向不一，二是由于大家才能薄弱，三是由于大家志趣不定，四是由于大家没有组织。第三，研究时事及社会改造理论，这是统一意向，增进才能，固定志趣，促成组织有益的。第四，要大家习于为有益于社会改造的事业去牺牲时光、牺牲金钱。这亦于磨砺才能、训练组织、体验学理、提高自觉有益的。他说："我们不能在自私中学得牺牲，在游惰中学得勤劳，在空谈中学得切实，在书本中学得才干，在靠中学得动，在被动中学得支配。”[①]恽代英认为，现在所养成的安于现状的生活习惯，是自私而奴性的体现，必须加以改变，或多或少地做一些更为有意义的事情。恽代英向青年们提出三点要求：

一、每星期至少牺牲六小时，做有益于社会改造的事业。这六小时不论是在一天或几天，也不论是做一件事或几件事，所做的事只要有益于社会改造的，都是可以的。比如：(一)办理成人补习教育，为十六岁以上失学的人，予以公民常识、自然常识、卫生日用常识，既可改进他们生活，又可有益于国民一般政治觉悟。(二)为一切打倒压迫者的运动努力。国内已有组织的民权运动、女权运动、劳工运动以及排日、排英美的运动。临时发生对付军阀政客的运动，是必须参加努力的。或文稿，或发传单，或司钞印，或效奔走。(三)宣传一切打倒压迫者的理想与办法。(四)切实进行一切破坏与建设的事业。总之，凡系着全部人民特别着眼于被压迫阶级，而非专为资本家、军阀官僚粉饰自利的，都应认为是有益于社会的事情。

二、每星期至少牺牲六小时作时事与社会改造理论与办法的研究。(一)记述时事或社会状况的杂志报章，从中找出各种事情的因果系统，为改造社会的帮助。(二)记载各国革命或积极斗争的历史或书报。(三)经济原理与经济史观的书籍。(四)心理与群众心理的书籍。(五)国内与国际重要的立法与行政。例如租税制度，限制自由的法令、劳工权利、选举立法之类。为群众运动提供材料，做建设事业可供参政的，均宜研究。且将各国异同的各种理想办法，加以比较。(六)各种社会主义家的理论与进行计划。对他们供献的理论与计划，均应意义估量过。第一要问是否得当，第二要问是否可能，第三要问是否有切实入手办法。我们最需要的是一个必要而且可能的，有入手办法的计划。不可以求得一种高远的理想，便可以慰安了。他认为每人每星期至少牺牲十二个小时，是可以做到的。每人每周浪费在不必要的事情上，一定不止十二小时的。他认为没有一个真诚有志的人，一星期腾挪不出十二个小时来为社会，何况有一半仍等于他自己求学。若一个人硬不愿牺牲这么少的时间，即便地位再增进，学行再增进，亦是不肯牺牲一点

①恽代英：《恽代英文集》(上卷)，北京：人民教育出版社，1984年版，第365页。

钟为社会的。一个自私的学者,无论他自己怎样自负为有志,他终究是于人类全无益处的。

三、有收入至少捐其十分之一做有益于社会改造的事。这种捐款,无论愿意捐到什么地方,只要是直接间接有益于社会改造的,都是一样承认其价值。这个办法,主要是在养成一般人对私利无关的事牺牲金钱的习惯。

从恽代英给青年提出的要求,我们可以看出,他希望广大青年毕业后,不要满足于现状,而要不断学习,充实自己,为社会做出更多的贡献。恽代英还多次撰文,强调要“多注意社会事业与成人教育”,并先后组织了贫民夜校、学行励进会,开展继续教育。恽代英所提出的从业后的教育,就是我们今天所倡导的终身学习理念。终身教育是在 1965 年联合国教科文组织主持召开的成人教育促进国际会议期间,由联合国教科文组织成人教育局局长保罗·朗格朗(Paul Lengrand)正式提出,短短数年,已经在世界各国广泛传播。恽代英在“终身教育”术语提出之前就阐述相似的观点,可见他的远见卓识。

当前,社会经济发展迅速,科学技术进步日新月异,很多旧的行业和职位在逐步消亡,而大量新的行业和职位缺乏合格的、熟练的劳动者,传统意义上的以体力付出为标志的劳动者已经逐渐被具有创新意识和现代科技文化知识的高素质劳动者所取代。据统计显示,20 世纪 50 年代,美国的专业职位、技术职位与非技术职位的比例为 2:2:6,如今变为 2:6:2,大量劳动力需要从非技术职位转移到技术职位。专家指出,知识经济占主导地位的国家,知识劳动者在劳动结构中的比例占 50%以上,知识性产业在国民生产总值中的比例占 50%以上,科技对经济增长率的贡献占 50%以上。也就是说,新经济时代对现代社会劳动者的知识的更新期为五至七年,即一个人大学毕业后,经过五到七年的时间,学到的知识的应用价值只剩下一半了,因此,终身教育对每个人来说都至关重要。一次性学习的时代已经过去了,学习必须成为一个人一生的过程,用以帮助人们适应不断变化的外界环境。没有人能够准确预测几十年后的人类社会,唯一的应对方式就是通过终身学习能力的培养为未来做准备,而职业教育更应该与时俱进,以其针对性的教学目的和灵活的教学手段,成为终身学习的主要途径之一。

当前,终身教育思想以其所具有的强大的生命力和划时代特征,正在成为世界各国教育改革和发展的主导思想和指导原则。世界各国纷纷实施终身化的职业教育,美国早在1971年就实施了终身化的职业教育——生计教育;德国职业培训条例规定,职业教育是一种就业教育,转职培训是为在业人员转换新的职业岗位而进行的一种补充教育,职业进修是为从业人员在某一领域进一步深化而开展的职业继续教育。三者均属职业教育范畴。这些国家以发展综合性的资格框架为重点举措,不仅融合了包括职业教育、普通教育、高等教育的所有教育类型,实现职业教育与其他国民教育体系的衔接,还注重在国家资格框架下纵向延伸职业教育的层次,建立相对独立的职业教育体系。以日本为例,从20世纪60年代开始,为了保证终身职业教育的顺利实施,日本建立了包括终身职业能力、高度职业能力以及地方职业能力开发促进中心等在内的面向21世纪的终身职业能力开发体系。日本教育管理部门,企业、雇主组织等社会机构也越来越多地参与职业教育的管理和决策。2005年,日本文部省、厚生劳动省、经济产业省和内阁府联合召开会议,出台了“职业教育综合计划”。该计划包括以小学至高中学生为对象的“新职业教育计划”,以大学生、研究生为对象,培养有高度专业能力人才的“职业教育提升计划”,以无固定职业者为对象的“无固定职业者再教育计划”。这套完备的计划不仅照顾到了不同年龄段的人群,而且重视不同社会部门间的合作,强调教育部门与劳动雇用部门和产业界的合作,而这种合作在该计划的推进过程中也得到加强。此外,他们还重视高等教育的社会服务功能,很多高等职业教育机构利用其教育资源为社会服务,很多专修学校开展面向社区的讲座,为广大居民组织各种职业教育活动。2007年,日本进入大学普及阶段,大学报考数开始低于大学计划招生数。在这样的背景下,选择既在专修学校接受职业教育,又在普通大学接受教育的方式开始盛行。一部分在大学或短期大学完成大学教育的日本学生纷纷到专修学校,以提高实用技术技能;还有一部分大学生为毕业后能立即就业,在就读本科期间同时就读专修学校。日本就业指导协会理事荻原信一表示,日本企业非常注重“即战力”,即毕业后不进行上岗培训就能迅速投入实际工作的能力,因此持有“专门士”(即在一定专修学校修完专业课程所获得的称号)资格的毕业生更容易得到企业的青睐。而为获得“专门士”,如“税理士”(从事税务的人员)、“簿记士”(从事初级会计工作的人员)资格而必须具备的能力,在大学课堂上很难掌握,因此,专门提供这些资格培训的专修学校受到欢迎。同时,由于企业同样关注未来发展和企业文化的传承,大学毕业生广阔的视野和丰富的理论知识也不可缺少，因此，注重理论知识和专业技能是大学毕业生必须关注的两点。

在我国，随着国民经济和社会的不断发展，职业教育已经成为我国当前现代教育体系的重要组成部分，它既是终身学习体系的承重点，也是职业前和职业中的培训契合点。《国家中长期教育改革和发展规划纲要(2010—2020年)》指出，职业教育要面向人人、面向社会，着力培养学生的职业道德、职业技能和就业创业能力。到 2020 年，形成适应发展方式转变和经济结构调整要求，体现终身教育理念，与中等和高等职业教育协调发展的现代职业教育体系，满足人民群众接受职业教育的需求，满足经济社会对高素质劳动者和技能型人才的需要。终身学习是社会、个人的发展方向，也是职业教育全方位服务的发展方向。目前我国劳动力资源数量庞大，但劳动力的素质却令人担忧。我国目前共有1.5亿农村劳动力处于流动状态，其中 9800 万为常年在外务工劳动力，同时，农村还有大量剩余劳动力，仅 40 岁以下的就有 5800 万。与庞大的劳动力市场不相协调的是，我国沿海地区陆续出现“民工荒”现象，其原因就在于农民工缺少基本的职业技能，第一、第二产业结构比例逐步缩小，第三产业迅速扩大。产业结构的调整加快了就业层次和形式的变化，大批传统工业工人失去了熟悉的工作岗位，新的职业岗位又需要高素质、高技能或多技能劳动者。

可以说，我国经济增长方式也正逐渐走向主要依靠科技进步和提高劳动者的素质来增加产品的数量和提高产品的质量。经济增长方式的转变引起用人单位对劳动者素质尤其是技能要求的提高，而现实中劳动者的技能又满足不了要求，这就要求职业教育必须实现终身化。在国家层面，要渐次实现学历证书教育与职业资格培训的等值，构建普职融通的“立交桥”，实现正规教育与非正规教育之间的互认与协调，实现教育部门、行业部门以及行政管理部门之间的机制统筹、沟通和接轨，鼓励企业、个人参与到职业教育培训中。建立起相对独立的职业教育体系，有计划、有层次地逐步推行职业教育终身化。在个人层面，不要满足于现状，“活到老、学到老”，让学习与生命的长度等同，让学习充盈整个生命。古人云：吾生而有涯，而知也无涯。只有把学习由单纯的求知变为生活的方式，才能适应发展变化的客观世界。

第五章

“己立立人”

——师范教育篇

恽代英长期从事教育工作,从教学第一线他亲历了教育中存在的种种问题。追本溯源，他认为，高等师范教育的欠缺是教育出现种种问题的根源之一。在《敬告高等师范教职员及学生》中,他指出:“现在的罪过,不能不责备他们;将来的改良,亦不能不期望他们。”[①]要想改变整个教育的面貌,首先就要将高等师范教育改造成培育合格师资的教育。恽代英结合他在宣城师范学校、川南师范学校的执教经历,系统提出了关于师范教育的思想。

①恽代英:《敬告高等师范教职员及学生》,载《少年世界》1920年第4期。

第一节 堂堂正正做人是为师之本

恽代英认为，高等师范的教职员和学生，负有承担教育下一代的重任，关系到国家的命运与前途，因此，恽代英要求教师不仅要有广博而深厚的学问，还应该有高尚的品格。教师必先“己立”，才能赢得学生的爱戴与尊敬，教师不能依靠师道尊严，不能凭借职业权威，而要靠自己高尚的人格、丰富的学识、睿智的目光、卓越的才能，“欲立人者，必先己立”[①]。“己立”是“立人”的基础，“爱便易信，信便易从”，这样教育才能成功。当时中学教育存在许多谬误，“很多是由高等师范教职员及学生办事上及品性上的谬误而生”[②]。

当时很多教育管理者忙于社会上的应酬，假借社会活动之名，谋一己私利，荒废了教学与管理工作，是一种罪过。恽代英指出：“像一般办教育的人，皮筋劳神于官府无谓的应酬，社会无聊的奔走，朋友无益的访问，这自然不能假托作改造社会事业的好名词，以自掩其不专心教育的罪。”[③]恽代英认为，当时现实的情况造成了高等师范学生的思想非常不稳定，究其原因：一是有许多高等师范的学生，并没有做教育家的志愿与兴趣。报考高等师范的学生，多半只为节省金钱，并非先有什么意志上的选择；二是我国教育不发达，职业不神圣；三是一般教职员，只知注意分科的功课，不知注意教育研究。又于学生的教育家修养，完全不知注意，所以学生不但有不愿人教育界，而且亦有不能入教育界的。“高等师范的训练，应该使学生知道他们是为人类服役的人，他们是负有教育年幼些同胞的完全负责的人。”高等师范肩负着为人类服役的重任，因此必须具有稳固的专业思想，而且还要具有崇高的为教育事业献身精神。

①恽代英：《恽代英日记》，北京：中共中央党校出版社，1981年版，第23页。

②恽代英：《恽代英日记》，北京：中共中央党校出版社，1981年版，第520页。

③恽代英：《恽代英文集》（上卷），北京：人民教育出版社，1984年版，第295页。

罗素曾说过:“一个教育者应该爱年轻人,但是仅仅这一点是不够的,他还必须具有对人类优秀品格的正确理解。” 恽代英认为, 好的教职员应该是品格高尚、目光远大的人,不能只知“养成一般学生为适应眼前社会的人,不能养成改造成理想社会的人”[①],而应该在他的指导下,让学生成为改造理想社会的人。为此,高等师范的训练,首先,“应该使学生独立自尊,自己觉得是堂堂的一个人”。中国的国民性,经过长期的压制摧残,青年学生不免自暴自弃,不懂得自己的权利,过分依赖教职员,有的教职员又以受学生的依赖为荣耀,这样就不易让学生养成自尊独立的品格。做学生时,觉得自己是比教师低一等的人;在做教师时,又觉得自己是比学生高一等的人。因此, 高等师范不将平等精神的好模范给学生看,认为在学生中发展平等精神“是不应该的事”。他不主张教职员勉强学生尊敬自己,否则教职员容易养成“高于人”的观念,同时,他希望学生用尊师的道理对待教师,但不能自卑,否则就会养成“低于人”的观念。而这种“高于人”“低于人”的观念被恽代英斥为“官僚同奴仆的精神”,是“平民主义的大仇敌”[②]。他希望教师要靠学问和品格影响学生,而不是使用权力或势力。其次,高等师范的训练,“应该注意发展学生的反抗精神”。所谓反抗精神,并不是提倡学生无理地反对教职员,而是让学生只知服从理性,不知服从权力。教员亦非神人,其“号令措施,自然不免有时不能完全合理。在这时候,应该容纳,而且提倡学生起来加以纠正,不应该有一毫凭借权利,怙过是非”。恽代英这里强调的是让学生不迷信权威,像亚里士多德说的那样“吾爱吾师,吾更爱真理”,实现师生平等,民主教学,教学相长。恽代英在日记中曾写道:“做教师的人,应该把真品行真学问教学生敬、爱、信、化,秩序不待维持而维持了。靠权力已次一等了,靠势力更微不足道。”教育或领导如果只靠权力和地位来发挥作用时,学校成员之间的关系不可能产生信任与合作,这对学校管理来说,恐怕是件可悲的事情,更不可能有高的管理效率。再次,高等师范训练,“应该使学生知道他们是为人类服役的人,他们是富有教育年幼些的同胞的完全责任的人”。高等师范毕业的学生要懂得“不是为他们自己的利益和名誉, 亦不是为他们所服役的学校或学校创办人的利益或荣誉,他们唯一应注意的,便是怎样能使他们的学生能完全或多数成为有益于人类的人”。否则,便是辜负了师范教育这四个字。最后,高等师范的训练,“应使学生知道:教育是正在改进的途中的事业,没有至善至美的学说,亦没有至善

①恽代英:《敬告高等师范教职员及学生》,载《少年世界》1920年第4期。

②恽代英:《恽代英日记》,北京:中共中央党校出版社,1981年版,第612页。

至美的方法”。因此，“应该提醒学生研究实验的精神，无论以前、现在，人家做的、自己做的谬误的地方，总不惜力求改良进步”。在这里，恽代英提醒学生要对自己严格要求，不断修正错误，力求毕业后给学生以科学的、有效力的教育。

“德高为师，身正为范。”高尚的品格是教师职业的根本，恽代英将品性视为高等师范的首要要求。他特别指出：“将欲养成社会之善势力，当先维持自己之品性，使亦为善势力，当先维持自己之品性，使亦为善势力之发源也。”恽代英也用自己的实际行动为所有教育工作者树立了典范。1918 年 7 月，恽代英开始从事教师工作，在他出任中华大学教务主任之前，该校的校风很不好。他向校长指出：校中积极精神太少，常失信于学生；多教师而少钟点，教师不负责，不爱学生；学生不爱学校。[①]出任教务主任后，他向校长提出了改革方案，对校务“铁肩背、铁面孔主义”，不逊思想。当时校长的同学、大学部的老师开列三个要求入学的学生名单，向恽代英暗示，这三个学生是有来头的，要求破例照顾；他的叔父也有为新生入学而要求通融的。他都坚持全部经过入学考试，择优录取。结果除合格的，其余都不录取。他还不允许校长挪用校款，不准非中学生住宿舍。他的不顾情面的举动，颇遭非议，甚至与校部教务长发生争执。但他丝毫没有退缩，他说：“岂以吾藐然一身，果能行乎此校一无所挫折耶？果能无所挫折，以早达到我改进之目的，也是青年界之快事，同学之福。万事我总从情理上想，决不故意为不可容忍之言行，以见弃于人。但若为拒绝各种不正当的请求而不可容，无论何时我总预备吐出此‘最可爱的一块肉’而他去。非以争意气，唯以保品格。”[②]对于学校中存在的“学风极为不振”的状况，他倡导教师要用自己的实际行动影响学生，用自己的良好品格感染学生。他对教师说：“学校管理之严，是教育的手段，而不是教育的目的。要使学生自己来判断事理，做到见善的不可不畏。所以要以平等、博爱的精神关注学生，能够得到多情而智慧的学生的同情，促进他们活动和为大家服务，使他们的能力有所发展，他们的心志有所寄托。这样才能形成良好的学风。那种只注意不活动的埋头读书的文人，对旁人毫无感化之益，学生只顾及自己，虽有自治自动的习惯，没有良好的风气，这种学生，要他们将来离开学校而不变是很难得。一些学校往往以中庸之道来勉励学生，而所谓中庸，实际是在师长方面，脑中没有明确的理想，施教没有持久的纯一的方针，那么感

①恽代英：《恽代英日记》，北京：中共中央党校出版社，1981 年版，第 382—383 页。

②恽代英：《恽代英日记》，北京：中共中央党校出版社，1981 年版，第 490—491 页。

人也不能深且久。”[①]

在川南师范学校任校长期间，恽代英更是从自身做起，为自己立下了严格的标准，“一言一行，不愧人师”，并要求所有教师“以真人格示之”。他到学校不久，便在全体教职员会议上提出对学生的要求：诚心、勇毅、勤俭、敬慎、博爱、进取、急公、负责。他认为师范学生要培养自己做事的品性、做教师的品性和做社会运动家的品性，并以身作则，为人师表。在川南师范学校工作时，他已经是知名学者，但他仍然生活朴素。他处处严格要求自己，以身作则，自律严到苛刻的程度。他在学校里，薪俸是较高的，月薪百元，预发一年，可是他每月只用 4 元钱。衣服穿学校的一套服装，破了也不更换。当时的成都，据他的学生阳翰笙回忆：“不要说是一个堂堂校长，就是普通教师也都穿得很神气……虽无官职在身，已是官气十足。”[②]学生看到恽代英知名度如此之高，却穿着普通劳动人民的装束，都对这位校长肃然起敬。到四川成都讲学，学生劝他买件新衣，而他却在街上将旧衣服缝补了一下，就登上了讲坛。他将余下的钱用来贴补家用，帮助学生、朋友。对于校务中不正当的请求，恽代英坚持铁面无私，对于遴选教职员坚持原则，绝不徇私情。在日常生活中，他对待学生平易近人，对教职员工公正、平等。在 1919 年 1 月 14 日的日记中提及“吾于一般同学，到今日总不欲人称先生”[③]。在 4 月 8 日的日记中集中提到“极力求与同学平等”[④]。正因为这种平等、尊重使学生十分尊崇恽代英。对于教职员工，恽代英认为“领袖非引导人，乃以协商及妥当之法，使一群人自然从我”[⑤]，只要“以诚心相感应，以高尚品性相观摩，以爱心与勇气相鼓荡”，则“同人多少易受感化”[⑥]。他认为作为校长并不是向教职员工发号施令，而是充分尊重教师，与大家共同协商。恽代英优秀的领导能力得到了教职员工的一致认可与钦佩。萧楚女这样评价恽代英：“代英很像墨子，摩顶放踵而利天下。像代英这样的人，我在古往今来的圣贤中没有听说过，只有墨子倒有点像，代英就是现代的墨子。”[⑦]恽代英用自己的一言一行为高等师范的教职员和

---

①恽代英：《恽代英日记》，北京：中共中央党校出版社，1981 年版，第 490—491 页。
②恽代英：《恽代英日记》，北京：中共中央党校出版社，1981 年版，第 12 页。
③恽代英：《恽代英日记》，北京：中共中央党校出版社，1981 年版，第 464 页。
④恽代英：《恽代英日记》，北京：中共中央党校出版社，1981 年版，第 518页。
⑤恽代英：《恽代英日记》，北京：中共中央党校出版社，1981 年版，第 573页。
⑥恽代英：《恽代英日记》，北京：中共中央党校出版社，1981 年版，第 440页。
⑦人民出版社编辑部主编：《回忆恽代英》，北京：人民出版社，1982 年版，第 18 页。

学生树立了榜样。与他接触过的青年都拥护他、爱戴他，他是学生心目中的“圣人”。学生李元杰回忆说：“代英不仅真正成为我的名副其实的教师，而且成为我在那个残酷无情的旧社会里的唯一亲人。”正是在恽代英高尚人格的影响下，一批又一批的有志青年走上了革命的道路。恽代英正是凭借高尚的品格和卓越的操守诠释了师德是为师之本。“以己真人格示之，以赤心血诚之语感化之，以大公无我恒久不懈之精神灌注”。恽代英的一言一行都无愧于“教师”的称号。

国家的兴衰，系于教育；教育的兴衰，系于教师。教师是立校之本，而高尚的教师职业道德则是教育之魂。教育家夸美纽斯说：“教师是太阳底下最光辉的职业。”乌申斯基赞美教师的事业：“从表面看来虽然平凡，却是历史上最伟大的事业之一。”教师是育人的伟大事业，关乎国民素质的提高，关乎国运兴衰。教师若无崇高的品格，就有可能导致家庭、民族和国家失去美好的未来。邓小平同志说：“一个学校能否为社会主义建设培养合格的人才，培养德、智、体全面发展，有社会主义觉悟的有文化的劳动者，关键在教师。”从古至今，人们将教师列为最受尊重的职业，把教师列在“天，地，君，臣，师”之中，认为“国将兴，必贵师而重傅”。教育家斯霞曾经说过：“要使学生的品德高尚，教师自己首先应该是一个品德高尚的人。”古往今来，正是一批批德才兼备的教师为国家的建设培养了众多优秀的人才。伟大的教育家孔子被尊为“万世师表”“至圣先师”，他不仅是我国私学教育的发起人，创立了完整的教育教学理论，培养了大批人才，更重要的是用他的人格魅力，为教师树立了榜样。教师只有堂堂正正做人，才能对学生言传身教，要求学生做的，自己首先做到，要求学生不做的，自己首先不做。孔子一生勤奋好学，追求真理、理想、完美的人格，他的正直、善良、谦虚、有礼，他对国家的忠诚与对老百姓的关心，都深深地感染着他的学生与后人。严格要求自己，以身作则，是孔子对自己提出的为师之道。他的学生对孔子非常崇敬，当有人诽谤孔子时，学生站出来为孔子辩护，捍卫孔子的崇高人格。“叔孙武叔毁仲尼。子贡曰：‘无以为也！仲尼不可毁也。他人之贤者，丘陵也，犹可逾也；仲尼，日月也，无得而逾焉。人虽欲自绝，其何伤于日月乎？多见其不知量也。’”孔子去世前，弟子中，有些人几乎是终身陪伴着孔子，其情感之深，胜于父子兄弟。孔子去世后，他的弟子子贡甚至在其坟前守孝三年。正是高尚的人格魅力使孔子成为一代宗师。近代著名学者陶行知也是高尚师德的杰出代表，他将自己的一生都献给了祖国的教育事业，“捧着一颗心来，不带半根草去”正是他高尚人格的写照。他热爱教育事业，以教为荣，以教为乐，放弃了大学教授、教育厅长职务，而从最下层的工作做起，认为教育是人民解放、民族解放、人类解放的武器。把教育事业看作关系到祖国、人民和民族未来的一件大事。他在诗中写道："人生天地间，各自有禀赋，为一大事来，做一大事去。"他告诫师范学生必须认定"教育是大事业"，是国家万年根本大计。陶行知是集言教与身教为一体的人民教育家。他的一生就是时时、处处寻找机会去执行他教育者的职责，为人民教育事业而献身的一生。他对人民鞠躬尽瘁，对敌人横眉冷对，对事业奋斗不息，对困难坚忍顽强，对朋友与人为善，对青年诲人不倦，以身立教直到生命的最后一息。

当前，随着改革开放的深入，我国的经济取得了巨大进步，人民的物质生活和精神生活都得到了很大的改善。但是不可否认，发展的同时也带来了一些负面的影响，拜金主义、利益至上、价值观异化，教师在价值观、金钱观、利益观方面发生了深刻变化，原有思想认识的平衡被打破。特别是近几年，社会腐败现象增加，收入差距扩大，物价快速上涨，教师的心理负担和生活负担加重，自然产生了利益主义倾向者，唯利是图，荒废了自己的本职工作，造成了职业道德修养的缺失。

教师，在学生眼中是智慧的象征、人格的象征，教师的一言一行、一举一动，每时每刻都在感染、熏陶和影响学生。孔子说："其身正，不令而行；其身不正，虽令不从。" 教师要把自己的学生培养成为有用的人才，首先要为学生树立起思想、行为、品质的典范。最深刻的教育是潜移默化，最基本的学习方式是模仿。选择了教师的职业就选择了艰辛与清贫。

教书育人是教师的天职，教师在任何时候都不能忘记，自己不仅仅是人类知识的搬运工，而是通过教学活动启迪人心灵的智者。法国著名作家雨果曾说过："花的事业是尊贵的，果实的事业是甜美的，让我们做叶的事业吧，因为叶的事业是平凡而谦逊的。"教师就是那平凡而谦逊的事业，"十年树木，百年树人"，踏上三尺讲台，也就踏上了艰巨而漫长的"育人之旅"，以高尚的人格感染人，以丰富的学识引导人，以博大的胸怀爱护人，用平凡而伟大的一生，无愧于"教师"这神圣的称谓。

第二节 以生为本是为师之道

19世纪,欧美资本主义国家从传统教育向现代化教育转换,在教育理念上,强调按照青少年生长的实际需要来实施教育。传统的以“教师中心,教材中心,课堂中心”的教育模式逐渐被取代,教师的作用,也不再是教育的主体,而被定位于为学生引路导航。但是在我国,虽然已建立了现代学制,学校却依然弥漫着令人窒息的奴化教育气息,师生关系仍然是原有的模式。受西方教育理念的影响,恽代英认为,教师应该知道“他们是为人类服役的人,他们是负有教育年幼些的同胞的完全负责的人”,“他们唯一应该注意的,便是怎样使他们的学生能完全或多数成为有益于人类的人”,恽代英的这一思想正体现了“以生为本”的教育理念。

恽代英认为:“高等学校的教职员及学生,都应该有个彻底的觉悟。应该知道他们在分工的社会里,所负的责务;应该知道他们的责务,不是什么可以掉以轻心的事。”教师的责任就是“在利导人类可教育的本能……以达到增进人类幸福,个人身心壮健之目的”[①],“利导人类可陶冶的本能……使各种本能更恰当发达,社会由之改进”[②]。“利导人类可教育的本能”“利导人类可陶冶的本能”就是从学生出发,尊重学生人格,承认学生个体差异,相信学生都存在发展潜能,积极创造和提供满足不同学生学习成长的条件。为此,恽代英在《敬告高等师范教职员及学生》一文中,对高等师范的教职员和学生提出自己的“改造”意见:“不该只将高等师范当一个寻常的学校办,完全不注意高等师范与中学教育的关系。”

高等师范要明确它的目的是为中学培养好教师,以此必须根据中学的需要来办教育。针对于此,恽代英首先指出:“高等师范的课程,应该以教育为主体,不应该以分科的学科为主体。因为他们的学生,将来虽然是分科的教师,毕竟他

①恽代英:《恽代英日记》,北京:中共中央党校出版社,1981年版,第494页。
②恽代英:《恽代英日记》,北京:中共中央党校出版社,1981年版,第507页。

们应该研究的主要问题,在于怎样传授那分科的知识于他人。”恽代英这里所说的教育为主体,是指与教育相关的教育学、心理学的知识,他强调要重视这些知识的学习,以便更好地将知识传授给学生。其次,恽代英认为:“高等师范教育,应该以中学教育为主体,不应该以一般教育为主体。因为高等师范,原系培养中学教师的教育机关。”如果不以中学教育为主体,将高等师范教育等同于一般教育,那么会造成学生“用非所学,一出学校,讲义便没有用了”。恽代英的这一观点是针对当时的师范教育培养目标提出的,高等师范教育既然是面向中学教育,那么就要与中学教育实际紧密结合。在这里,他强调的是高等教育要明确目标,并有针对地进行教学。最后,恽代英提出:“高等师范的学生,于一切学科,应注意他的普通化,应该看各学科伦理上、心理上、实用上的相互关系,比其他程度的深造还重要。”高等师范的毕业生,将来要从事中学教师职业,除需了解相关的专业知识外,还要注意各学科之间的联系。这些学科之间关联的知识有时甚至比专业知识还重要。“以生为本”的学生观要求教师做学生知识的传授者和人生的引导者,因此,教师要充分了解教育对象,在学好专业知识的前提下,还要加强教育学、心理学等学科的学习。高等师范是为中学培养教师人才,那么在师范学习的过程中,就要针对中学教育的状况进行有针对性的培养。

此外,恽代英还认为教师“不该只知注意学校的便利,不顾社会的利害”。他对高等师范的教职员提出的要求是要做“教育家”。第一,“应该预备做教育家”。因为这是社会所期盼的,“无非盼望得良善些的教育家,因而可以有良善些的社会”。第二,“应该预备做中学的教育家”。因为高等师范就是为中学教育培养师资力量的。第三,“应该预备做改进中的中学教育家”。因为现在的中学教育,无论在宗旨上、训育上、课程上、教科书上、教授法上,都有许多谬误,存在许多应该改进的地方。正因如此,恽代英强调说,高等师范的学生,要“看清他们对社会的责务,责务看清了,应该决定他自己做一个有责务预备一切的人”。怎样预备呢?恽代英提出了六点意见:第一,应该至少看教育学与分科功课,一样重要。第二,应该多用力于进步些的观察研究,比书本上的学习更要紧。第三,应该以中学教育为学习研究的中心。第四,应该注意功课能使人了解,比自己了解更要紧。第五,应该注意各学科互相联络的方法,比一学科的深造更要紧,所以应该多求普遍些的知识。第六,应该彻底了解自由平等的真谛,预备牺牲自己的便利,发展中学生应该发展的精神。可见,恽代英要求教师不但有过硬的专业知识,而且还要有责任心。教师应该做未来教育家的预备,要安心于教育界。要有精熟的教育技能,能够将课讲解“明晰易懂”,“教授能恰到好处的”,还要“能看学校的事,学生的事为自己的事”①。如果教师不投入自己的感情,没有教书的能力,那是做不成良师的。恽代英痛感中学教育存在很多谬误,而这些要从高等师范的教职员和学生率先纠正。他认为一个教师不能死教书,要关心国家命运前途,同时是一个活动家。他虽然很同情当时教师工作繁重、经济穷困的处境,但是他也指出,当时许多教师有一种错误的观念,他们把教育和学术本身看成救国的学术,这是大错特错的。人要生活就得要吃饭,不能反对人家用任何学术去吃饭。但是,他又说:我们不要以为吃饭的学术便是救国的学术,更不要欺骗青年以为吃饭的学术比救国的学术更重要。他还指出:为了要使一切人吃饭问题都得到解决,要使我们自己吃饭问题得到永久安定的解决,就“非加入救国运动不可”。但是,一个教师应当怎样投身救国运动呢?在这一点上,他给当时教师提出要求。恽代英认为,要从事救国运动,每个教师就先要在思想上懂得救国道理,知道今天是什么样子的国家,如何才能救国家。为了做到这一点,教师就必须在繁重的工作和缺乏经济的条件下,再节省时间和金钱,“多读有关社会改造的书报”。他指出,在当时学校里学的东西一般都是学非所用,而如果我们有了改造社会的决心,再去有意识地看这一类改造社会的书报,其收益,就远远胜过在学校中受到“洋八股”的教育。

教师要成为一个社会活动家。中小学教师从事基础教育,是教师中人数最多的,希望他们“多注意社会事业与成人教育”。他十分强调成人教育,他认为:“我们要知道成人切实有关生活的教育,比儿童教育十倍重要。”②恽代英强调指出:成人教育目的不是单纯地“教他们认字写信”,更不是“专讲破除迷信、女子剪发放脚等劳而无功之谈”,而是要通过各种形式,对他们进行思想教育,“告诉这些人,现在国家政治经济状况,本地生活变迁原因,改良本地生活的方式”。挥代英鼓励教师们大胆地去从事这些社会活动。他说,如果是成功了,“引得起成人的注意”,那么“我们便能在革命的场合中,统率那一个地方的人”,如果是失败了,“不能得到圆满的效果”,也可以使我们从中吸取教训,并锻炼我们组织群众的

①恽代英:《恽代英日记》,北京:中共中央党校出版社,1981年版,第670页。

②恽代英:《怎样做小学教师》,载《中国青年》1924年第20期。

能力。如果一个教师,能参加社会活动和成人教育,他的影响力当然要比单纯做一个教师大很多。但是,恽代英认为,如果只是“孤独”去做这些事情,毕竟还是有它的局限性。为了发挥教师更大的力量,不仅要亲自加入,而且要积极发挥作用,这样才能更好地改造社会。

恽代英痛感“现代社会的罪恶太深了,若找在外有经验的人做教师”,“多半圆滑不负责任”。刚刚毕业的学生,又缺乏经验。要找个好老师很难,做一个好老师也很难。为摆脱封建奴化教育的束缚与禁锢,恽代英明确提出,学校要为社会培养全面发展的“身(体育)、心(智育)、性(德育)各方面均完全发达”的人才。在川南师范学校任校长时,恽代英提出了全校教育标准,规定“本校教育以养成品性才能学时完满合用之,能为社会负责,予儿童以合理的教育,且同时能从事于各项有益的社会活动为宗旨”。恽代英反对学生“两耳不闻窗外事,一心只读圣贤书”,他希望学生能够关心国家大事,树立远大理想,为改造国家与社会发挥自己的聪明才智。要在学校施行以生为本的教育,就必须让学生从封建儒家教育的束缚中解放出来,打破以前那种循规蹈矩的一潭死水一样的生活,要有活泼精神、强健身体、恢复人的本性。他强调实践出真知,号召组织各种启迪学生智慧、锻炼学生能力的实践活动。“知识要为社会服务才是真知识,读书的人若非自身投入实际社会生活,那便是讲学与文字鼓吹,亦每易不能合乎实际生活”。学生只有到社会中去才能学会更多做事的本领,“除了读书以外,我们还要在做事中,应用我们在书本中所学的知识,寻求我们书本中所未曾学的知识”。恽代英鼓励青年们去做事,即使面对困难也不要退缩。他在日记中写下《践履道德的勇心》一文,提倡青年人要勇于做事,而在做事情的过程中,可能会遇到各种困难,但不要害怕困难,因为“困难是增加能力的工具”。他在文章中明确提道:“不做事从哪里有困难,没有困难从哪里能得做事的益处,所以困难愈多愈大,我们的力量愈加增。我们应该欢迎困难,应该独立做事,加多加大我们的困难。”①

在传统的教育理念和体制下,学生习惯于把教师视为至高无上的权威,对教师的话毫无批判地全盘接受,许多教师在所谓“学校威信”“教师尊严”的幌子下,对略有不服约束的学生,便更加以恫吓,加以制裁。在这样的教育体制下,学

①恽代英:《恽代英日记》,北京:中共中央党校出版社,1981年版,第643页。

生缺少自我主体意识，就更谈不上主体性的发挥了。恽代英认为，这种“权威教育”就是奴化教育。一个教师必须“注意发展学生的反抗精神”，要使每个学生“只知服从理性，不知服从权力”[①]。至于说到如何发展学生的“反抗精神”这个问题，他说，“应该首先教他们不怕反抗自己的教职员”，教师并不是“圣贤”，不可能每句话、每个行动都能那么合情合理，在这种情况下，教师就“应该容纳而且提倡学生起来加以纠正，不应该有一毫凭借权力怙过是非的心思”。恽代英一方面要求青年学生打破对教师的迷信，发挥独立思考精神，但同时又告诫青年学生，对教师言行的反抗，是要分清是非，追求真理，绝不能对教师进行“无理反抗”。对好的教师，应当采取尊敬的态度，师生之间建立一种互敬互爱的平等关系。恽代英认为，教师不仅要在生活上帮助学生，还要在思想上引导学生，培养他们反对恶势力的“勇力”，所谓“用自己所养的人，去做自己所创的事，创自己能做的事，以容自己所养的人”[②]。

在教学方法上，恽代英要求教师摒除传统的注入式教学法，他指出：“虽美其名为注入式教育，然而注则有之，入则未也。”这样的教学方法，只能让学生成为一个无意识地接受知识的器皿，而失去创造力。“讲得有味时，学生只把它当成笑话听，却不能引起学生的思考；讲得寡味时，学生昏睡得要瞌睡。”[③]为此，他极力主张采用自学辅导法，培养学生的自学能力。恽代英提醒教育工作者要注意传教方法,并认为除了“自学辅导”，没有完全有效的教授方法。“自学辅导法”可以理解为在教学活动过程中，作为主体的学生对学习知识技能有一定的需求，在学习中能够进行思考，发挥自己的创造力和主动性去掌握知识、技能并解决问题的学习方法。恽代英谈到旧的教学法时说：“上课时，教师只任指定看书页数、答复疑难、考核成绩等事，教师只站在辅导地位，其余一切事让学生自己去做。”短短数句，传统的教学方法的弊端生动形象地展现在我们的面前。以人为本的教育理念倡导培养学生的主体意识，变被动的“要我学”为主动的“我要学”，从单纯的学知识到主动自觉的掌握知识。知识是无穷无尽的，与其教给学生一屋繁杂深奥的知识，不如交给学生一把开启知识的钥匙。教学是师生交流、互动、共同成长的双向过程，滔滔不绝、按部就班地“满堂灌”的讲解方式，不仅让教师疲惫

①恽代英：《敬告高等师范教职员及学生》，载《少年世界》1920 年第 4 期。

②恽代英：《恽代英文集》(上卷)，北京：人民教育出版社，1984 年版，第 293 页。

③恽代英：《编辑中学教科书的先决条件》，载《中华教育界》1920 年第 3 期。

不堪，也让学生学习得寡然无味。只有将学生视为教学过程的主体，充分发挥学生学习的积极性和主动性，学生的能力才能在不知不觉中得以提高。

在川南师范学校，恽代英还极力主张学生自治，即培养学生独立的思想、独立的行动。恽代英指出："有了独立的思想、独立的行动，还要叫他能自己尊重自己，自己信仰自己，不然，还是不行的。"[①]传统的教育让学生尊敬圣贤，尊敬师长，并不教给学生如何维护自身权利。恽代英倡导自主自治的教育，就是让学生自己尊重自己，自己信仰自己，让他们积极练习各种团体生活，养成各种办事能力，将来到社会上才能有所作为。恽代英说："教育要顺着学生生长的原理，使他在心理方面、社会方面得着他合当的发展。"从教育适应学生发展出发，倡导学生自治，实际上就是为学生提供培养的机会，充分相信他们，给予他们权利，让他们展示他们的才能。恽代英提出学生自主自治管理，体现了"一切为了每一位学生的发展"的现代以人为本的学生观。强调学生通过独立做事，锻炼学生独立自主的能力，"独立做事亦是自己保全品格，发挥能力最切要的法学"。"现代的教育，应当循循善诱，使未入轨道的学生，渐进轨道，变成自尊自信的人。"[②]学生通过自主自治、独立做事，他们的兴趣、爱好、动机、需要、气质、性格、智能和特长等方面才能得到发展。特别是中学生正处在身心发展的重要阶段，具有无限发展的潜能，在这样的发展阶段，如果教师实施正确指导，运用符合学生身心发展特点的自主自治管理方法，那么就能够充分调动学生的主观能动性，有利于锻炼学生各方面的能力。为达到这样的培养目标，恽代英在安徽第四师范学校任教务主任时，就曾积极支持学生成立自治会，建立课外学习小组、班会制度，组织学生从事各项有益的课外活动、社会活动，让每位学生都有发挥聪明才智的机会，培养学生自己管理自己的能力。不仅如此，他在川南师范学校任校长时还提出过"择师运动"的口号。恽代英主张由学生择师，所谓择师即指学校的教师不应是校长聘来就行，还要经得起学生的检验。学生有权决定对某教师是否续聘，某教师如有三分之二的学生不赞成则不得续聘，由校长在学期终了前四周通知该教师。恽代英在川南师范推行的"择师运动"，当时不但在全川，而且在全国也产生了积极的影响。《新四川通讯》对川南师范学校做了这样的报道："该校教师，大多是富有新思想之教育家。教育制度采用新学制，适合新教育原理，教材采用

①恽代英：《恽代英日记》，北京：中共中央党校出版社，1981年版，第576页。
②恽代英：《恽代英日记》，北京：中共中央党校出版社，1981年版，第643页。

适应新思潮之课程，校内组织采取委员制，委员会由学生与教职员共同组织，凡事均由委员会决定。凡有束缚学生之思想、身体的一切不良管理，必须打破。培养学生自治能力，对于校内外秩序极端遵守。学暇时，常与教职员进行关于学生之讨论，教职员偶有错误，学生每而斥其非，教职员不以为忤，而学生每有意见，教职员亦竭诚容纳交付委员会。”学生精神活泼，显著进步，学习风气也大为改变。学生钟心见说：“以前，我们在学习上只要每天把功课做完就算了事。现在不然了，图书馆开放了，看报的看报，看书的看书，许多书还可借出来看。大家看见新书之多，才感到自己知道得太少，阅览室常常坐满了人。连以前从未看过一本课外书的人，现在也看过几本新书了。我是个‘懒王’，现在也感到自己落后，不得不急起直追，不论文学、社会学，什么都看。学校的读书风气大大改变了。”[①]川南师范学校的卓越成绩，为许多青年向往，该校成为青年争相报考的名校。在他的影响下，许多青年，如阳翰笙、李硕勋、李元杰、张霁帆、谢啸仙等纷纷投身到革命的洪流中。

以生为本的教育理念是一种以尊重学生人格和潜能，将学生视为教育活动的出发点和重点的教育，强调学生是具有独立意义的主体，不以教师的意志为转移。学生是处于发展中的人，身心发展具有规律性，有巨大的发展潜能。在教育活动中处于主体地位，具有主体的需求与责权。同时以生为本，强调在承认学生差异与个性发展的基础上人的全面发展。恽代英所提出的教育理念正是体现了现代教育以人为本的学生观。当前，我国的教育问题之一就是没有把学生当作教育活动的主体，忽略学生的主体意识。德国教育家第斯多惠说：“教学的艺术不在于传授本领，而在于激励、唤醒和鼓舞。”提倡学生的主体地位并不是抹杀教师的作用，而是要让学生在教师尊重、合作、信任、引导中全面发展自我，获得成功和生命价值的体验，并感受到人格的自主与尊严。教师给予学生最多的应是鼓励、尊重。学生是具有主观能动性的人，是学习的主人，他不是被动的接受者，而是教学活动的参与者。培养学生的主体意识，变被动的“要我学”为主动的“我要学”，从单纯地学知识到主动自觉地掌握知识。传统的教育理念下，教师是课堂的主人，学生习惯将教师视为至高无上的权威，自我主体意识得不到体现，更谈不上主体性的发挥。

---

①人民出版社编辑部主编：《回忆恽代英》，北京：人民出版社，1982 年版，第 187 页。

2000年，一所乡镇学校以其独特的教学方式横空出世，这所学校就是坐落于山东省聊城市茌平县杜郎口镇的杜郎口中学。每年到杜郎口中学参观学习的外地教师已经超过100万人，其中不乏海外华文学校的。1997年以前，杜郎口中学还是一所濒临撤并的三流中学，仅仅用了不到三年的时间，就一跃成为全国教改第一线的学校。杜郎口中学的校长崔其升于1997年4月调入困难重重的杜郎口中学，敢于创新的他，首先从稳定教学秩序入手，不断探索教学改革的路子。从1998年开始，以改革课堂教学组织形式为突破口，每个班级分成六个学习小组，时间模式为："0+45"（教师不讲，学生自学，开始一个星期，带有强制性），害怕失败的教师谁也不愿做第一个吃螃蟹的人；"10+35"（教师的点拨、引导，学生的全程、积极参与），经过部分骨干教师的积极探索和实践，心存疑虑的教师们慢慢开始逐渐接受。2000年，杜郎口"三三六"教学模式基本成型，即课堂自主学习的三特点：立体式、大容量、快节奏；自主学习三大模块：预习、展示、反馈；课堂展示的六环节：预习交流、明确目标、分组合作、展现提升、穿插巩固、达标测评。有人谓杜郎口的课堂改革是"课堂的哥白尼革命，素质教育的突破口"。有人将其称为"课堂风暴"。杜郎口模式的成功在于其着眼于学生的未来，教给学生学习的方法，合作学习、自主探究，真正实现教育理论上提出的"教是为了不教"的目标。

教育家沃德说过："平庸的教师传达知识；水平一般的教师解释知识；好的教师演示知识；伟大的教师鼓励学生去学习知识。"作为教师，要把学生视为教育的主体，激发他们的学习热情，培养他们的学习兴趣，让课堂真正成为学生乐于接受知识的圣殿。

第三节 慈母之心是为师之法

北京师范大学林崇德教授曾说过:“疼爱自己的孩子是本能，而热爱别人的孩子是神圣！”教师对学生的爱,从本质上说是一种只讲付出不求回报、无私的爱,是一种严慈相济的爱。恽代英提倡教师要以慈母之心关爱学生,他说:“教育乃一贯事,应皆为慈祥恺悌之人所职掌。严虽有时可谓教育之手段,然此手段非不得已即无足取之价值,故父之严,直不适于教,又何论育。母之慈,不但适于育,亦且适于教。”[①]恽代英用母爱的力量说明爱在教育中的作用,要求教师爱学生:“寻常之为母者,虽无完全之智识,不难教育其子,使其成效十百倍于无关爱之教师,何则,以教师多不知爱其子也。故为爱者,其为教始周详恳切、知无不言、言无不尽。”因此,他认为“学生对教师,爱便易信,信便易从,果然爱了、信了,将见指挥如意”[②],教师则“最妙莫如一平等博爱之真精神贯注生徒,此似新奇而实平正,最易得多情而智慧之少年的同情,加以促其活动与服务,其能力有所发,其心志有所托,则庶几蔚为良学风矣”[③]。教师对学生的慈母之爱,是教师教书育人的感情基础,学生一旦体会到这种真实感情,就会“亲其师,信其道”,从而达到真正教育的目的。

恽代英希望教师要靠学问和品格影响学生,用真情获得学生的主动尊敬。学生是教学活动的直接参与者,他们能从侧面反映教师的工作表现,对于教师改进提高自己的教育教学有很重要的作用。他曾多次倡导师生之间通过写信和参加集体活动的方式来进行思想交流和感情联络。学生是教学活动的直接参与者,他们能从侧面反映教师的工作表现, 对于教师改进提高自己的教育教学有很重要的作用。除了上课,恽代英在课余,晚饭后,深入到学生中间,与学生打成一片,同学生谈思想、交朋友,分析时事,讲师范生对救国的责任,他们应起的作用。

①恽代英:《家庭教育论》,载《妇女日报》1917 年第 4 期。

②恽代英:《恽代英文集》(上卷),北京:人民教育出版社,1984 年版,第 302 页。

③恽代英:《恽代英日记》,北京:中共中央党校出版社,1981 年版,第 505 页。

对学生的问题,有问必答。他提倡学生组织各种社团,相互砥砺切磋。他坦诚地介绍自己的经历,剖析自己,以推动学生进步。许多学校也纷纷组织社团,先后建立了求我社、互助社、觉社、爱智社、新群社等,阅读进步书刊,交流读书心得,也普遍地记日记。《回忆恽代英》一书中曾讲述这样一个故事:

1922 年,四川泸州川南师范学校的接待室。一位学生模样的青年人手拿一块破布,不时地从面盆里蘸点水,起劲地揩擦着这间斗室里的桌椅门窗。这位青年叫阳翰笙,原是成都一中的学生,也是成都学联的主要组织者之一。由于在当地发起争取教育经费独立的运动,打了省议会、反动军阀政府派来当校长的官僚政客严恭寅,遭到通缉,而从成都到泸州来避难。吸引他到泸州来的,不是别人,正是时任泸州川南师范学校校长的恽代英。在他的心目中,恽代英是一位学识渊博,才华出众,具有新思想、新道德的师长。只有他才能指点自己今后的人生道路。川南师范学校的大门对青年人是敞开的。他很容易地就见到了仰慕已久的恽代英。然而令他想象不到的是,出现在他面前的竟是留着平头,穿了一身旧学生制服的极其普通的人物。“你从重庆来,路上好走吗?”和蔼如春风的问话。“这条路很危险,到处是乱兵土匪!”“那么,你冒着危险来干什么呢?”恽代英拍拍他的肩头,同他一起坐下。“我专程来拜访您。”阳翰笙已不再拘谨,随即倾诉军阀混战、民穷财困、生灵涂炭、学生读书困难等等问题。然后问道:“这种局面何时才能收场,老百姓什么时候才能过上太平日子?”恽代英听罢,友好地笑了起来。说:“这不只是你们四川的问题,是全国目前最大的问题。你——哦,对不起。”恽代英突然刹住话锋,抱歉地对他说:“我的劳动时间到了,窗外十几个同学正等着我呢。”说着他便拿起扫帚边走边说:“实在对不起,你暂且在这儿等一下。要是等不及,你晚上再来,或者明天来行不行?”

阳翰笙惘然不知所措,虽连连说着“行,行”,却并未转身告辞,望着恽代英的背影,呆呆地在接待室坐了片刻,便很快来到院子里找到恽代英,要求一起参加劳动。恽代英就叫一位同学给他找了块布,让他在接待室里帮着搞卫生。阳翰笙一面揩擦,一面回想起自己在成都时所见到的教师,即便是最普通的教师,也大都穿得很神气,或长袍马褂,或西装革履,虽无官职在身,也大都官气十足,而刚才自己见到的这位海内外知名的学者,又是校长的恽代英，不但穿着装束平常得近乎寒酸，还竟然和学生一起清扫院子，确实令他肃然起敬：“真是不负此行！”在阳翰笙逗留川南师范个把星期的时间，恽代英抽空同他谈了很多很多。告诉他：现在青年人的唯一出路，就是进行社会改造运动。除此之外，没有法子救中国。社会主义青年团是广大青年担负社会改造重任的最好的组织。道路选准了，不管在什么地方，都能改造自身，改造社会。路就在自己脚下。恽代英既是师长又似兄长般的循循善诱，给阳翰笙留下了难忘的印象，并终于使这位在黑暗中渴求光明出路的进步青年，明确了前进的方向和目标，对他走上革命征途起了决定性的启迪作用。恽代英热爱学生，同样学生也尊敬、热爱他，恽代英北上期间，学生们自愿随行，一路上教学、游历，恰如当年孔子门徒随孔子周游列国。郭沫若在回忆恽代英时，有一段深情的话：“代英在四川泸州做过师范教育工作，四川青年受他影响特别多。假使我们从事调查，那时从四川那边的山坳里，远远跑到广东去投考黄埔军校的青年，恐怕十个有九个是受了代英鼓舞的吧！”

教育家夏丏尊先生在翻译《爱的教育》时，说了这样一句话：“教育之没有情感，没有爱，如同池塘没有水一样。没有水，就不成其池塘，没有爱就没有教育。”关爱学生是师德的灵魂，亲其师，信其道。没有爱，就没有教育。教师面对的不是生产线前冷冰冰的零件，而是一个个有着鲜活生命，正在茁壮成长的孩子。德国的著名教育学家斯普朗格说过：“教育的最终目的不是传授已有的东西，而是要把人的创造力量诱导出来，将生命感、价值感唤醒。”唤醒生命需要的就是爱的力量，作为教师，应该做一位温情的心思细腻的慈母，将高尚、真诚的爱无私奉献给自己的孩子们。当然，这种爱是一种基于对祖国对民族高度责任感而产生的理智的爱，而不是庸母的溺爱、宠爱；是面对全体学生的博爱，而不是只对几个所谓的好学生的偏爱。教师的爱是学生成长的动力，有时甚至改变孩子的一生。

有这样一则小故事：

汤普森太太是一位小学五年级的老师，在她执教的第二年班上来了一位叫泰迪的学生，她第一眼看到这位学生就不喜欢他。泰迪不但肮脏，头发长得盖住了眼睛，而且身上还不时散发出一股莫名的臭味。功课呢？总是落后。她试了又试，怎么也不喜欢泰迪，对班上反应快的学生，她尽量鼓励，对于像泰迪这样跟不上的学生，每次批改他们的作业时，总是用一支大大的红笔，心态乖张地将泰迪的错误，狠狠地画了一圈又一圈。随着时间过去，红圈圈有增无减，而且圈圈越画越粗。虽然汤普森太太没有直言明讲她厌恶泰迪，但是从其他同学对泰迪的嘲笑和轻视中，却充分反映出老师对泰迪的憎恶。可怜的小泰迪只知道老师不喜欢他，却不明白为什么老师不喜欢他。汤普森太太不曾花过心思甚至试着去了解泰迪，她只知道自己内心深处潜藏着对这个无人照管、无人理会的肮脏的学生一份强烈的恨意，这份恨意连她自己都说不出原因。

时间飞快地溜过，转眼已到圣诞节，依照习俗，所有的学生都会准备一份圣诞礼物送给老师。这一天是放假前最后一天上课，班上同学将所有包装好的礼物聚成一堆，放在教室内的一棵小圣诞树下，等待汤普森太太来打开。她每打开一件礼物时，都有无数惊讶、欢喜的尖叫声伴随着这些送礼的孩童，和来自她自己充满激动的谢谢声。泰迪的礼物夹在礼物堆的中央，他是用普通装中饭三明治用的褐色纸包装起来的，纸袋上画有一棵圣诞树，树上用无数的小红球围绕着，这些小球又用一些强力黏纸黏起来，上面还写着这是学生泰迪送给汤普森太太的字样。当汤普森太太拿起这纸袋时，顿时全班肃静无声，默默地注视着汤普森太太。她生平第一次感到异常羞愧，所有学生都站立着等她打开礼物。在撕开最后一片黏纸的同时，忽然有两件东西掉落桌上，一件一个缺了几颗细小钻石的人造水晶钻石手镯，另一件是在廉价店买的只剩半瓶的香水。汤普森太太很清晰地听到来自孩童群中细声耳语、窃窃偷笑的声音，她提不起勇气往泰迪站的方向看去。她勉强地将手镯戴上，挤出一两滴香水擦在耳后，缓缓地将剩下的礼物一一打开。

就在此时，下课钟响了起来，她望着学生，道声圣诞快乐，明年见。泰迪没有马上离开，他等所有学生都离去时，手中捧着几本书，畏畏缩缩地走向汤普森太太身旁，轻轻地说："你身上的香水味就像当年母亲身上的气味一样，她的手镯带在你手腕上真是漂亮，我很高兴你喜欢它。"说完，一溜烟地飞奔出教室。汤普森太太再也忍不住了，她把自己反锁在教室里，坐下来痛哭了一场。身为教师，在过去的数月里，她故意剥夺一个幼小孩童所应得的关心和照顾。次年开学，她为了弥补良心上的亏欠，在每一天放学后留下来帮泰迪补习功课，直到学期终了。渐渐的，泰迪的功课赶上班上其他同学，不需要留级重读五年级。但事与愿违，泰迪在新学年开学前要随父亲搬到外州，所幸汤普森太太认为泰迪的学业成绩已经达到某一个稳定的程度，他已有能力去应付未来任何学科的挑战。

七年后的某一天，汤普森太太收到泰迪的第一封信，信上只有简单的两句话：“亲爱的汤普森太太，我只是希望让您知道，您是第一个知道我在下个月将以第二名的成绩毕业。”汤普森太太寄了一张贺卡，随卡附上一个小包裹，内附一支铅笔和一支钢笔当礼物。四年后，泰迪的第二封信又来了，信上仍只有简单的三句话：“亲爱的汤普森太太，我希望让您第一个知道，大学当局刚通知我，我将以班上总成绩第一名毕业。四年大学不容易念，但我还是念完了。”汤普森太太寄了一张卡片，附带一个衬衣袖口上用的链扣当礼物寄给泰迪。时间飞逝，转眼泰迪的第三封信来了。“亲爱的汤普森太太，我希望您是第一个知道的人。从今天开始，我就是泰迪医生了，您觉得如何？我将在7月27日结婚，我想请您来参加我的婚礼，坐在我母亲该坐的地方——假如她今天还活着的话。我已经没有亲人了，父亲去年离世了。您的学生泰迪上。”汤普森太太手中拿着这封信半晌不能言语，不知道该送这位学生医生什么样的礼物。她迫不及待地拿起笔来，立刻写了一封信给泰迪：“亲爱的泰迪，恭喜您，您终于成功了，您的成功完全是靠您自己的努力。尽管您的身边有无数像我和其他未曾悉心照顾您的人，您还是成功了，这成功的一天是属于您的。愿上帝祝福您，当教堂的钟声响起时，我会按时前往参加您的婚礼。老师汤普森太太上。”

如果说智慧要靠智慧来铸就，那么爱心要靠爱心来成就。热爱一个学生就等于塑造一个学生，而厌弃一个学生无异于毁坏一个学生。教师“春风化雨，润物无声”的爱，能成为一种强大的力量，它不仅能够提高教育质量，也会促进学生的成人和成才，影响学生的身心发展、人格形成、职业选择和人生道路的拓展。川南师范学校的大批青年学生，都是在恽代英的关爱和引导下走上了革命的道路。关爱学生就意味着尊重学生的人格，平等公正地对待学生。陶行知先生曾经告诫教师：“你的教鞭下有瓦特，你的冷眼里有牛顿，你的讥笑里有爱迪生。”一个冷漠的眼神、一句刻薄的话语、一次不公平的对待，可能会影响孩子的一生。

关爱学生首先就要让爱走进他们的心灵。苏霍姆林斯基认为:“我们的教育对象的心灵绝不是一块不毛之地，而是一片已经生长着美好思想道德萌芽的肥沃的田地，因此，教师的责任首先在于发现并扶正学生心灵土壤中的每一株幼苗,让它不断壮大,最后排挤掉自己缺点的杂草。”要想获得好的教育效果就要走进学生的情感世界,成为学生的朋友,去感受他们的喜怒哀乐。缺少了爱心,教育也就失去了温度。正如当前很多教育界人士呼吁的那样,许多教师不缺知识,不缺方法,缺的是爱心,缺的是责任心。汶川地震中的“范跑跑”,毕业于高等学府,我们不能不说他知识丰富、专业过硬,但在地震中他置所有学生不顾,率先冲出教室,不正是因为他缺少对学生的关爱吗?“投之以桃,报之以李”,只要教师真诚地关爱学生、理解学生、尊重学生,那么学生就会把全部的爱心和敬意回报给教师。

其次,关爱学生还体现在公平地对待每一位学生。陶行知先生说过:“我们的教育目的是为了学生的发展，为了学生的希望，而不是让他们沉浸在过去失败的阴影里。”我们国家,习惯将分数作为评判学生优劣的标准,有些学生因此被冠以“后进生”,并失去了教师的关爱。苏霍姆林斯基告诉教育者:“不要让上课、评分成为人的精神生活的、唯一的、吞没一切的活动领域。如果一个人只是在分数上表现自己,那么就可以毫不夸张地说,他等于根本没有表现自己。而我们的教育者,在人的这种片面表现的情况下,就根本算不得是教育者——我们只看到一片花瓣,而没有看到整个花朵。”学生是成长中的人,他的发展具有无限的可能性，如果将分数作为评判学生的唯一标准，那么就会抹杀孩子应有的发展潜力。2014 年,英国一所小学校长写给全体毕业生的一封信风靡网络:

亲爱的×××同学:

你这次小学毕业考的成绩已经附在这封信里了。对你的成绩我们感到非常的骄傲,我们觉得你已经尽了你最大的努力。但是你要知道的是,这些考试成绩其实并不能反映你是有多么的独特和特别。出这些考试题的叔叔阿姨们并不像你在学校的老师一样了解你们每一个人,更不会像你们爸爸妈妈一样了解你。考试不会告诉他们,你们当中有些人才小学就已经会说两种语言。考试不会告诉他们，你们已经能熟练演奏音乐，能唱歌，会跳舞。考试不会告诉他们，你能给你的小伙伴们带来笑声，你能作为一个你小伙伴信赖的人。考试不会告诉他们，你也许能写诗或者写歌，甚至你踢球踢得也很好。考试不会告诉他们，你也许在家能把弟弟妹妹照顾得很周到。考试不会告诉他们，你去过多少美妙的地方，能说出多少美妙的故事和经历。考试不会告诉他们，你是一个善良、深思、可信赖的人。考试不会告诉他们，你每一天都在让自己变成一个更好的人。你的分数只能告诉大家你的一面，但是它不能代表你的每一面。

所以，分数只是分数，我们可以为自己的分数而自豪，但是请永远记住，我们人可以有很多种伟大的方式，考试绝对不是唯一的一种……

爱学生就要尊重他们，全面看待他们，关注他们本身，关注他们的成长。“能走多远，关键看你有多爱。”教师心中有了爱，就是燃灯者、举火者，他们提供的光亮，足以照耀学生的前程，也足以照亮我们民族的未来。

第四节　教学相长是为师之乐

在学生心目中，亦师亦友，民主平等，是“好教师”的最重要特征。恽代英认为，作为教师，要平等对待学生，与学生共同成长，他说：“我主张教师要全然与学生平等，甚至起居、饮食、自修、游戏都在一块。”①恽代英强调建立平等民主的师生关系，实现教师与学生的共同成长。

恽代英受聘到川南师范学校后，首先提出了整顿校务的三条措施：选择有教育学识之教师；师须有真品格；教师须与学生有极密关系。他特别强调教师要平等待生，爱护学生，视“同学如弟兄”。他从教以后，便主张破除师道尊严，主张建立民主的教学新秩序，这样的理念在当时是需要非凡的勇气和胆识的。

在师生平等方面，他更是身体力行，以做表率。他认为破除师道尊严并不是不要尊师，教师给学生传道、授业、解惑，教学生品格与学问，学生不能不尊师。但是，教师又不能勉强他人尊师，以养成高于人的观念。有的教师担心师道尊严破除了，学校秩序不易维持，他认为教师只要“把真品行真学问教学生敬、爱、信、化”，学生自然会尊师，“秩序不维持而维持了”。他坚持一个信条：“凡事应由学生严格监督教职员，教职员严格监督学生”。他要求教师放下架子和“尊严”，与学生打成一片。改变教师高高在上的状况，更好地诱导学生改过迁善。教师绝不能用体罚来威胁和压服学生，否则就杀死了他们的生长天机。

他还主张教师以情感人，以理服人，注重人格感化，建立新型的师生关系。教师对学生应“以己真人格示之，以赤心血诚之语感化之，以大公无我恒久不懈之精神灌注之”。他认为，教师要“一言一行，无愧人师”，凭借高尚的品德和卓越的

①恽代英：《敬告高等师范教职员及学生》，载《少年世界》1920年第4期。

操守，以切实的爱心、耐心、诚心和恒心来规正青年，这样“学生对教师，爱便易信，信便易从”。为了教育学生，恽代英经常深入学生之中，让学生各抒己见，展开热烈的讨论。他结合自己的思想转变，循循善诱，指导学生认识无政府主义等错误思潮的危害性，帮助他们逐步树立正确的人生观，并积极向学生宣传马克思主义革命理论。他把自己翻译和保存的马克思主义的经典著作秘密地在进步学生中传阅，并针对青年学生的思想特点，经常在学生中举行人生观的讨论会。学生提出的一些问题，他总是详细地予以解答，还经常写一些文章，油印发给学生，启发学生思考，引导他们走革命的道路。

《礼记·学记》中云：“是故学然后知不足，教然后知困。知不足，然后能自反也，知困，然后能自强也。故曰教学相长也。”意思是说，只有经过学习实践，才会发现自己的知识水平不够；只有经过教学实践，才会发现自己的不足之处。懂得了自己的不足，便能督促自己加紧学习、努力进修。教与学是相互促进、相辅相成的。教师的教和学生的学可以相互促进。“教学相长”的教育理念自两千多年前在《学记》中提出后，一直为历代教育家所继承和发展，内涵不断丰富完善。孔子作为我国古代伟大的教育家，在其论著中阐述了很多关于为师之道。他认为，只要努力学习，每个人都可以成为教师，是谓“温故而知新，可以为师矣”。对待学生，孔子也秉承尊敬礼让的态度，“后生可畏，焉知来者不如今也？”孔子也坚信：“三人行，必有我师焉。择其善者而从之，其不善者而改之。”一部《论语》，实际上记载了孔子师徒相互讨论、相互切磋的问答实录。

“教学相长”是我国古代教育者从教学实践过程中总结出来的宝贵的教学经验和教学原则。它阐述了教与学的辩证关系，强调调动教与学两方面的积极性和重要性，强调了实践的重要性。教学本身是个双向活动，在教师的引导下，学生高效、快捷地获取知识。著名教育家陶行知认为，教师与学生的关系除了教学活动形成的关系以外，他们在人格上是平等关系，在学习上是共学关系，在道德修养上是相互感化关系。心理学家罗杰斯认为：良好的教学气氛是保证有效地进行教学的主要条件，在良好的人际关系中进行教学，师生间彼此真诚地接纳对方从而达到心理相容，那么，学生在学习中就会热情高涨，主体作用就能发挥出来，教学目的就能实现。现代教育理论倡导教师与学生共学、共事、共同成长，这才是真正的教育。在这种教育中,师生平等互助,彼此精神融洽,共同进步,共同发展。当前,国家明确提出了构建和谐社会的总体设计,同时也要求高校在构建和谐社会的大背景下,构建和谐的校园关系,而师生关系恰恰是高校诸多关系的核心体现。吸收借鉴恽代英关于师生关系理念对于转变师生观念,促进师生交往,建立和谐融洽的师生关系具有重要的现实意义。

教师在教学过程中承担着教育者、组织者的角色。由于教师在教育活动中的主导地位,教师就成了师生关系中最主要的因素,教师的业务水平和良好的道德修养是建立良好师生关系的重要条件和保证,学生尊师和向师均以这一条件为出发点。高素质的师资队伍既是一所学校核心竞争力的主要指证,也是培养创新型人才的关键所在。曾任清华大学校长的梅贻琦提出过"所谓大学者,非谓有大楼之谓也,有大师之谓也"的教育理念。优秀的教师对学生的影响不仅体现在学科专业指导上,还体现在他们追求科学、献身科学、严谨求实的治学态度上。教师既要担当学术的楷模,还要为学生树立为人师表、教书育人的道德典范。教师道德修养的提升不仅影响着其学术水平的发挥,更制约着其对学生的人文关怀程度。所以,教师应培养良好的道德素质,真正做到行为示范,同时还要塑造良好的职业形象,从外在形象熏陶感染学生,做到从内外两方面加深修养,从而与学生建立长久、稳固、和谐的关系。

在教育教学过程中,教师要注意更新教育理念,做学生创造力的激发者。改变传统的教学模式、教学方法,在教学中要调动学生学习的独立性、积极性、主动性和创造性,充分扩展他们的个人发展空间,把教学过程定位为师生交往、共同发展的互动过程,使教师成为学生发展的促进者,学习的指导者,探究的合作者,创造力的激发者。每一个教师都必须从传统观念中解放出来,淡化自己的权威意识,增强自己的服务意识,尊重学生,相信学生,热爱学生,开发学生的创新精神,用一种民主的、平等的、积极向上的教育方式,为学生创造一个更加有利于提高自己社会能力的学习环境。这样走出校门的学生,才能真正适应社会的发展。

教师不但要关注学生的学业,而且要关注学生的个人思想、生活、成长等问题，指导他们如何就业，成为学生的良师益友。交往是师生关系得以建立的基本条件和途径，良好的师生关系是在交往中形成的。教师都希望成为学生的良师益友，希望通过学生反馈教学，了解他们对自己教学的评价和建议，因此，教师应采取切实可行的措施加强师生之间的交往。师生除了课上及课下通过网络平台交流沟通外，还应提供课外机会和学生面对面交流，正确引导学生，同时也可吸收学生参与教学、科研、管理等活动。通过让学生走近教师，建立起广泛的师生联系，增进师生间的感情，有利于师生关系的和谐发展。

第六章

“保学生之健康”

——体育教育篇

恽代英非常重视体育，从1917年开始，就常年坚持阅读美国的《体育》杂志，先后发表和翻译了大量有关体育的文章，如《学校体育之研究》《儿童问题之研究》《运动之训育方法》《与黄胜白先生论中学体育》《教育改造和社会改造》《最良之五分钟体操》《普通体育之改良（并图注）》《儿童游戏时间之教育》等篇。1917年在《青年进步》杂志上发表了《学校体育之研究》，针对我国学校体育，特别是中等以上学校体育的实际状况，科学地提出了学校体育改革的相关建议，这些建议从人的全面发展出发，以“保学生之健康”为目的，颇具启发性。

第一节 德育、智育、体育三育鼎立

19世纪末20世纪初的中国,甲午战争的惨败,激发了全民族的忧患意识和救亡图存的思想。在很短的时间里,上海、东北、北京、安徽、江西、广东、浙江、直隶、江苏、福建、湖南、湖北、河南、南洋、美洲等地的爱国志士都行动起来,倡议尚武,抗俄保国。全国各地学堂的学生纷纷要求或已经改习了兵操;南京、安徽等地的学生还想得到枪炮进行实际演练。在此前后,黄兴、蔡元培、蒋方震、蓝天蔚等纷纷发表文章、演说大力宣传军国民思想,以求全民皆兵而增加国防力量,最后摆脱列强的侵略与压迫,走上强兵富国的道路。

在军国民教育思潮影响下,学校教育中体育的分量开始加重,到五四爱国运动前夕,兵式体操逐渐衰落,取而代之的是美国资产阶级的实用主义教育思想和“自然体育”。受美国杜威的实用主义影响,我国的学校体育思想也随着科举制度的废除,开始提倡自然主义教育。自然主义体育思想强调体育的教育意义,强调体育对于儿童的身体和运动能力,以及品德发展的作用。受到实用主义和自然主义的影响,恽代英指出:“学校之不可不重体育,此不待烦言而解。然学校之重体育,果应以何者为目的?其所选择之体操是运动,果应以何种类为合宜?此则不可不研究之问题。”[①]恽代英认为,学校必须要高度重视体育,而且要将体育放在与德育、智育一样重要的地位,即德、智、体三育并重。“教育要为社会培养身(体育)心(智育)性(德育)各方面完全发达的有用人才。”不仅要重视品行的培养,也要注意身体锻炼,健康的身体与品德陶冶关系密切,品德不好即使学问再好也无利于社会,学识好也要以健康的体魄为基础。同时,对于那些“不言体育而空言道德,空言智识”的做法,结果只能是:“言者暗矣,听者心厌矣,究于事实何俾之有?”深刻地揭露了半封建半殖民地教育残存的轻视体育,给学生片断残缺知识,而将德育、体育都视为门面话的做法。在《教育改造与社会改造》一文

①恽代英:《学校体育之研究》,载《青年进步》1917年第4期。

中，他指出："所谓德育，有些人因敷衍社会、提倡孔教，献媚宫廷，提倡柔从；所谓体育，有些人因为迷信军国主义，提倡军法部勒（组织约束）。然而究竟有真正认准德育、体育是教育分内之事的很少很少。"故此，"学生未出校门，嫖赌、夹带等毛病已指不胜屈，而骄奢淫逸的生活且习以为常态。这样的学生，说用去改造社会，岂不令人齿冷？"当时普通中学的教育以国文、英文、算术为主科，而手工、图画、体操为随意科目，恽代英认为这是违背教育原理的，学校应以理化、手工、音乐、体操、图画为主科。鉴于当时学校教学和学生的这些情况，恽代英用敏锐的眼光提出了学校培养的人应该对将来改造社会有益，并强调指出，教育要培养全面发展的、对社会有益的人，使学生"身（体育）、心（智育）、性（德育）各方面均完全发达"。恽代英是这样说的，也是这样做的，在他担任中华大学中学部主任期间，他就要求学生德、智、体全面发展。他不仅提出了严格的要求，还积极地参与到生动活泼的课外活动中。他完全没有"师长"的架子，常常与学生一起锻炼，到郊外游玩，甚至与学生同台演文明戏等。1925 年，恽代英在《中国青年》上发表《预备一九二九年上期的工作计划》，号召青年学生"要读书、要娱乐、要练习做事的能力"。要求青年加入各种音乐、体育、游戏的场合中去，组织音乐会、球术团、旅行团、新剧社等，并给学生讲述自己多年来锻炼身体的体会，引导学生参与实践，增长实干能力，锻炼身体，促进德、智、体、美全面发展。

他猛烈地抨击当时在一些学校流行的军国民体育和选手体育，反对把军国民教育置于体育之上，认为搬用军队的训练内容、方法来组织约束学生，仅仅以提倡比力比武为能事，或徒有形式而无实质，或只及一部分学生，而不能普及体育于全体学生，都不是好办法。他认真分析了当时学校实行军国民教育的现状，认为这种体育对学生"唯无益而又害之"。他指出："学校中体育之目的，在社会心理上颇不一致。或以如此乃所以行军国民教育；或以日次乃所以保卫学生之健康；间接时期于智育、德育有所长进；或以此为每年运动会唯一之预备，欲一次博社会之赞仰；其最下者则敷衍了事，但求视学员无所指摘而已，此则直无所谓体育矣。"①他认为，要想使学校体育圆满发达，首先要端正体育教育的目的。学校体育应为"保学生之健康"。至于军国民教育，且不论其是否应施行于全国，就

①恽代英：《学校体育之研究》，载《青年进步》1917 年第 4 期。

是实行军国民教育，究竟以何种方法施行之乃有效呢？普通言军国民教育，以请拨枪支为第一要务，以有了枪支练习打靶等等足称此头衔。他说“此实一大误点”。“学校之养成军国民应与军队之纯以鞭笞为教育者异。”[①]“枪支固不可补习，然预先视学生之体力足以胜练习之任与否而断言。吾国学生每有文弱不能胜重任者，逼之为不胜任之事，彼唯自甘暴弃、逃课辍学而已。即令其中有勉遵校令不肯逃课者，然以教授之不良，彼或用力过度，致伤器官或肢体，不唯无益，而又害之。即就身体强壮者论之，彼固力足以胜此任矣，然亦唯知懵然以教师之口令，而动作止息，究竟对于强健身体之关系，毫不知晓，终无异于军队之从鞭笞教令中得来学问者而已。”从学校教育，“不但应使学生强健，且应使之知所以强健之理；不但应使之健康，且应使之知所以保健康之法”的要求来看，即令为军国民，岂足谓之曾受军国民教育者哉？军国民教育在于通过军事训练与尚武精神的训练，增进国民体质，使国民具有军人品德与能力。但其并不等同于学校体育，学生不但应使之强健，且应使之知所以强健之理，不但应使之健康，且应使之知所以保健康之方法。军国民体育以“请拨枪支为第一要务”的要求是十分苛刻的，学生是处于成长阶段的人，他的体力不足以去承受如此艰难的练习，这样苛刻的做法不仅会导致“有文弱而不能胜重任”学生对此失去兴趣，还会“逼之为不胜任之事”而引发学生逃课的现象。即使有些学生迫于“校令”不肯逃课的，如果用不科学的方法教授他们，也会导致学生“或用力过度，致伤器官或肢体，不唯无益而又害之”。或者有些学生有能力去做这样的练习，但是只知道“从教师之口令而动作止息”，而“究其对于强健身体之关系，毫不知晓，终无异于军队之从鞭笞教令中得来学问者而已”。在恽代英看来，学校体育应该教学生“运动之最合宜有益之方法”，让学生在科学的健身方法下得到身体的健康，同时还要学会科学的健身方法。军国民教育是否应该在学校实行，他是不赞成的，那种不顾学生的身心健康、形式主义的教育方法只会导致学生身体受到伤害。真正的军国民教育不仅要使学生身体强健、健康，而且还应使他们懂得强健、健康的道理，也就是要将军国民教育改为体育教育。

对于很多学校把体育视为运动会出成绩的“选手体育”的做法，恽代英认为

①恽代英：《学校体育之研究》，载《青年进步》1917年第4期。

是不可取的，很多学校认为在运动会占优胜的学校，会使社会注目。恽代英则认为"此乃学校教育之余事"①。把体育作为运动会出成绩的准备，是虚荣的做法，不是学校体育教育的任务和目的。"学校之所谓体育，应对于学生，无论其体质强弱，平均加以注意。苟各学生之体育，皆可及格，虽无何等特优之运动家，在运动会中不能出人头地，而就学校之天职言之，已无愧为能尽其职者。"②该普通学校，除所谓体育学校外，本无养成运动家之责任，即全校无一运动家，初不为可耻之事。他指出："吾国之办学者，其意见每适与此反，其对于各学校体育，除例行的体操外，毫不加以注意，而于其中有运动能力者，则注意特甚，以为不如此不足以使学校名誉飞扬。不知此作法，无论名誉未必飞扬也，即果尔飞扬，亦非所以求之之正道。教育家应以实践的道德，为受表扬者之表率，今骛以虚荣，枉正道以求不可必得之名誉，其所以为表率者何如耶？"1918 年夏，恽代英在中华大学毕业后被校长聘任为中学部主任，在了解学校体育教育的具体情况后，恽代英进行了大刀阔斧的改革。恽代英的学生胡治熙在《缅怀恽师》中谈到了恽代英所做的几点革新，其中就有对体育方面的建议。文中这样记载："中华大学一向比较重视运动健将，学校常对他们采取放任态度，因此被骄纵的学生常不免发生越规情事。代英则极力主张在校规范围以内，不得有任何例外。"恽代英极力反对运动员拥有特权，他认为在校的学生应该人人平等，任何人都没有特权。对于有些学校供养几个运动员为了在运动会中取得名誉，而丧失了全体学生的权利的行为，恽代英提出了尖锐的批评。他主编的《中国青年》转载了一篇《南洋周报》的文章，"打倒贵族式的体育制度"，该文章就是针对当时"每个学校都有许多缴了体育费而不能享受体育权利的学生"的不平等现象而撰写的。作为一位教育家，恽代英本着以学生的权利和利益为最大化，针对当时学校体育教育所存在的缺陷，提出享受平等的"体育权利"，反对运动健将的特权。恽代英认为学校的天职是"苟各学生之体育，皆可及格"而不是以培养"运动家"为目的，学校为了在社会上受到关注和赞扬去培养"运动家"，而放弃了普通学生的权利，这种行为是不可取的。普通学校没有培养运动员的责任，出于虚荣，追求名誉的目的，而与学校的天职相违背，对于学生体育教育只局限于"例行的体操"，而忽视了学生的健康的做法是极其错误的。至于有的学校提倡体育是为保学生之健康，恽

①②恽代英：《学校体育之研究》，载《青年进步》1917 年第 4 期。

代英虽然肯定这种观点的正确性，但对于这些学校具体实际的做法，还是心存怀疑。恽代英认为：“不活泼之儿童对于体育，每不生兴趣，故彼除学校例行的体操外，一无所谓体育。其喜从事于体育者，也不过在运动之最合宜而有益之方法，彼亦未尝学问。故彼之所谓体育非为谬误之发展，即为不平均之发展。”[①]“试视吾国运动场中之少年，其运动故有得一时之胜利者矣，究其运动果合科学的方法、健康的原理否乎？彼之健康状况果为何如？其体育可许之为成功否？其不能不疑也。”[②]可见，恽代英所倡导的体育教育是，要符合科学的方法、健康的原理，在此前提下，选择最适合学生的有益锻炼。

恽代英从当时学校体育的实际状况出发，分析了学校体育教育存在的问题。归纳起来，就是缺乏体育教育明确的目的，因此没有收到应有的效果。学校体育既不同于军国民教育，也不同于专业运动家训练，学校体育的真正目的在于通过培养学生的体育兴趣、态度、习惯、知识和能力来增强学生的身体素质，培养学生的道德和意志品质，促进学生的身心健康。因此，将学校体育等同于军国民教育或运动员的做法都是错误的。学校体育面向的是全体学生，并不是具有先天运动能力的学生，因此要以全体学生为教育对象，以提高全体学生的身体素质，养成全体学生良好的运动习惯作为最重要的目的。

恽代英生活的年代，社会环境复杂，教育处在新旧文化杂糅、相互影响的时期。他在《教育改造与社会改造》中写道：“现在的教育，只是秉从古以来的养成书篓的宗旨，给学生许多片段浮薄的知识。除此以外，德育、体育，都只是门面话。可见，除了智育外，德育、体育均没有得到应有的重视。为了改变这样的状况，恽代英在教育教学过程中试图均衡三种教育。他在《学校体育之研究》中阐述了学校开展各种体育活动的重要性。为此，他提倡学生操八段锦、做课间操、踢毽子、打球等各种体育活动，并定期举行体育比赛和召开运动会。他经常和学生一起郊游、操八段锦、打乒乓球，并学习足球、网球等，借以推动各项体育活动的开展。恽代英本人也是体育运动的爱好者和长期坚持者，他每天都坚持做“八段锦”或“体操”。他的日记中每天都记载着体育运动的日程安排，如“八段锦”

①②恽代英：《学校体育之研究》，载《青年进步》，1917年第4期。

“乒乓球”等。无论是在受教育的阶段还是在以后的工作中,恽代英都保持了这个良好的生活习惯。在《回忆恽代英》一书中,他的朋友、学生口中的代英也是个非常重视身体健康和重视体育锻炼的人,其堂弟恽耀苍在《忆堂哥代英》中这样说道:“代英也极重视锻炼身体。起床和临睡都做‘八段锦’,类似现在的健身操。”“八段锦”是我国传统气功练习法之一,功法历史悠久,简单易学,功效显著,深受广大知识分子所喜爱。受中国传统体育文化影响,恽代英非常喜欢练习“八段锦”,通过这种传统的健身项目来达到“身体强健”之目的。对于西方体育锻炼方式,恽代英也非常重视,他经常练习“体操”,还参与足球等运动,并积极提倡自己的学生也参与这些项目。

恽代英认为,学生参与适当的学校体育竞技运动,有助于促进人身心的全面发展。通过其日记中了解到,当恽代英看到学校集会结社从事体育和比赛的人日益增多,他颇感兴奋:“香浦言,黄社发起后,第一中学同人,有集合为运动比赛之事。彼等向皆不注意体育者也,此亦学生界最近之活动的好景象也。……则各学校及学校间如有一种筋络,自然血脉流通……”1917 年,恽代英负责中华大学建校五周年纪念会筹备事宜,他安排了中华大学学校运动队与其他学校的比赛:“一点至两点,网球,足球(均最好与他校比赛)。”恽代英认为,学校体育竞赛活动还可以陶冶人的道德情操,尤其对于体育运动选手来说,通过学校体育竞赛活动这一平台,能充分发挥体育的感化力量。他说:“体育精进之人,每令人一见而生敬爱之心,若加以谦和正直,其感化人之力,十百倍于老师宿儒。”参加学校体育竞赛活动还可以克服“勇而无礼则乱”“好勇不好学”的道德问题,恽代英希望他们能够相互谦让,彼此团结协作,不要“陷于粗暴好争之病”。1921年秋,恽代英任川南师范学校教导主任期间,他不仅注意教学方面的改革,还对学校的体育、卫生、劳动、军事操练和童子军等活动十分重视。他主张学生课余之暇走向操场。他自己身体力行,摘掉帽子,脱掉长袍马褂,着短服,穿草鞋,经常活跃在操场上。全校师生纷纷响应,广泛开展了跑步、跳高、跳远、撑竿跳高、铅球、铁饼、单杠、双杠、木马、平台、足球等活动,周末时还常组织学生进行篮球比赛。1922 年 3 月,在他的倡议下,在川南师范学校举办了川南联合运动会。这次运动会参赛单位较多,达到十几所学校,参加表演和比赛的有男运动员1000 多人,女运动员 300 多人,观众有数万人次。在运动会的开幕式上,恽代英发表了精彩的讲话。他说，学校不应当仅要求学生认真读书，还要重视体育，学生应该把身体锻炼好，举行运动会就是为了推动体育活动的开展。运动会比赛项目有100米、200米、1000米赛跑和跳高、跳远、铁饼、铅球、标枪等，此外还有拳术、足球比赛，军事操、童子操、救护、单杠和武术等表演项目。这次运动会收获很大，不仅促进了泸州城体育活动的开展，而且带动了参加比赛的各县的体育活动。有些学校从此把体操课改为体育课，把田径、球类、武术等项目列为教学内容，有的学校甚至配备了专职体育教师。①

1924年3月，恽代英在《致汪冀贤信》中，对学校轻视体育的做法提出了批评。他说：“乐歌、游戏、手工、图画不是可有可无的功课，这些功课不应轻看，最好用他们做教学的中心。”他认为：“小学生并不急于成为理想家、文学家，他们最爱游戏、乐歌、手工等，所以便是修身、国文、算术都要附着于那些他们所爱的功课教授方易于感兴味而得益。”在这里，恽代英深刻揭示了体育在教育中的重要地位，而且指出了体育要顺应学生成长规律，使他们在身体、心理、社会各方面得到正常发展。对于当时一些不懂得学生生理、心理特点的教师“禁止儿童合群游戏”，恽代英认为这样只能“杀死了儿童生长天机”，他在《救自己》中抨击那些“善于骗人家供养的白面书生”给学生灌输说话便是轻薄、“好运动便是不庄重”等怪诞的说教。指出这对学生是“耗其精神，窒其聪明”，为将来社会制造一无所知、一无所用、安坐而食之羲皇上人，误己误人，真正罪该万死。极力号召青年“力自振拔，要联合起来自己救自己”。

民国初年，民不聊生，百废待兴，辛亥革命后，在“军国民教育”思潮引导下，学校中军国民教育凌驾于体育教育之上。随着社会主义思想在国内的传播，一些有识之士高举民主、科学的大旗，对旧的思想、文化进行了批判。从1915年新文化运动发轫到中国共产党正式成立，中国共产主义先行者们陆续对体育教育做了论述。他们以文化、教育、体育为号召，发起民主启蒙运动，唤醒民众，尤其是青年人，号召他们参与体育运动，增强体质，以达到改造社会的目的。陈独秀曾在《今日之教育方针》一文中指出：“现今欧美各国之教育，罔不智德力三者并

①毛子安：《恽代英在川南师范学校体育活动片段》，载《体育文史》1985年第5期。

重而不偏倚，此其共通之原理也。”而“吾国曾受教育之青年，手无缚鸡之力，心无一夫之雄”，要解决这种状况，他特别提出了令旧势力振聋发聩的“兽性主义”，要求青年人“意志顽狠”“体魄强健”“信赖本能”“顺性率真”。伟大革命领袖毛泽东也是体育运动的积极倡导者和实践者，在其体育学经典文献《体育之研究》中，他从体育与德育、智育的相互关系来分析和论证体育的重要地位，“体者，为知识之载而为道德之寓者也，其载知识也如车，其寓道德也如舍。体者，载知识之车而寓道德之舍也”，从而得出“体育于吾人实占第一之位置”的结论。恽代英于1917年发表的《学校体育之研究》几乎与毛泽东的《体育之研究》同时问世，他不仅阐述了德、智、体三育并重的主张，还揭露和抨击当时体育教育的种种弊病，对学校体育目的、任务进行了充分论述，并要求对学校体育进行彻底改革。民国初年，广大国民对体育缺乏应有的认识，恽代英等革命先驱者从教育原理出发，纠正了人们对体育教育的错误认识，不仅使人们认识到体育教育的重要性，而且为体育教育的正确实施提供了理论依据。

百年沧桑巨变，如今的中国已经崛起于世界的东方，中国已经成为世界体育大国之一。中华民族再也不是那个备受凌辱的民族，国民身体素质得到了明显的改善。然而，在长期形成的以升学为目标的教育现状下，我国体育教育状况令人担忧。虽然国家强调要培养德、智、体全面发展的学生，但在升学目标的驱使下，家长和学校过多地强调学习成绩，而忽视了体育锻炼的重要性。虽然学校也开设体育、体活等科目，但很多时候这些科目被语文、数学等科目所占用，很多学校也出现了体育教师不用上课的怪现象。这样的授课情况导致了近些年来我国学生身体素质下降。教育部公布的学生体质健康监测报告显示，我国学生部分体能指标呈持续下降趋势。2002 年，教育部、国家体育总局联合下发了《学生体质健康标准(试行方案)》。2007 年，《学生体质健康标准》正式发布，并开始在全国开展亿万学生阳光体育运动。2011 年的数据显示，全国只有 22%的小学、初中和 13%的高中能够保证学生每天一小时的校园体育活动。

学生是祖国未来经济、政治、文化的建设者，这样的身体素质让我们不能不为之担忧。2005 年起，中国青少年研究中心、日本青少年研究所、韩国青少年开发院及美国艾迪资源系统公司共同开展的每年一次的“中日韩美高中生调查”

发现,与其他三国相比,中国高中生的学习压力始终排在首位。与此相应,中国高中生利用课余时间参加学习类课外活动小组的比例在四国中最高, 参加体育类课外活动的比例则最低。运动从来就不仅仅只是增强体质的方法, 而是青少年社会化最有效的途径。运动可以培养青少年的团队合作精神、责任感、荣誉感以及规则意识,更能锻炼顽强的意志。从这个意义上讲,运动实际上是塑造人格的重要途径,运动第一也就是人格第一。无论是教育主管部门还是学校,都不能忽视体育教育,真正实现德、智、体均衡、全面的发展。

第二节　追求“运动之最合宜有益之方法”

恽代英认为学校体育的目的就是保学生健康，所以他把学校体育看作是学生达到健康的一种手段，运动无外乎这手段中的一种形式。但是他强调运动应在坚持科学的方法下达到健康的目的，科学的运动比运动中获胜更重要。针对当时学生参加运动仅看个人喜好，参加运动的目的也只是为了赢得胜利的做法，恽代英提出了个人的观点。他认为学生只知道运动，而从来不知道参与运动的科学的方法，在当时是学校体育中存在的问题。甚至有些不喜欢运动的学生，除了参与学校例行的“体操”之外，根本不参与运动。在《学校体育之研究》中有这样一段话记载了恽代英的思想：“其喜从事于体育者，亦不过知在运动场中争擅场而已。运动以外，一切卫生方法，彼固不知，即运动之最合宜有益之方法，彼亦未尝学问。”可以看出，恽代英认为，了解科学的运动方法，比感受运动中获得胜利的感觉更重要。体育的乐趣在于追求最合宜有益的运动方法。“试观吾国运动场中之少年，其运动固有得一时之胜利者矣。究其运动，果合科学的方法，健康的原理否乎，彼之健康状况，果为何知，其体育可许之为成功否，甚不能无疑也。”为此，他提出了改良学校体育的基本观点：“改片段的体育，为有系统的体育；改偏枯的体育，为圆满的体育；改骤进的体育，为渐进的体育；改枯燥的体育，为有兴趣的体育。”①

所谓片段的体育，指的是在保卫学生健康、增进学生体质的多方面内容中，仅仅注意某些方面，而忽视其他方面。要保学生健康，就要研究“建造健康的要素”，人的生理状态，身体各个部分如何发达，进行怎样的活动、锻炼，使人体各部分得到均衡的发展；生理卫生的各种方法，也是建造健康的要素，要了解卫生学的知识，付诸实行，以保健康。所以，有系统的体育，既要使学生各部分符合生理学的原理得到均衡的发展，又要使学生懂得卫生学的知识。体育不仅要学会

---

①恽代英：《学校体育之研究》，载《青年进步》1917年第4期。

体操等运动，还要知道运动对于强健身体的作用，以及如何能够实现身体强健的学问。

所谓偏枯的体育，指的是发展的不均衡。在面对全体学生来说，只重视少数有运动能力的学生，对多数学生除课程规定的例行的几节体操之外，再无其他。对于爱好体育运动的学生来说，仅仅关注于竞赛、比赛，而不注意是否合乎健康。圆满的体育，应该是面向全体学生的均衡发展。

所谓骤进的体育，指的是不注意体育的持续发展，而是把体育运动视为突击完成的工作。一星期一两小时体操，没有其他的锻炼；运动会来了，突击进行，把体操看成学会技艺，把运动项目看作是取胜，而不是以增进学生体能为目的。渐进的体育，提倡运动的持续性，根据学生的身体状况，持之以恒，不间断，以收到增进健康的效果。

至于枯燥的体育与有兴趣的体育，则不必赘言。

从这段话中，我们不难看出，恽代英认为体育应该遵循科学、系统、循序渐进、寓教于乐的原则，通过持续、健康的运动来增强学生体质。体育对青少年身体发展、发育具有重要意义，它不仅促进学生身体正常发展与内脏器官机能的发展，全面发展学生速度、灵敏度、力量、耐力等身体素质和各项人体的基本活动能力，而且饱含人体以及人体健康发育的知识，锻炼身体的科学办法，也就是强健之理，保健康之法。恽代英提出改变片段的、偏枯的、骤进的、枯燥的体育，成为有系统的、圆满的、渐进的、有兴趣的体育。

在恽代英看来，学校体育应遵循科学合理的原则来进行，为此，他提出了学校体育改革的主张。

（一）要教授生理卫生学

当时的学校没有把生理学列为正式的课程，恽代英则认为体育和生理学是密不可分的。“欲身体强壮，不但须用力操练之，且须用心操练之，用心操练者，欲发达身体之某部，须先知此部生理状态，及用如何之操练，始可以得最良最速之发达是也。凡不明生理学而体操者，每不易得正当健全之发达，盖其所谓体操，不外依人为形式的动作，初无一毫生理的意味，以此求正当健全之发达，在理本不能也。”[①]学生不学习生理学，根本不知道怎样正确科学地去运动，去增进自己的健康。生理学是与人体联系最为密切的科学，也是提倡“运动之最合宜有益之方法”的基础。除了生理学，恽代英还提倡学习卫生学。“至卫生的各方法，为体操外，建造健康之要素，亦绝不可不于平时研究之。故卫生学的知识，亦为必须教授之功课。”[②]卫生学是建造健康身体的要素，一定要加以学习。对于生理卫生课的安排，恽代英认为要将其列为必修课：“吾国学校，非不以生理卫生学列为中学课程之一，然唯中学授此课程，而中学之授此课程者又不过于一学期中每星期二三时之教授而已，其视之过轻，殊不能无议也。美国大学颇有列生理卫生学为每学期必修之课程者。此事吾国大宜取法。”他特别指出：“生理卫生，乃人身有关系之学科，固不嫌其教授时间过多，研究材料较繁，而自三育鼎立之教育原理观之，每学期多教授此项功课数小时，亦决无可异议者也。”[③]体育是增进学生身体健康、增强学生体质的主要方式，但体育教育必须遵循人体运动时的生理变化规律，并充分注意营养、休息、心理等各方面的协调，才能达到预期的锻炼目的。不按科学规律进行锻炼，不注意运动卫生，反而会有损健康。此外，学生的体质差异不同，不同的学生在运动时的强度也不尽相同，因此，学习和掌握一些必要的运动生理卫生学的知识是极其必要的。

（二）恽代英认为要进行体格检查

“要求得体育的发达，不但应当注意生理卫生学的教授，而且对每个学生的体格也为最应注意的事。学生的体格各有其特殊的情况，其需要的体操和卫生的方法就应该有所不同。学生体格如有某部分不良时，为矫正计，其对于某种体操及卫生方法应加以特别注意，这尤其要靠老师对他们指导。所以对学生的体格，绝不可不加以检查。”[④]普通学校只知以笼统的几种体操，教一切不同体格的学生练习，这是难求得体育的效果的。他以清华大学为例，指出了正确的做法。

---

①②③④恽代英：《学校体育之研究》，载《青年进步》1917年第4期。

清华学校校医，每学期都要针对某些体格较弱的学生进行提示，来提醒学生注意运动，并且注意参与哪些运动。这种通过体检来区分学生体质、区别参与体育运动的做法是值得各学校学习的。健康体检对于成长中的学生而言，具有特殊的意义。青少年身体发育迅猛，受不良习惯和缺乏健康知识的影响，很容易产生疾病。本着“保生健康”的学校体育观和“运动之最合宜有益之方法”的科学体育观，恽代英提出的“学生体格之检查”是符合科学依据的。针对学生体格差异，去做合适的运动，也是恽代英体育思想的精髓所在。

（三）恽代英还提出“体操钟点之加多”

恽代英认为，“体操”的目的不是学习技艺，而是完全增进学生的身体状况。因此，体操运动要持之以恒，每个星期锻炼一两个小时是不足以达到健康的目的的。在《学校体育之研究》中恽代英这样写道：“体操之所以能收效者，其最要之关键莫过于恒字。”增强体质，“虽有良法，不能持之以恒，不但无益，而且有害”。然而每星期相隔几天才有一小时体操，怎么能够谈得上持之以恒呢？他指出学校“体操”的时间应该在每日的清晨，并且都有一个小时或者半个小时，这样每天坚持才有效果，并且还能促进学生养成早起的习惯。体操运动在当今已经成为各学校每天的必要体育活动，在恽代英所在的年代，体育教育尚不发达的时代，能提出这样的锻炼方法是难能可贵的。

（四）提倡猛烈运动

恽代英强调运动要适合个人体质，但这并不意味反对猛烈的运动。在《学校体育之研究》一文中，他指出：“提倡猛烈运动，为造成运动家之法门。吾国学校能行者尚不鲜见。究之此等提倡固无可议也，说者以此等运动，每易生危险，为一般家庭所厌恶。家庭厌恶之诚是矣，然厌恶之者，实无正当之理由。”他以足球运动为例，足球固然是一种危险的游戏，有时会发生骨折皮破，然而这种危险的运动可以培养勇敢的心，得失相较，得大于失。“足球固一危险之游戏。有时固足以令人骨折皮破者也，然即以此等危险，能养人之勇敢心，其得失相较，殊不足言。”而且，“戏足球者骨虽折皮虽破，然诊治痊愈，大抵不外若干星期告成功，身体上所得气力健康，以之与损失相较，十百倍而不止。然则足球果为无益事乎？

试更就不运动之人言之,彼之精力消损于无形之中,时而染病,耗月日之力而不愈,则其危险较戏足球又何如? 即为个人体育之强度发展,本无可忽略此等运动之理也。”猛烈的运动固然存在着危险,但如果因为危险就不去从事和提倡,这就是因噎废食的做法。恽代英从健康的角度出发,对猛烈运动作以分析,进一步阐明了其“以身体强健为唯一之目的”的出发点。无论是竞技体育的发展,还是个人体育强度的发展,都不能忽略猛烈的体育。

（五)提倡安全运动的强迫

所谓安全运动的强迫指的是实施全员性的体育要考虑体育运动的安全性。所谓安全,是指没有危险,但安全不等于柔缓。“安全运动与柔缓运动有别。安全以无危险为旨趣,但无危险,无论其强烈或柔缓,皆在强迫之列,且欲使强迫体育收效。麦弗登曰,凡用力体操者,即可由体操而增长气力。”可见,“安全”不同于“柔缓”,把“安全”的运动当作“柔缓”的运动来参与,而不能达到体育的目的。“欲行强迫运动,当先于安全之运动行之”,要实行强迫运动,应当先从安全的运动实行。之所以强调安全运动是考虑到社会心理,考虑到家长的顾虑。虽然当时我国学校的体育运动是安全不至于发生危险的，但很多家庭由于胆怯和担心而致使很多学生厌恶体育。学校体育要充分考虑到社会心理,并因势利导,倡导安全运动。“安全则人乐从,强迫则功易集”,安全的运动更容易让学生有兴趣去参与,对于学校体育进行强制参与,也有利于增强学生的身体素质。一方面要注重安全,另一方面要强制参加,这样才能达到全体学生参与并增强体质的功效。

（六)要区别男女学生的体育需求

恽代英认为,由于性别差异,男女生对体育的需求也不同。以体操项目为例,女子学校的体操运动不应与男子学校统一宗旨。因为女子有分娩的义务,而男子没有。男子的运动可以以强健身体为唯一目的,而女子则不但须强健,而且要考虑将来分娩之事。适度的运动,固然对女子将来的分娩有益无害,但过度的训练会导致女子筋骨坚固,不利于分娩。

受西方先进体育思潮的影响,恽代英提倡系统、科学、全面、生动的体育教育原则,强调“运动之最合宜有益之方法”。这种科学的体育运动观开近现代中国学校体育研究与改革的先河，他关于体育教育的论述及具体实施方法，至今仍然值得我们学习、借鉴。学校体育是学校教育中唯一以增强体质、增进健康为主要追求与目标的教育活动。增强体质、提高体能、学习掌握运用体育运动的方法和技能是学校体育的目标。但是,体育运动并不是简单的身体运动,而是促进学生身心成长的活动。英国青少年基金会高级官员珍妮·黛丝女士说:“体育作为一项活动,对教育的贡献是增强自信心、提高沟通技巧、懂得运动给身体带来的益处、激励年轻人学会合作。体育作为探求价值的工具对教育的贡献是学会尊重别人、遵守规则,获得对多样性的一种现实、实际的理解(包括人的多样性和观点、方式的多样性),经受成功和失败的考验。”理想的学校体育追求的是在学生进行体育运动学习和练习过程中形成快乐、积极、乐观的人生态度。既强调夯实学生的体育与健康知识,也强调获得终身运动的技能和方法。让学生感受到体力与智力的付出所带来的快乐,让体育运动成为学生终身的伙伴,让体育惠及学生的一生。

第三节　体育改良社会风气

体育除了具有强健身体，保学生健康的作用，恽代英认为体育对于改良社会风气，避免不良习气对青少年的侵害也有一定的效果。

恽代英目睹当时社会上赌博风气甚盛，非常痛心，呼吁全社会兴体育，禁赌博。他批驳那种认为从事游戏不成体统的论调，并且大力提倡以正当的体育娱乐取代赌博，从而改良社会风气，拯救更多失足绝望的青年。他说：赌博为牧猪奴事，人多乐之。然至踢毽子、跳绳之事，则人多鄙其为儿戏而不为。究竟较儿戏牧猪奴事高一等也。当时很多人对游戏采取鄙视态度，看见人家踢毽子、捉迷戏，便要皱起眉头说这是小孩子玩的，大人玩不成体统。恽代英则认为，游戏是正当的娱乐活动，可以活泼筋骨，流畅血脉。他诚恳地劝诫人们，社会受赌博的害大得很了，年轻的人荒了他的学业，穷人变成窃盗，一百个赌博的人，九十九个输钱。对于中年人而言，也要防止沉迷于赌博之中。要想改变这样的不当之风，就应该大力倡导体育娱乐，这样就会逐渐杜绝赌博，减少犯罪，从而改变整个社会风气。有一段时间，恽代英的四弟由于年少无知，经常与朋友们聚众赌博，而且一连数日，恽代英心急如焚，多次规劝，终于让其四弟恽子强幡然醒悟。恽代英坚信，只要人们从事正当的体育娱乐活动，那么赌博的不良风气就会被遏制。为此，他提倡各种体育运动。“凡轻便易行者皆宜提倡。即如乒乓球、网球、舞蹈之类。此外，如毽子等，均合用”。

1919 年，五四运动前后，恽代英在担任中华大学校长期间，经常带领先进青年到农村去，传播新思想，移风易俗。他倡导群众开展体育运动，在日记里他满腔热情地写道：“游戏改良为一重要问题，对于改良社会风俗，屏绝少年入恶之门有极大关系。吾以西人各种体育之游戏。凡轻便易行者，皆宜提倡。”“正当的游戏，可以防学生沾染恶习也。”并身体力行，提倡“正当娱乐”，并经常利用假期，带领互助社、公有社的成员到南湖、洪山、汉附、白沙洲、鹦鹉洲、卓刀泉、黄鹤楼、抱水堂、青山等地野游。这些体育活动的开展不仅锻炼了身体，也磨炼了青年学生的意志品质，使其更好地成长为坚强的革命者。他所领导的互助社的很多青年，在他的影响下，后来大都加入了中国共产党，在漫长的革命道路中，为国家富强、民族振兴都做出了贡献。在号召青年学生暑假下乡期间，他带领青年学生密切联系农民群众，“教农民打拳习武、游戏唱歌”，“用教育或游戏、体育”等事将血气旺盛的青年农民团结起来，加以训练。并发起组织“步行会”等团体，组织大家参与乒乓球、小皮球、毽子、纸球、弓箭、棉花球、丢圈、象棋、围棋、荡舟、步行等运动和游戏活动。在当时不少类似这样的体育团体都带有一定的为革命服务的色彩。

恽代英还主张通过提倡体育改变整个社会的文弱之风。他认为强国必先强种，强种必先强身。封建社会长期所形成的文弱之风是我们民族被西方列强侮辱欺凌的原因。他从自己亲身的实践中认识到，经常从事体育锻炼，能改变文弱积习。他说：“近来作乒乓球赛，喜用三桌，取其长易于用力，自问在此球上尚稍得益，将来在网球上亦必大用功夫，庶可救文弱之弊也。”文弱之分在我国古代极为盛行，1917 年，毛泽东同志在《体育之研究》一文中指出：“我国历来重文，羞齿短后，动有好汉不当兵之语。”朱亮先生在 1919 年的《中国体育史》一文中指出：“我国右文左武，相沿千载，积弱既形，遂称东亚病夫之国。”可见，中国古代的重文轻武风气由来已久，对国民影响至深。因此，恽代英提出了用体育来改造社会的观点。1921 年，他在《教育改造与社会改造》一文中论述了体育服务于社会的观点：“所谓体育，有些人因为迷信军国主义，提倡军法部勒；有些人因为迷信义和团、同善社，提倡拳术静坐。然而究竟有真心认德育、体育是教育分内之事的很少。所以这样学生未出学校，嫖、赌、夹带等毛病，已指不胜屈，而骄奢淫逸的生活，且习为常态。这样的学生，说用去改造社会，岂不令人齿冷？”[①]

他号召青年学生要重视体育，把身体练好，还要宣传体育，将体育和无产阶级革命运动结合起来。1919 年，恽代英在《预备暑假的乡村运动——“到民间去”》一文中号召学生到乡村做一番事情，“还有一件事情可以做的，便是教他们打拳

①恽代英：《恽代英文集》(上卷)，北京：人民出版社，1984 年版，第 289 页。

习武,亦可间杂些游戏唱歌。这些事特别是青年农民所高兴的。我们借这亦可以每天与他们相接触,而且使他们感觉有兴趣。”[①]恽代英认为通过这样的方式可以更好地去团结农民,在这种良好的教育之下,“耐耐烦烦地做几年功夫”便“懂得了我们的思想”,从而成为国民革命的基本势力。在另外一篇关于乡村运动的文章《农村运动》中,恽代英指出通过“教拳术”“教体操”来“联络农民的感情”。“所以用教育或游戏体育等事,将血气旺盛而初受压迫的青年农民团结起来加以训练,这是我们运动成年农民的链锁,而且亦是我们农村革命的主力军。”在恽代英提议通过体育怎样去做“农民运动”的同时,还提出了通过体育怎样去做“学生运动”。他号召青年学生“招收校外青年组织足球篮球队等团体,在校内或校外附近场地中从事运动。我们以此等体育引他们发生关系,在佳时令节便可以更进一步与他们为同乐会或旅行队,使我们对他们更多宣传的机会。”由此看出,恽代英把体育运动作为传播革命思想的载体,通过体育宣传革命信息。正如他在《预备一九二五年上期的工作计划》中所言:“我们必须打破以往的枯寂沉寂,加入各种音乐、体育、游戏的场合中。我们应当加入技击团、体育会、童子军,让我们可以开展很多方面的活动。但我们先要强壮、健全,而且先要有种种可以接近民众的技艺,我们才更能领导他们去努力奋斗。”[②]恽代英的体育教育思想已经超越了“以身体强健为唯一之目的”,他把体育和社会改造联系起来,将体育运动视为改掉人们的恶习、陋习的方法,这不仅是对体育教育理论研究的深入,也是体育社会功能的重要体现。

此外,恽代英还提倡妇女参与体育运动,他猛烈抨击了传统观念对妇女的束缚,提高妇女争取自我解放的意识,冲击了旧礼教歧视妇女的陋习。中国传统观念认为妇女应深居简出,恽代英认为这不仅不符合科学,还严重损害了妇女的身心健康。恽代英从体育卫生的角度为大家纠正了缠足、系腰等错误观念。妇女缠足是在摧残天性,不仅不是美的表现,还是对妇女天性的戕害。是封建习惯造成的恶果,并非妇女本来所愿意。妇女们要将这些错误观念与其他的健康大方的爱美行为区分开来。1922年,恽代英在四川泸州任川南师范学校校长时,同一些教育界人士发起组织了川南联合运动会,运动会期间,他对群众进行宣传教育,开展男子剪辫子、女子放脚布等反封建活动,启发他(她)们剪去长辫,解了裹脚

①恽代英:《恽代英文集》(上卷),北京:人民出版社,1984年版,第537页。
②恽代英:《恽代英文集》(上卷),北京:人民出版社,1984年版,第629页。

布。运动会结束时,恽代英做了一件令当地人震惊的事情,他亲自高举火把,点燃了堆积如山的裹脚布,燃烧起彻底埋葬封建主义的火焰。全场欢声雷动,妇女们热泪盈眶,此次活动产生了深远的影响,既传播了革命思想,对当时的反动统治阶级也是一次严厉的打击。

当前,我国体育环境发生了巨大的变化。我国由近代屈辱的“东亚病夫”发展成世界瞩目的体育大国。体育的社会功能不断凸显,发挥着扩大社会参与面、促进社会融入、改善社会治理、传播社会价值、构建和谐社会等诸多功能。恽代英提出的体育服务于社会的理念,仍然具有积极的现实意义。体育运动不仅是形成个人道德品质和乐观精神面貌的重要手段,也是弘扬勇敢、刻苦、耐劳、坚毅、乐观、果断等中国传统美德的重要载体。在体育精神的感召下,人民的道德水准不断提高,遵纪守法、诚实公正的思想作风不断得到加强。体育运动所具有的群众性、国际性、技艺性、礼仪性等,也成为传播我国良好价值观的理想载体,激发了全国人民的爱国热情,促进了社会规范的培育,振奋了整个中华民族精神。

第四节　家庭体育与养生

恽代英不仅重视学校体育和社会体育，对家庭体育和家庭养生也极为关注，在他的《家庭教育论》中即开宗明义地指出："吾中国于小儿初年之教育，似以体育占其全部。"[①]他说："今日言体育，当以身体强健为唯一之目的。要使身体强健，家庭之体育教育，亦不可不讲究。"[②]可见，在恽代英看来，家庭体育教育的目的就在于强健身体，预防疾病，为家庭成员健康打下良好基础。

恽代英本人是体育爱好者，他喜欢的体育项目多种多样，乒乓球、网球、拳术、体操、跑步、踢球等都是他钟爱的体育活动。1917 年，他花费了 640 元定制了一副乒乓球板架，并让其妻沈葆秀剪破一块珍珠纱制成了球网。从此，他几乎每天都要和弟兄朋友们一起打乒乓球。除了打乒乓球，恽代英每天还务必要做体操，寒冬酷暑，从不间断。做操时间或在早晨，或在晚上睡前，有时也练习八段锦，或做几节活动肢体的"柔软操"。登山和远足是挥代英喜欢的运动，但机会难得，故出游次数较少。踢足球和打网球也偶一为之，然则每玩必尽兴。有一回他连续地打网球竟达 3 小时之久[③]。

恽代英不但自己喜欢体育活动，还十分注意将体育运动普及到家庭成员和朋友。他尤其注意让子女及儿童参加体育活动，把它作为改良家庭生活的一项重要措施。他还经常邀弟兄朋友一起游戏，一同跑步、下棋等。他从体弱而多病的妻子身上联想到中国妇女以深居简出为美，又易陷入多坐或无事之弊，即为多愁善病之因，殊不幸也。因此他极力主张家庭生活应增加体育活动。他说，吾将与葆秀（其妻）创一新一样之家庭，不用奴仆，躬亲杂务。如此，自无闲愁杂病发生之隙，而每日午后，必偕葆秀出外步行里许，家中多有露天之处，如此身体而

---

①②恽代英：《恽代英教育文选》，武汉：湖北教育出版社，1991 年版，第 24 页。

③聂啸虎：《恽代英早期的体育思想和实践》，载《体育文史》1983 年第 3 期。

无进步，吾不信也。他从自身和家人体育锻炼的亲身经历中认识到体育对家庭的重要意义。体育虽劳累筋骨，但会强健体格，并对人身体、心理、意志品质产生积极的影响，让人终身受益。“每日能作有恒之事（指体育锻炼），初虽觉苦，稍久则自觉清明在躬，志气如神矣”。以多走路为例，每天坚持走路锻炼，会使人精神不易困乏，胸腹畅爽，心气平和，每日起居自然合节。体育还可以开阔胸襟，协调感情，调整道德关系。凡外出旅行、唱歌、游戏之后，恽代英每每都觉得这些“足以陶冶性情，免去一切怨望、嘲笑之恶行为”。对于那些精通体育的人来讲，即使初次见面，也会给人以良好的印象。他说：“体育精进之人，每令人一见而生敬爱之心，若加以谦和正直，其感化人之力，十百倍于老师宿儒。”这都是因为体育本身具有感化力量。

在家庭日常生活中，恽代英既注重体育锻炼，也十分讲究养生，他对饮食、睡眠、居住环境等都有自己独特的看法：

在饮食方面，恽代英认为在日常生活中必须力戒食物过量。饮食要取其味道，略偏素食，再用盘碗分为多份以重卫生。吃饭时不许大声喧闹说笑，否则不卫生。调护病人进食要格外注意保持食物的洁净，可稍少一些，使食味自然日日增进。如果像有些庸人那样调护病人，每进食必堆满，只会使病人生厌心。

在睡眠方面，恽代英提倡早睡早起，反对睡懒觉，他认为这是坏习惯，应当防止。他有一本为自己拟定的关于品行修养的记分册，凡有错误思想闪现或不良行为发生，务必从总分中扣除若干，以此检点自身。故而若有一次晚起，则如犯了一大过失，分数即从重扣掉。在夜晚不做重要事情时，他总是力争早睡，这样才能早起。他主张安放床铺，要靠近窗户，以便太阳光能于晨间照至床上，便于早起。

对于居住环境，恽代英特别注意理想居室的采光及附设的运动场地。恽代英对理想的居室通风、采光十分有研究，总结了浅而宽能受清晨光照的居室对人身心健康的五大好处。他还主张居室必须有数丈草地，一便散步，二便呼吸，三便休息，四便运动；家中设网球场，“网球一事，颇为活动，然无危险”。日常生活中，房间窗户要常打开，即使天气寒冷也要通风换气。空气流通可以减少病菌的滋生。桌椅要适合身躯，使坐而工作者不至背曲，亦不至前倾为宜。书桌最好做成斜面，避免书页反射的日光直射眼睛。为了保护眼睛，夜间最好不做精细事，如习字、针凿等。

在卫生方面，恽代英认为要养成有秩序的生活习惯和卫生习惯。有秩序的生活会使儿童的好习惯像天性一样发挥作用，良好的卫生习惯，对每个家庭成员的健康是尤为重要的。做父母的不能等到孩子病了才担忧，而要提前去排除那些不利于孩子身体健康的因素。还要使他们经常进行户外活动及养成运动的习惯，这样有利于儿童呼吸新鲜空气少受病菌侵袭，另外，还要使他们明白生理卫生知识，知道体育的重要作用。恽代英主张衣服、被子应常洗。在成立“互助社”议定社约时，他提出“每星期换衣二次”“不随地涕唾”等建议交众人议决。他还认为洗澡要勤，沐俗时少用肥皂，用手摩擦去垢为宜，这样可以兼享按摩之益。冷水浴健身、温水浴去垢，但过冷或过热的水不可用，以防损伤身体。

家庭教育与学校教育一样承担着培养、教育孩子的重任，家庭教育贯穿孩子的一生，因此在很大程度上对孩子的影响更为深远。家庭体育是指一人或多人在家庭生活中安排的或自愿以家庭名义参与的，以身体练习为基本手段，以获得运动知识技能、满足兴趣爱好，达到休闲娱乐，实现强身健体，促进家庭稳定为目的的教育过程和文化活动①。家庭体育活动能在促进身体健康的同时，又排解个人在现代社会生活中所承受的竞争、压力，给家庭成员提供精神和心理上的慰藉与支持，成为提高家庭生活质量和改善家庭生活方式的重要手段。从教育学角度来看，家庭体育的开展对儿童体育兴趣、爱好的培养具有重要的作用，是儿童体育意识和健身观念逐步形成的最佳时期。开展家庭体育不仅可以提高孩子身体素质，还可以使孩子形成健康良好的心理素质，促进孩子全面发展。由于传统思想的影响，“万般皆下品，唯有读书高”的观念在当前依然左右着家长的教育观念。很多家长依然将学习成绩作为家庭教育的主要关注点。为了孩子能有更多的时间读书，很多父母不惜一切为孩子提供优越的生活条件，不仅不承担任何家务劳动，还让孩子每天享受着高营养、高热量的食物。家长以为只要营养高了一切都会好，包括学习和健康。然而，事实恰恰相反，过剩的营养加重

①张永保、田雨：《家庭教育新释义》，载《北京体育大学学报》2010 年第 6 期。

了孩子们的身体负担，肥胖成为当今很多学龄儿童的苦恼。关注家庭体育，为孩子们提供必要的劳动锻炼时间，多进行户外活动呼吸新鲜空气等才是当前我国家庭的着眼点。家长必须走出思想上的误区，将体育锻炼视为家庭生活的重要内容，并带领孩子经常参与体育锻炼，形成良好的家庭体育氛围，为儿童终身发展奠定良好的基础。由此可见，恽代英在一百年前就已经提出的家庭体育思想，对今天的家长仍能提供借鉴价值。家庭体育不仅是实现家庭成员强健体魄，促进家庭稳定的教育活动，也是全民健身的起点和突破口。随着生活水平的不断提高，人们对生活质量的要求不仅仅满足于经济上的富足，健身、娱乐成为人民新的追求。家庭体育是全民健身活动开展的基础，脱离了家庭体育，全民健身也就成为空中楼阁。此外，正如恽代英所阐述的那样，体育具有改变社会风气，构建和谐向上的人际关系的重要作用。随着经济社会的发展和进步，人们更加重视社会的稳定与和谐，家庭体育已成为促进家庭稳定，改善和提高人民群众的生活质量，构建家庭成员之间、家庭与社会之间、家庭与自然之间和谐相处的新需要。

从恽代英关于家庭体育与养生的观点可以看出其体育教育思想的独特性所在。恽代英从近代生理卫生学、健身理论和祖国传统的养生理论出发，将体育、卫生、保健引入家庭，试图通过体育和卫生、保健来改良旧式家庭生活，使其成为科学、文明、卫生、丰富的新式家庭生活。在当时观念十分守旧的年代，提出这样的教育观，无疑对改良旧式家庭生活起了先导作用。清末民初，社会上讲求养生者不乏其人。但是，他们所采用的方法无非沿袭旧说。辛亥革命后，随着新文化运动的兴起，大量有关体育的书籍相继传播。恽代英汲取近代西方文化、医学之先进经验，吸收我国古代养生术之精粹，以自己亲身实践，提出了独具特色的养生观，这是非常值得称道的。他通过观察、学习和思维，逐步积累了具有科学认识的体育观点，纠正了人们认识上的偏差。

参考文献

一、著作

[1]梁启超.饮冰室合集[M].北京:中华书局,1936.

[2]杨天石,王学庄.拒俄运动(1901—1905)[M].北京:中国社会科学出版社,1979.

[3]孙中山.孙中山选集[M].北京:人民出版社,1981.

[4]冯自由.革命逸史(初集)[M].北京:中华书局,1981.

[5]恽代英.恽代英日记[M].北京:中共中央党校出版社,1981.

[6]刘辉.中国近代思想家文库:恽代英卷[M].北京:中国人民大学出版社,2015.

[7]张羽,等.恽代英:来鸿去燕录[M].北京:北京出版社,1981.

[8]许德珩.回忆恽代英[M].北京:人民出版社,1982.

[9]田子渝,任武雄,李良明.恽代英传记[M].武汉:湖北人民出版社,1984.

[10]恽代英.恽代英文集(上卷)[M].北京:人民教育出版社,1984.

[11]钟碧惠,魏天祥.恽代英论青年修养[M].郑州:河南人民出版社,1985.

[12]孙培青,金林祥.百家教育学典论(上)[M].南昌:江西教育出版社,1989.

[13]恽代英.恽代英教育文选[M].武汉:湖北教育出版社,1990.

[14]金立人.恽代英教育思想研究[M].沈阳:辽宁教育出版社.1993.

[15]张羽,铁凤.恽代英传[M].北京:中国青年出版社,1995.

[16]邹爱华.第一次国内革命战争时期恽代英的国家观述评[M].武汉:华中师范大学出版社,1996.

[17]国际21世纪教育委员会.教育:财富蕴藏其中[M].北京:教育科学出版社,1996.

[18]周采,杨汉麟.外国学前教育史[M].北京:北京师范大学出版社,1999.

[19]梁启超.饮冰室文集(一)[M].昆明:云南教育出版社,2001.

[20]梁启超.饮冰室文集(四)[M].昆明:云南教育出版社,2001.

[21]王耘，叶忠根，林崇德.小学生心理学[M].杭州：浙江教育出版社，2002.

[22]魏春桥.革命先烈故事：恽代英的故事[M].长春：时代文艺出版社，2003.

[23]周苏玉.恽代英农民运动思想及其可行性分析[M].武汉：华中师范大学出版社，2006.

[24]李良明，钟德涛.恽代英年谱[M].武汉：华中师范大学出版社，2006.

[25]储峰，吴继平.恽代英对武装斗争的认识与军事实践[M].武汉：华中师范大学出版社，2006.

[26]唐正芒.毛泽东和恽代英农民问题思想比较研究[M].武汉：华中师范大学出版社，2006.

[27]李良明.恽代英思想研究[M].北京：人民出版社，2011.

[28]李良明，李天华.恽代英青年箴言[M].北京：人民出版社，2012.

二、期刊

[1]恽代英.原分[J].光华学报，1916(3).

[2]恽代英.家庭教育论[J].妇女时报，1916(20).

[3]恽代英.思考力之修养法[J].光华学报，1917(2).

[4]恽代英.改良私塾刍议[J].青年进步，1917(6).

[5]恽代英.学校体育之研究[J].青年进步，1917(4).

[6]恽代英.结婚问题之研究[J].东方杂志，1917(7).

[7]恽代英.一国善势力之养成[J].青年进步，1918(16).

[8]恽代英.敬告高等师范教职员及学生[J].少年世界，1920，1(1).

[9]恽代英.编辑中学教科书的先决条件[J].中华教育界，1920(3).

[10]晏东.国民革命时期恽代英政党思想探析[J].湖北社会科学，2012(10).

[11]汤锐.近十年来恽代英思想研究综述[J].三峡大学学报(人文社会科学版)，2013(1).

[12]恽代英.中学英文教授刍议[J].中华教育界，1920，10(10).

[13]恽代英.拟发起新教育建设社的意见书[J].中华教育界，1921(11).

[14]恽代英.革命运动中的教育问题[J].新建设，1924(1).

[15]恽代英.青年的恋爱问题[J].学生杂志，1924(1)

[16]恽代英.怎样做小学教师[J].中国青年，1924(20).

[17]恽代英.考试问题[J].中国青年,1925(8).
[18]张志皋.恽代英同志在四川[J].社会科学研究,1980(1).
[19]邢军.恽代英对马克思主义的坚定信仰与其传播历程[J].兰台世界,2013(34).
[20]田子渝.恽代英传略[J].武汉师范学院学报(哲学社会科学版),1981(2).
[21]聂啸虎.恽代英早期的体育思想和实践[J].体育文史,1983(3).
[22]吕希晨.恽代英哲学思想研究[J].社会科学战线,1984(4).
[23]赵春谷.五四前后恽代英哲学思想的转变[J].思想战线,1985(4).
[24]毛子安.恽代英在川南师范学校体育活动片段[J].体育文史,1985(5).
[25]谷世权.恽代英[J].中国学校体育,1987(5).
[26]李宗远.恽代英的哲学思想探索[J].青海社会科学,1989(6).
[27]李耀农.五四运动前后恽代英的思想转变探因[J].湖南社会科学,1994(3).
[28]曾宪刚,杨跃青.恽代英体育思想初探[J].体育学刊,1995(3).
[29]潘国琪,张继昌.恽代英的教育思想简论[J].浙江大学学报,1996,10(4).
[30]刘美奋,张玉生,刘健.学习恽代英的体育思想 开拓新时期的学校体育工作[J].体育文化导刊,1997(5).
[31]李慎之.修改宪法与公民教育[J].改革,1999(3).
[32]陈群,项小红.关于幼儿健康之家庭的调查与分析[J].安徽广播电视大学学报,2000(2):54-57.
[33]马彦.对恽代英早期哲学思想的探讨[J].天津大学学报(社会科学版),2002,4(2).
[34]王鹏程.论恽代英社会主义理想的确立[J].湖北行政学院学报,2002(2).
[35]王翔,曾长秋.恽代英和毛泽东早期伦理思想之比较[J].湖北行政学院学报,2005(5).
[36]曾成贵.恽代英之论孙中山与三民主义[J].湖北行政学院学报,2005(5).
[37]赵红英.论家庭对青少年人格健康发展的影响[J].教育探索,2005(5).

[38]赵小青.恽代英的宗教思想初探[J].党史博采(理论),2006(1).

[39]张克敏,徐作喜.恽代英经济思想刍议[J].党的文献,2007(6).

[40]黄静婧.论恽代英青年修养的理论与实践[J].党史文苑,2007(2).

[41]马德茂.恽代英对新民主主义时期经济理论的探索[J].党的文献,2007(6).

[42]杨志刚,杨莹.恽代英在人生最后的日子里[J].党史纵横,2007(12).

[43]杨文海.试析恽代英的教育思想:以川南师范学校为例(1921—1923)[J].党史文苑,2008(1).

[44]莫荣.农民工劳动力市场的状况和政策建议[J].经济研究参考,2008(31).

[45]张冬咬,王鹏程.恽代英认识论思想初探[J].湖北行政学院学报,2008(5).

[46]张艳丽,张建新.恽代英与陈独秀关系试析[J].理论月刊,2008(5).

[47]伍绍勘.浅论恽代英的革命宣传工作[J].福建论坛(社科教育版),2008,6(12).

[48]王鹏程.论恽代英的"物质"观[J].理论学刊,2008(9).

[49]伍绍勤.浅论恽代英的革命宣传工作[J].福建论坛(社科教育版),2008(12).

[50]程英姿.恽代英认识论浅探[J].党史文苑,2008(12).

[51]付云鹏.恽代英《中国民族革命运动史》研究[J].党史文苑,2008(12).

[52]王冠中.恽代英婚恋家庭观念研究[J].首都师范大学学报(社会科学版),2009(1).

[53]王翔,曾长秋.毛泽东和恽代英早期伦理思想比较研究[J].经济研究导刊,2009(1).

[54]于静.恽代英的青年学生教育思想及其对高校思想政治教育的启示[J].武汉航海职业技术学院学报,2009(1).

[55]王鹏程.恽代英早期人生观思想与实践探析[J],湖北行政学院学报,2009(4).

[56]屠静芬,李敬煊.恽代英青年教育思想及现实意义[J].学术论坛,2009(6).

[57]熊焱生.恽代英精神的科学内涵及现实意义[J].常州工学院学报(社会

科学版),2009,27(4).
[58]王鹏程.恽代英早期对社会主义思潮的认识[J].社会主义研究,2010(3).
[59]王鹏程,李良明.论恽代英的哲学思想[J].毛泽东思想研究,2010(4).
[60]杜翠叶.试论恽代英的文化改造观[J].理论界,2010(4).
[61]张永保,田雨普.家庭教育新释义[J].北京体育大学学报,2010(6).
[62]杨爽.恽代英马克思传播方法研究[J].党史文苑,2010(14).
[63]李天华.恽代英在考察中国革命问题时对经济方法的运用[J].学术论坛,2011(3).
[64]李良明,沈富强.论恽代英对中国共产党军事工作的历史贡献[J].中共党史研究,2011(4).
[65]刘洪英.恽代英与毛泽东农民工作方法论思想比较[J].安徽师范学院学报,2011(6).
[66]何立波.利群书社:恽代英早期建立的“乌托邦”[J].党史纵览,2011(7).
[67]戴和杰.南昌起义中的恽代英[J].党史纵横,2011(8).
[68]李中祥,曾冰.恽代英唯物史观视域中的中国论题:兼论其推进马克思主义中国化时代化大众化的基本经验[J].湖北社会科学,2011(11).
[69]姚军,陈乃鹏.青年之楷模:“五卅”运动时期的恽代英[J].中国青年研究,2011(12).
[70]李传兵.恽代英在武汉军校的教育与实践[J].党史文苑,2011(20).

三、报纸

[1]恽代英.家庭教育论[N].妇女日报,1916-11.
[2]恽代英.儿童公育在教育上的价值[N].中华教育界,1920-12-20.